Theodor Birt
Frauen der Antike

I0593125

Birt, Theodor: Frauen der Antike
Hamburg, SEVERUS Verlag 2011.
Nachdruck der Originalausgabe von 1932.

ISBN: 978-3-86347-067-8
Druck: SEVERUS Verlag, Hamburg 2011

Der SEVERUS Verlag ist ein Imprint der Diplomica Verlag GmbH.

Bibliografische Information der Deutschen Nationalbibliothek:
Die Deutsche Nationalbibliothek verzeichnet diese Publikation in der
Deutschen Nationalbibliografie; detaillierte bibliografische Daten sind
im Internet über http://dnb.d-nb.de abrufbar.

VORWORT

Immer noch Antike? und nach so manchen anderen auch noch ein Buch über Frauen? Ich habe dies Wagnis auf mich genommen — denn die Aufgabe ist schön — und hoffe, man wird nicht spotten und fragen, ob denn kein Ende ist und etwa auch noch über antike Kinder oder ähnliches Wissenswerte ein Buch folgen soll.

Der Inhalt der folgenden Blätter muß zeigen, ob mein Unterfangen nicht zu kühn gewesen. Nur auf eine Auswahl von Gestalten mußte ich mich beschränken. Historische Treue war mir dabei Pflicht und erstes Gebot. Antike Kultur- und Weltgeschichte wird zu allem den Hintergrund bilden, und jede dichterische Übersteigerung im Dienst der Anschaulichkeit ist vermieden. Wer letztere will, mag zu meinen Dichtungen, dem „Menedem", der „Roxane" und den „Novellen und Legenden" greifen, die der höheren Pflicht gewidmet waren, dem verstummten Leben durch freie Erfindung wieder eine Sprache zu geben.

THEODOR BIRT

Marburg a. d. L., 30. Oktober 1932

INHALTSVERZEICHNIS

ERSTES KAPITEL

EINLEITUNG

Dies soll ein Buch sein über antike Frauen, die Zeitgenossinnen der Aspasien und Messalinen. Es handelt sich um die Frau als Antiquität, um Galvanisierung der gewesenen Schönen mit dem griechischen Profil und dem Kraftblick der Römerin. Die Aufgabe lockt, ist aber für den Frauenverehrer, der kein Juvenal ist, schwer zu lösen, und Bedenken über Bedenken regen sich. Wer möchte es wagen, ein Buch über die Frau der Gegenwart zu schreiben? Die moderne Frau als solche? Tausend Temperamente aus den verschiedenen sozialen Schichten treten ihm auch da entgegen, und einen Typus der Frau an sich gibt es nicht.

Und wie leicht ist es, bei Frauen sich zu irren! Und wie verantwortungsvoll! Sie alle sind ein Geheimnis hinter reizenden oder auch minder reizenden Fassaden, und es ist schwer, gerecht zu sein. Wer schwärmt, ist durch einen Blick, durch eine Geste bestochen; wer verurteilt, war voreingenommen oder gar nicht wert, daß sie, die er meint, ihm gefalle. Die eine ein Engel, den die Sünde verschönt, die andere still wie ein erquickender Brunnen, in dessen Tiefen kein Licht fällt, die dritte mit freier Stirn ehrlich, gedankenreich, aber fanatisch und alle Anmut von sich streifend. Geschminkte und Ungeschminkte, in

Dürftigkeit oder perlenbehangen; Verzagtheit und Übermut, Brutalität und Gottseligkeit, Urkraft der Mütterlichkeit, Verschwendung des Ich, prahlendes Locken; Philanthropie und Selbstsucht, Emanzipierte und Häusliche, Ehrwürdige und Frivole, Klageweiber und schwatzende Elstern, Philisterinnen und Romantische, Modepuppen und Dichterinnen. Der Beobachter denkt sich sein Teil; er mag sie sortieren und registrieren. Aber was er bringt, wäre nie die atmende Wirklichkeit, und wer die tausend Lebensbilder zeichnen wollte, ein Wundermann wär's, wenn's ihm gelänge. Die Kompliziertheit der Frauenseele mit ihren siegreichen Instinkten ist groß; die Wirkungen sind Wonne und Weh, Hingebung und Verachtung; aber es wäre verwegen, den Schleier zu heben, die geheimen Untergründe dieses treibenden Lebens zu ertasten. Das bloß Sexuelle genügt nicht, erst recht nicht der Versuch, aus der Körperbildung allein den Charakter zu erschließen.[1] Man möchte keiner Unrecht tun, und die Frauen stehen, weil sie Frauen sind, über unserem Urteil.

Und nun gar die uns weltenferngerückte Antike mit ihrem ebenso reichen Frauenleben! Auch die Griechin, die Römerin ist da kein Typus, der sich porträtieren ließe; auch ihr Bild löst sich, soweit wir sie kennen, in eine Unzahl von Frauenbildern auf, und auch sie möchte man lieben, von Entzückung zu Entzückung weitergehen oder sie schonen, wo es nottut. Aber sie sehen uns nur zu oft mit wilden und bösen Augen an oder spöttisch und mit Gelächter, als sagten sie: du Pedant unterfängst dich, mich zu verstehen? Sie können rasen und Blut vergießen und verstehen vortrefflich, die verliebten reichen Leute auszuplündern, wie es auch heute geschieht. Drollig ist es, wenn da die Namen mitspielten, die in ihrer Bedeutung oft so durchsichtig waren, und eine Kurtisane „Ziege" hieß und ihr Anbeter der „Schößling" oder „das junge Grün". Der Zeuge, der uns dies mitteilt, bemerkt dazu: kein Wunder, daß sie ihn auffraß.[3] Bei alledem aber verbergen sich uns die Wonnen, mit denen sie gleichwohl die Männerwelt entzündeten und beherrscht haben.

Wir leben in einer Zeit, in der sich die Lebensanschauungen radikal wie vielleicht noch nie zuvor bekämpfen. Das betrifft den Staat, die zerspaltene Gesellschaft, die Familie, die Frau, und eben die Frau insbesondere, und die erregenden Probleme füllen unsere Gespräche und unsere Bücher. Dabei gibt es viele, die es ablehnen, nach dem, was die Vergangenheiten uns brachten, zu fragen, als finge die Menschheit, wie in dem Versuchsobjekt Rußland, heute aus dem Nichts von neuem an: wer fragt noch danach, was früher war? Man will nicht erben, auch nicht mit Goethe das Ererbte neu erwerben. Nicht nur in den Familien soll es nicht mehr gelten, so daß gar dem Sohn von des Vaters Erwerb kein Heller mehr zufällt; auch das Kulturerbe, das frühere Zeitalter in langsamer Arbeit und unter heißen Kämpfen aufgehäuft, die Kulturarbeit jener Geschlechter, deren Blut wir wider Willen in uns tragen oder deren Gedankenkunst

3

unsere Art zu denken vorbereitet und gezüchtet hat, sollen für uns nichts mehr gelten und verloren sein.

Wie verarmend dies wirkt, wird sich bald herausstellen. Bücher, wie das vorliegende, richten sich an die, die anders gesonnen sind. Es handelt sich also um die Frauenfrage und die Stellung und Bedeutung der Frau in der sogenannten Antike. Nicht die Frauenfrage als solche aber soll theoretisch durchgesprochen werden, sondern Exemplare aus der Frauenwelt bald nur schattenhaft, wo das Licht fehlt, bald in greller Deutlichkeit vor uns hintreten.

Die Auslese wird freilich nur spärlich sein. Denn die Schriftsteller jener alten Zeiten liefern fast nur Männergeschichte mit Strategen und Demagogen, Senatsherren, Königen und Kaisern. Auch das Mittelalter macht es noch nicht anders; da kommen die Prälaten und Ordensstifter und Scholastiker hinzu. Die Frauen tauchen in all den Händeln nur wie ein flüchtiges Wetterleuchten auf, das den Wolkenhimmel lichtet, oder wie wenn ein Scheinwerfer, sich verirrend, einmal in eine Frauenstube leuchtet.

Mit den Römerinnen steht es nicht ganz so ungünstig; denn sie waren Okzidentalinnen wie unsere deutschen Frauen, und von den Agrippinen und Messalinen Roms trägt wohl mancher ein Erinnerungsbild in sich, oder doch ihr Name klingt in uns an, als wüßten wir von ihnen. Auch für die Historiker Tacitus und Sueton ist die Geschichte freilich nur Männerwerk; aber als wirksames Intermezzo machen sie uns gleichwohl jene Kaiserinnen schreckhaft lebendig.

Aber es sind doch nur sie, und es sind doch nur die Ausgearteten ihrer Rasse.

„Biographien" antiker Frauen gibt es überhaupt nicht. Die Schriftgattung der Biographie war im Altertum nur ein jüngerer Ableger der Geschichtsschreibung, und daraus erklärt sich alles. So war es bei den Griechen; so blieb es auch in Rom. Die Königinnen und Kaiserinnen hätten es im Grunde so leicht gehabt, durch Drohung oder durch gutes Geld Schriftsteller zu gewinnen oder zu nötigen,[3] ihr Lebensbild für die Zukunft zu verewigen. Es wäre damals im Buchhandel reißend abgegangen, und auch noch heute stünde es nicht anders. Warum taten sie es nicht? War es Bescheidenheit? oder hatten sie zu viel zu verbergen? Die Kaiserin Agrippina, die ich nannte, Neros Mutter, hat in der Tat selbst Memoiren geschrieben, und sie gingen um. Sie gab da wirklich ihren Lebenslauf, aber nur als Rahmen für den Klatsch aus der hohen Gesellschaft der Kaiserstadt, wie es die russische Kaiserin Katharina auch zu tun beliebte, und sich selbst zu konterfeien, lag ihr fern.

Für die Griechinnen aber — und wir fragen jetzt zunächst nach den Griechinnen der sogenannten Idealzeit des klassischen Griechentums, jener Zeit, als die republikanischen Staatsverfassungen noch alle Schichten der Bevölkerung in Bewegung setzten — für diese Griechinnen ist das betrübende Wort bezeichnend, das von Perikles stammt: „Die beste Frau ist, von der man nicht redet." Nichts charakteristischer als das; die Frauen soll das Geheimnis umgeben. Warum?

Waren sie zu kostbar für die triviale Welt? Oder hatten auch sie schon Sünden zu verbergen?

Wer aber hat uns das Perikleswort erhalten? Thukydides ist es, der griechische Historiker führenden Charakters, der bis heute das Muster und Vorbild wissenschaftlicher Geschichtsschreibung im Sinne Leopold Rankes gewesen ist. Und siehe da, wer die acht Bücher des Thukydides durchliest, findet auf keiner Seite eine Frau erwähnt, auch wo wir ihre Nennung erwarten, mit der einzigen Ausnahme, daß einmal in der Stadt Argos ein Tempel in Brand geriet. Die Kränze, die man der Gottheit dargebracht hatte, waren mutmaßlich der Opferflamme zu nahe gekommen, und daran trug die Priesterin, die Verwalterin des Heiligtums, schuld.

Nur als Priesterinnen sind Frauen damals Staatsbeamtinnen gewesen; so auch in Rom die Vestalinnen, die Roms Lebenslicht, die Herdflamme der Göttin Vesta, hüteten. Auch als Priesterinnen der Liebesgöttin Aphrodite waren solche griechischen Frauen ehrwürdige Personen,[4] makellos auch die junge Hero, die in der Poesie weiterlebt und zu der in der romantischen Legende Leander, der Liebende, das wilde Meer durchschwamm. Sein Tod war ihr Tod; sie hatte, ihres Amtes vergessend, ihr Herz an ihn verloren.

Eifrig waren die Griechen seit Aristoteles bemüht, so wie man es auch heut versucht, aus der Körperbildung den Charakter der Menschen zu erklären. Man nannte das „Physiognonomik", und Reste dieser alten Studien liegen uns in zwei Bänden noch vor.[5] Aber auch sie enttäuschen uns schwer; denn auch da wird fast nur auf Männer acht gegeben, und wir hören, daß, wer frauenhaft weiche Haare hat, furchtsam ist; der Mann mit großen Ohren ist dumm und unverschämt, aber lebt lange; die aufgestülpte Nase deutet auf Rührseligkeit. Alle Körperteile werden so durchgenommen, vor allem aber der Ausdruck des Auges, wo wir erfahren, daß fröhlich blickende, graublaue Augen den Tapferen verraten; wer rein-blaue Augen hat mit feuchtem Glanz, ist ein guter Mensch. Steht einer vor dir mit weißem Teint, schwarzem Haar und dazu verquollenen, schwachen Augen, so wisse, das ist ein Wollüstling. Rollende Augen hat der Wüterich usf.

Nur einmal wird uns auch der Körper der Frau genau beschrieben.[6] Jeder liebenswürdige Ton fehlt da; aber wir hören doch, daß ihr Fleisch zarter und weicher, ihre Füße schöner als beim Mann, daß ihr Teint durchgängig weiß, mitunter auch blaßdunkel zu sein pflegte, ihr Auge schwarz, tiefschwarz oder annähernd schwarz. Übrigens soll, wie es da heißt, auch manches, was vom Manne gilt, für sie mit gelten. Dies also dürfen wir im Sinn behalten, wenn im Verfolg meiner Erzählung bedeutende Frauen vor uns treten. Wenn die junge Königstochter Kleopatra, die, aus der Heimat vertrieben, durch List zu Julius Cäsar in den Palast gelangte, diesen großen Weltüberwinder beim ersten Anblick bis zur Unterjochung gewann, — wir dürfen uns denken: aus tiefschwarzem Auge hat ihn ihr

Blick da getroffen, aber aus glitzernd lachendem Auge, wie es die Augen der siegreich werbenden Frauen sind. Rollende Augen aber sind die Augen der Wut? Die also standen der Furie Pheretime im Angesicht, als sie die Stadt Barka eingenommen, die Rebellen besiegt hatte und an deren Frauen die furchtbarste sadistische Rache nahm.

Sonst hören wir in jenen Schriften beiläufig noch, und zwar unter des Aristoteles Namen, daß die Frauen, obschon das schwächere Geschlecht, vordringlicher im Wesen seien.[7] Dies wird sich uns gelegentlich bestätigen. Heißt es jedoch zugleich, daß sie von Natur bösartiger als wir Männer, so scheint da ein beklagenswerter Misogyn zu sprechen, und keinesfalls soll uns weder er abschrecken, noch was wir von jener Pheretime gehört haben und noch hören werden.

Kommen wir zur Sache. Es handelt sich um Südländerinnen, deren Temperament anders als unseres ist — das ist vorauszuschicken — und um ein Volk, das, den Asiaten nächstbenachbart, ja selbst zum Teil auf der Küste Kleinasiens ansässig, unmittelbar und durch regsten Verkehr den Einflüssen des Orients ausgesetzt war.

Kulturvölker waren, wie die Griechen, auch die Lyder, die Perser und die Ägypter, die man mit zu den Asiaten zählte. Schon seit Urzeiten hatten sie alle nichts mehr mit den Primitiven gemein, den Negervölkern, die man im Innern Afrikas sah, bei denen die Frau nur wie ein Werkzeug verknechtet das Wasser schleppte, das Vieh hütete, den Acker pflügte, während der Mann umschweifend und herrenhaft auf Krieg und Raub ausging, auch jagte und fischte. Wo Städte, Großstädte und Königreiche im Stil der Pharaonen entstehen, ändert sich alles; die Klassen teilen sich; ein dienender Stand entsteht, und der Frau erwachsen andere Pflichten, die höher greifen. Das zeigt uns schon Homer, wenn er ins häusliche Leben der Kleinkönige im griechischen Lande uns Einblick gewährt.

Aber der vornehme Perser hatte seinen Harem, und auch bei den ägyptischen Großen ist die Vielweiberei, die sie bei den Negerhäuptlingen sahen, unanstößig gewesen. Wie anders stand die griechische Ehefrau da! Für den Griechen war die Monogamie Gesetz, ob geschrieben, ob ungeschrieben, wie für den Römer und Germanen. Nur selten wird die Kebse im Haus geduldet; aber es geht ihr schlecht, und sie ist rechtlos. Der Gatte hat die Gattin neben sich als Herrin im Haus, wie Odysseus die Penelope. Macht er sonst noch auf Weiber Jagd, muß er die Hetäre draußen suchen; ihr ist die Tür verschlossen; die Hausfrau hat den Schlüssel. Die Kebse aber wird zur Dienerin im Haus, im Ersatz des Sklaven. Sonst hat der Mann nur männliche Bedienung.[8]

Nun aber erhebt sich die Frauenfrage. Die Frage war ernst damals wie heut. Auch in Griechenland war das weibliche Geschlecht in beängstigender Überzahl; denn zu viele Männer starben weg, schon im Jünglingsalter. Das machten die Kriege, die jeder Sommer brachte, aber auch der Handel über See; auch er war Kampf; denn die Schiffe waren nicht so seetüchtig wie heute, und auch das Mittelmeer im Sturm griff

9

nach dem Leben und verlangte seine Opfer. Die Frauen dagegen blieben daheim und starben nicht, wenn sie nicht an ihren Kindern starben. Das war Frauenlos. Die Göttin Artemis gab zwar acht; sie war die Hüterin und Helferin der Gebärenden. Nicht immer half sie, aber sie half doch oft, wenn sie gnädig gesonnen. Man mußte nur richtig beten. Da lesen wir sogar von einem lieben Wunder. Eine Frau ist erblindet und hofft zugleich auf ein Kind. So betet sie: „Laß mich, o Göttin, des Kindes genesen oder, soll es nicht sein, doch wenigstens die Blindheit verlieren!"[9] Die Göttin erhörte sie; aber siehe da, bei der Geburt war die Frau zugleich sehend geworden. Das Wunder war die unmittelbare Wirkung des psychischen Erlebnisses auf den Körper.

Vor etwa zwei Generationen war bei uns in Deutschland die Frauenfrage noch nicht laut geworden; es war fast noch so wie in Goethes Zeit; die ledigen Töchter machten sich im Elternhaus nützlich, soweit dies nötig, trieben sonst ihre Liebhabereien, wurden zu lieben Tanten, wenn sie alterten, und zeigten sich da in Rat und Tat oft doppelt nützlich. Erst die Not hat heut die Frauenberufe geschaffen. Die Frauenemanzipation setzte ein; die Suffragetten kamen mit dem Frauenstimmrecht, und unsere Töchter suchen nun ihr Brot als Diakonissen, in der Schreibstube und Apotheke, studieren und wachsen mit oder ohne Doktortitel hinein in den Ärzteberuf, sind juristischer Beirat oder Fabrikinspektorin oder sitzen als gewählte Volksvertreter in den Parlamenten.

Dies alles lag der Antike ganz fern. Man

dachte radikaler oder barbarischer, faßte das Übel an der Wurzel, und nach des Vaters Entscheidung wurden, wie die Mißgeborenen, so auch die überflüssigen Töchter nach der Geburt ausgesetzt, mochte aus ihnen werden, was da wollte. Viele fielen so den Mädchenhändlern in die Hände und füllten die Bordelle. Man verkaufte die Töchter auch geradezu an die Besitzer solcher Frauenhäuser. Es kam auch vor, daß die Oheime in der Familie, die Hagestolz geblieben, unter Zwang die ledig gebliebene arme Nichte heiraten mußten.[10] Das alles war Herkommen; wir hören kaum von Tadel, und von einem Notzustand berufsloser Frauen wissen uns die betreffenden Instanzen, die im Altertum von Staat und Gesellschaft handeln, nichts mitzuteilen.

ZWEITES KAPITEL

IDEALBILDER

Wir unterscheiden Frauen der Dichtkunst und Frauen der Wirklichkeit. Wer sich die Griechen im Sinn Schillers und Goethes vorstellt, denkt sich alles in Schönheit getaucht, so also auch das Weib der Griechen. Es wirkt wie Verklärung; Helena das Symbol. In der Tat haben uns im Altertum nur die Griechen, wenn auch nicht in der Helena, so doch in ihren Alcesten und Antigonen Ideale der Weiblichkeit in durchgeführter Zeichnung gegeben; nur die Griechen, nicht Rom, auch nicht das Alte und Neue Testament. Man wundere sich also nicht, daß ich zu Anfang bei ihnen verweile. Und nicht nur die Dichtkunst gab uns diese Bilder; die Grabsteine, die uns im Relief die Bürgerin, die verstorbene, zeigen, haben den Eindruck wundervoll bestätigt. Hier wie dort sehen wir Griechinnen idealisiert, das heißt nach künstlerischer Idee gestaltet, aber aus der Wirklichkeit konzipiert. Die kriegerische Ilias gibt uns die Andromache, die junge Mutter, die dem Hektor das erste Kind geboren und deren Seelenangst, da er dem Speer Achills entgegenrennt, uns ergreift und rührt; die Odyssee jene Penelope, die in Tränen nach dem seit langem verschollenen Gatten ohne Ablassen liebend sich sehnt, aber voll erfinderischer List die Bewerber hinhält, die sie wild bedrängen, und das Äußerste auf sich nimmt, um dem Einen die eheliche Treue zu halten; dazu aber auch Nausikaa, die heitere, junge Fürstentochter, die in aller Lieblichkeit auf der Wiese mit den Mägden Ball spielt, sich geschäftig zeigt im Dienst der Brüder, deren linnene Kleider es zu waschen gilt, und in reizender Feinheit und Verständigkeit den fremden, verstürmten Helden, der plötzlich erschreckend vor sie hintritt, begrüßt, ihn willkommen heißt, ihm hilft, da er Hilfe braucht, und ihn doch von sich fern hält, obwohl unausgesprochene Liebe, ein erstes Liebesahnen ihr Herz befallen.

Daneben die Antigone des Sophokles, auch sie mädchenhaft in erster Jugend, aber so anders; die kühn und tapfer und ihre Liebe preisgebend das Leben einsetzt für die Ihren, an die sie die Pflicht bindet. Der Bruder ist verfemt, dann auch ihr Vater. Des Bruders Leiche soll vor die Hunde; der geblendete Vater wird vor die Stadt gestoßen; den geleitet sie ehrfürchtig als wehrlose Wanderin in das fremde Land und wagt es auf Tod und Leben, dem Bruder die Bestattung zu verschaffen, die ihm der Staatswille verweigert.

Das interne Familienleben, wie es wirklich gewesen, ist uns sonst fast völlig zugedeckt. Nur die Dichtkunst gibt uns solche Bilder, aber sie sucht dabei nur den Konflikt. In solchem Konflikt steht auch Elektra; es ist des ermordeten Agamemnon Tochter, auch sie so jung. Aber sie ist härter, streitbar, agressiv, fanatisch, und auch das ist echt; denn es gilt den Mord zu rächen. Elektra ist es, die in wilder Rede die sündige Mutter straft, den Bruder Orest aufhetzt zum Stoß der Rache. Sie hätte, in der Not allein gelassen, auch ohne ihn die Tat vollführt; groß im Haß wie in der Liebe; denn auch die jauchzende Liebe zum Bruder findet in dem Elektraschauspiel die schönsten Töne.

Die Geschwisterliebe war etwas Großes bei den Alten. Die Schwestern sind es auch sonst, die, wo andere Hilfe fehlt, den gefallenen Brüdern das Begräbnis bereiten, ohne das ihre Seelen im Totenreich keine Ruhe fänden. Diese Liebe stand in der Wertung der Antike höher als die erotische, die das Weib zum Manne zieht.[1]

Und nun die Grabsteine! Zeitgenossinnen des Sophokles, der die Antigone schuf, sind wohl manche dieser Steinbilder, die man aus den verschütteten, berühmten Friedhöfen Athens ans Licht gezogen und die uns, jedes anders, die Athenerinnen, ob Jungfrau, ob Matrone, zeigen, um die die Familie trauert. Gestalten im Relief; der Meißel redet da seine stille Marmorsprache.

Auch diese Frauen tragen den Adel der Schönheit; es sind solche der höheren Stände, schlicht und vornehm in der Haltung, und wir müssen sie lieben und bewundern. Auch dies eine Idealisierung; denn sie alle sind nur in ihrer Jugend dargestellt, als kennten sie kein Alter. Es ist so, als wäre nie eine Greisin gestorben,[2] als hätte der Tod nur die Jugend geliebt und keine Ahne, keine Großmutter hätte je den Nachen des Charon bestiegen. Der Tod versöhnt alles, und da ist keine, auf die die Abgelebtheit, die Sorge oder die böse Leidenschaft ihre unliebsamen Spuren geprägt hätte.

Soweit die Menschen in der Kunst. Aber auch

die Götter dürfen wir heranholen, die Homer geschaffen. Denn auch diese Götter sind nichts anderes als Griechen mit Götterblut, die den Tod nicht kennen.

Was ist Athene, die Lieblingstochter Gottes, des Zeus? Das Ideal der Königstochter, die dauernd so geblieben, wie es die griechische Jungfrau vor der Vermählung war, das Ideal des hochintelligenten und zugleich furchtlos streitbaren Mädchens, das nicht an sich, sondern das nur für andere denkt, denen ihr Herz gehört. So tritt sie, auf Hilfe sinnend, bewaffnet in die Schlacht, springt auf den Streitwagen, aber nicht um selbst zu fechten, sondern den gefährdeten Kämpfern, denen sie wohl will, Rat zu geben und sie durch Zuruf zu stärken. Gewiß haben so auch die Schwestern im Griechenvolk ihren Brüdern, die ins Gefecht für Haus und Herd zogen, Mut zugesprochen, wie die Göttin es tut, wenn sie den Odysseus oder Diomedes verzagt sieht. Aber nicht nur das; auch ein Griechenweib in Waffen, wie die Göttin, werden wir kennenlernen, wenn wir von Schlachten reden werden.

Ganz anders Hera, die Juno der Römer. Ein zweites homerisches Charakterbild. Sie ist das göttliche Modell der Ehefrau in höchst realistischer Zeichnung, strotzend von Eifersucht, die höchst berechtigt ist bei der ausschweifenden Gesinnung des Gatten, von tödlichem Haß erfüllt gegen die Bastardkinder, die sie nicht geboren. Dieselbe Himmelskönigin zeigt uns aber auch noch, wie sorgfältig die Griechin Toilette machte, um den Gatten zur zärtlichen Stunde zu verlocken: nicht etwa durch Enthüllung ihrer Reize (mit tiefem Rückenausschnitt oder was sonst unsere klugen Frauen für nötig halten und was ähnlich schon in ältester Zeit den Frauen auf Kreta geläufig war); vielmehr soll die schönste Kleiderpracht die Sinne des Zeus erregen; Vollgewandung; der Gürtel darf nicht fehlen, auch die wertvollen Ohrringe nicht, die die Wange umrahmen.

Und nun gar Aphrodite, die Göttin der Liebe. Sie ist vermählt, aber die Ehebrecherin im Olymp, die, selbst jung und schön, einen alten garstigen Mann hat, der dazu noch Banause und Techniker ist und als Schmied für Kundschaft arbeitet. Begreiflich, daß sie vorzieht, mit einem jungen Quasioffizier oder Haudegen das Bett zu besteigen. Alles das ist aus dem gemeinen Leben genommen, aber vom Dichter in den Himmel projiziert, und der junge Offizier ist der Kriegsgott Ares. Alle andern Götter aber lachen, als der betrogene Gatte das Paar in flagranti ertappt; denn „die Sonne" brachte es an den Tag. So ist Aphroditens Spezialität denn auch bei Homer, den Ehebruch bei den Sterblichen zu stiften und zu beschönigen; dem Paris, der die vermählte Helena entführt hat, ist sie hold gesinnt; die sozusagen legale Liebe dagegen fördert sie nirgends in den Epen Homers, dieses Kenners der Liebhabereien der Götterwelt.

Für das Griechenvolk sind die Geschichten, die ihm Homer gegeben, das klassische Buch von nahezu biblischem Wert gewesen. Man lernte sie auswendig, ließ sie an heiligen Festen von Rhapsoden vortragen, machte sie, hoffentlich mit Auswahl, zur Schullektüre. Inzwischen hatten sich im Volk die Vorstellungen von Gott oder den Göttern völlig verändert; sie waren Staatsgötter geworden in überirdischer Stille und Hoheit, die keine Händel so irdischen Stils mehr suchen und nicht mehr unter sich intrigieren und sündigen. Aber der Sinn der Griechen war konziliant und voll Nachsicht, und sie freuten sich, in jenen Göttern, wie Homer sie gab, sich selbst wiederzufinden.

DRITTES KAPITEL

DIE HAUSFRAU

Wenden wir uns zur irdischen Wirklichkeit zurück und versuchen, in das Familienhaus mit seinem verschlossenen Innenleben einzudringen. Es handelt sich um die Hausfrau und um die Töchter. Nur die Verhältnisse selbst dieses Innenlebens, das für die Neugier zugedeckt hinter der Haustür sich abspielt, sollen hier, vornehmlich im Hinblick auf die Kreise des wohlhabenderen Bürgertums, angedeutet werden. Ohne das bliebe alles folgende unverständlich, und die persönliche Bekanntschaft namhafter Frauen, auf die wir zielen, müssen wir, in Geduld gefaßt, uns auch jetzt noch versagen.

Ich nähere mich den Hausfrauen freilich mit Sorge und Beklommenheit. Es gab davon natürlich, wie heute, sehr verschiedene Exemplare; aber nur allzu üble Stimmen werden laut. Am brutalsten redeten die Spott- und Schimpfdichter von Beruf: die eine ist hündisch, die andere ein Ferkel oder wie ein Iltis, wie ein Affe und so fort. Aber sogar der edle Sophokles hat angeblich, alt geworden, als man ihm zu einer zweiten Heirat riet, gerufen: „Nie wieder solch rasende Despotie!"[1] Suchen wir indessen gerecht zu sein.

Die Ehefrau war allerdings „Hausfrau" im eigentlichsten Sinne des Wortes; sie war Hausherrin und schon nach Solons Urteil dem Manne völl ebenbürtig.[2] Aber es war ein arg getrenntes Leben: der Mann immer aushäusig; es duldet ihn nicht in den vier Wänden. Er gehört nach draußen, heißt es,[3] auf Markt und Gasse. Die Frau herrscht also naturgemäß allein im Haus; es ginge ohne sie zugrunde. Arbeit genug, Verantwortung genug! Allein schon die Bändigung der oft fremdblütigen Dienerschaft.

Frauenwohnung und Männerwohnung sind im Wohnhaus scharf getrennt; beide sind abschließbar, und der Mann, der Liebe sucht, hat zum Lager der Frau nachts nur Zulaß nach ihrem Willen. Mehr noch; sie nimmt alles Geld in die Hand, das der Mann ins Haus bringt;[4] sie muß es vor ihm sichern, verwaltet, bewacht und verausgabt es und hält es fest abgeschlossen in ihren Räumen. Dadurch wird sie allmächtig. Sie hat den Tresor, griechisch „Thesaurus".

Aber es ist auch sonst gut, daß sie die Schlüsselgewalt hat; denn die leichtlebigen Männer gehen nur zu oft auf schlechten Wegen. In solchen Fällen läßt sie ihn nicht ins Haus. So einer raubt ihr gar aus ihrer Truhe ihren schönen Mantel und die Spange, um damit ein anderes Weibchen zu schmücken; sie merkt es und verschließt ihm, als er kommt, vor der Nase die Haustür.[5] Das hatte er verdient. Es kann schließlich so scheinen, als wäre der Mann nur Gast im Hause. Auf alle Fälle war Gefügigkeit ratsam.

Durch Gewohnheitsrecht stand alles dies felsenfest, obwohl die Frauen zivilrechtlich im Staat unmündige Personen waren und ihnen jede Rechtsfähigkeit abging. Sie konnten keinen Prozeß anstrengen, auch nicht als Zeugen vor Gericht auftreten. Und so rächte sich ihre häusliche Machtstellung denn doch erheblich; sie galt nur in den vier Wänden. Auch jeder Ausgang war alltags der Frau der besseren Gesellschaft verwehrt. Sie hütet das Haus, und das Haus hütet sie. Schon von Solon stammten diese Einschränkungen, und die Passage auf den Gassen war also einigermaßen uninteressant; man begegnete da nie den stolzen Frauen, die bei uns die Promenade schmücken, und geschah es doch, so waren sie von Dienerinnen begleitet und verstopften grausam ihre Ohren, wenn eine Ansprache drohte.[7] Zumeist ist es dann eine ältere Dame, wo man nicht fragt: wessen Frau ist das? sondern: wessen Mutter ist das?[8]

Nur zu gewissen gottesdienstlichen Frauenfesten, durch die das Geschlechtsleben geheiligt wurde, durften sie hinaus und miteinander schreitend oder auch zu Wagen sich zum Festort begeben. Es war ein Austoben, wie bei den Hunden, die von der Kette gelassen. Aber kein Mann durfte sich zeigen. Auch nahmen sie wohl nachts an den jubelnden Reigen teil, die am Athenefest auf der Akropolis geschahen. Ins Theater aber ging man familienweise, Mann, Frau und Kinder, wo es zu Ehren des großen Heilgottes Dionys an vier Tagen im Jahr die berühmten Schauspiele gab. Auch da mußte die Frau sich beaufsichtigt fühlen.

Nach dem anfangs Gesagten ist es nun aber begreiflich, daß es bei den Männern gang und gäbe war, über ihr Hauskreuz zu lamentieren. Sophokles war nicht der einzige, und das „wir sind die

Sklaven unserer Weiber"[9] kann als Motto gelten. Der eine erkundigt sich „wie geht's deiner Frau?" „Leider besser, als ich es wünsche" ist die Antwort.[10] Ein anderer ruft: „Was sagst du? Ist es wirklich wahr? Unser Freund X hat sich verheiratet? Aber ich traf ihn doch eben noch lebend an."[11] Und wieder einer: „Könnte ich meine Frau doch als Sklavin verkaufen! Aber niemand wird sie wollen!"[12]

Indes nur, wenn die Männer unter sich sind, führen sie solche Reden. Vorsicht war geboten. War es doch auch in den gebildeten Kreisen verpönt, ein irgendwie unanständiges Wort in der Frauen Gegenwart zu gebrauchen.[13] Darin verrät sich: die Hausfrau hält auf ihre Würde. Sie hält auf das, was sich ziemt.

Was leistete sie nun im Hause? Das Kindergebären war die erste Pflicht, Berufspflicht; sie konnte es darin weit bringen, und die Männer hatten nicht zu klagen. So hören wir denn als Ultraleistung von einer Begnadeten, die 29 Kinder in die Welt setzte, trotzdem 105 Jahre alt wurde und noch ohne Stock durch die Stuben ging; alle die Kinder aber lebten noch.[14]

Beköstigung, Reinigung, Feuerung und Bad verstanden sich ferner von selbst. Dazu die Beherrschung der Dienerschaft und das Geldwesen. Es gab wohl Schuster, aber noch keine Schneiderinnen, Modistinnen und Kleiderhändler; sondern jedes Haus mußte hierin sich selbst versorgen. So spinnt und spinnt die Frau mit dem Gesinde Tag für Tag — mit der Sonne wird aufgestanden —, steht dann aufrecht am Webstuhl und fertigt alle nötigen Anzüge für jeden Hausgenossen aus eigenem Gewebe nach Maß, sorgt dabei auch für Zierat an Troddeln und bunten Borten,[15] und die Truhen füllen sich. Aber sie arbeitet nicht für den Verkauf. Zu alledem aber kam die Erziehung der Kinder. Das waren die hohen Pflichten, die sie belasteten. Man meißelte auf den Grabstein einer solchen Frau als Symbole einen Zügel, einen Maulkorb und einen Hahn; das bedeutete, daß sie den Haushalt zügelte und daß der Hahn sie früh zur Arbeit weckte. Am wertvollsten der Maulkorb; er verrät, daß sie nicht geschwätzig war.[16] Denn die Frauen können kein Geheimnis bewahren.[17]

Kein Wunder also, daß für Beschäftigung mit hochgeistig literarischen Dingen keine Zeit übrig war. Die ästhetischen Interessen dieser Griechinnen beschränkten sich auf die eigene Schönheit. Auch die Frau, die einsam ist, schmückt sich gern.[18] Man kennt die schlichte, edle griechische Frauentracht. An Festtagen aber sah man die Armspangen und Ohrringe, Blumen im Haar, wenn die flotten Gestalten im schleppenden Safrankleid und weißen Bänderschuhen über die Straße fegten; die Schuhe mit hohen Hacken. Den Sonnenschirm trägt die Sklavin (Regenschirme gibt es nicht). Haben sie gut gewachsene Zähne, ist es ratsam zu lächeln, damit man sieht, wie schön ihr Mund ist.[19]

Was kümmerte sie dagegen Astronomie und Philosophie? und was sollten sie mit den unbequemen Rollenbüchern, in denen die großen Dichtungen geschrieben standen? Diese Matronen konnten also in der Tat geistig minderwertig scheinen, und die Halbwelt und ihre Verehrer sahen auf sie mit Spott herab. Pikante Konversation mußte man bei den Hetären suchen. Borniert ist, wer wie in der Schachtel lebt. Um so überwältigender aber wirkte es auf solche Seelen, wenn die große Dichtung trotzdem zu ihnen sprach. Wenn sie im Theater ein Stück wie die Phädra sahen (sie sahen da eine Ehebrecherin auf der Bühne, wie sie um den Buhlen wirbt und verschmäht den Tod sucht); gewisse Frauen aus der Gesellschaft, heißt es, die sich selbst ebenso schuldig fühlten, erhängten sich da. Das ist durchaus glaublich. Nie wirkt das tragische Bühnenspiel mächtiger als auf literarisch unerfahrene Menschen. Sie suchen in allem, was sie sehen, sich selbst.

Nichts scheint für uns verborgener als das Gefühlsleben dieser Frauen, und doch möchten wir ihm näher treten. Nehmen wir also das Selbstverständliche. Sie waren Mütter; den Herzschlag der Mütter können wir fühlen, und da offenbart sich auch ihre Klugheit. Denn nicht der Mann, nur die Frau bewacht und erzieht den Nachwuchs, auch die Knaben bis in das Jünglingsalter hinauf, und es war gut so. Stumpfsinnig sollen sie gewesen sein, diese Hausmütter? Wer das glaubt, irrt gewaltig.[20] Die höchste Intelligenz und Schlagfertigkeit schlummerte oft in ihnen; sie schlummerte, um durch Vererbung in ihren Söhnen zu erwachen. So geht es mit Mutter und Sohn auch bei uns, ein wundervolles Spiel der Natur, von dem alle Zeiten wissen. Der „Mutterwitz" wird im Kinde laut, und das wußten auch die Alten; denn wir lesen: „Einen gut veranlagten Sohn gibt es, wenn er vom Vater den mannhaften Sinn, den weisen Sinn von der Mutter erbt."[21]

Daher nun auch die Freude am Sohn und des Sohnes Spezialverhältnis zur Mutter, mag sie ihn in der Erziehung auch noch so knapp gehalten haben.[22] Sogar Sparta gibt uns dafür das Beispiel in den Söhnen Kleobis und Biton, die statt des Zugtiers sich selbst vor den Wagen spannten, um die Mutter zum Gebet in den entlegenen Tempel zu fahren. Sie starben an Erschöpfung, aber der Ruhm war ihr Lohn.[23]

Gleichwohl lasse ich das Spartanertum hier beiseite, von dem sich kaum sagen läßt, daß es ein Familienleben kannte. Es wirkte auf die andern Griechen halbwegs barbarisch. Anstoß gab schon, wie gering dort das Schamgefühl in den Frauen, die nur im kurzen, hemdartigen Chiton herumliefen, der, an den Seiten aufgeschlitzt, mehr sehen ließ, als sich ziemte. Die Stadt selbst aber, oder der Staat, war wie eine Kaserne, das ganze Ländchen wie ein Truppenübungsplatz, die Erziehung Dressur der Knaben für den Krieg. Wie im heutigen Bolschewismus ersetzte so der Staat die Familie; aber es war ein Militärstaat. Er also erzog die Söhne, die er den Müttern im frühen Lebensalter wegnahm. Und die Mütter? Es klingt zwar heroisch ergreifend, wenn die Spartanerin, der ihre Söhne bei den Thermopylen fürs Vaterland starben, lakonisch nur das berühmte Wort fand: „ich wußte, daß sie sterblich waren!" oder wenn sie gar den Sohn selbst tötet, der vor dem Feind geflohen ist.[24] Aber es fehlte da der rechte Herzenszusammenhang, die Verwachsenheit, und sie konnten die Söhne leichter dahingeben.

Ganz anders sprach die Natur bei den übrigen Griechen. Die Freude, wenn Mutter und Sohn, die sich verloren, endlich sich wiederfinden, liebte Euripides zu schildern, und so ist es auch die Liebe der Söhne, an der die Mutter sich tröstet, da sie sterben muß; davon lesen wir auf einem Grabstein,[25] und auf einem andern hören wir eine Witwe sprechen: „Ich hinterließ einen löblichen Reigen von Söhnen, heiratete nie wieder, und sie sind es, in denen ich weiterlebe."[26] Ist ein Mann verklagt, so führte man den Richtern, um ihr Mitleid zu erwecken, dessen Mutter vor, die um den Ausgang bangt und untröstlich ist. Das pflegte zu wirken.[27] Ein verliebter Jüngling aber weiß seine Liebe zum Mädchen nicht besser zu beteuern, als wenn er sagt: „Ich liebe dich noch mehr, als ich meine Mutter liebe."[28] Es war das Äußerste, was sich sagen ließ.

Die Töchter dagegen halten zu ihrem Vater. Das kleine arme Töchterchen bettelt beim Vater, nicht bei der Mutter, um Brot;[29] und die Erwachsenen? Da genügt wohl eine kleine Szene, die ihre Fürsorge verrät und die zugleich den verbindlichen Ton zeigt, der da waltet. Zwei Schwestern, die zeitweilig Strohwitwen sind, sitzen zusammen auf schönen Stühlen. Der Vater spricht bei ihnen vor. Da springen sie auf mit dem „Sei gegrüßt", und der Kuß erfolgt, aber mehr als einer, so daß er „genug!" rufen muß. Dann bieten sie ihm ihren Sessel an: „Nimm doch Platz, Vater." „Nein, nicht da, wo ihr sitzt. Ich setz' mich hier auf die Bank." „Aber nimm dann doch wenigstens unser Kissen!" „Sehr lieb. Aber die Bank ist weich genug." „Nein, nimm doch." „Soll ich?" „Ja, du sollst." „Dann gehorch' ich." Endlich sitzt der Alte weich, und das Gespräch kann beginnen; denn er hat viel auf dem Herzen.[30]

Genug hiervon. Rückblickend können wir sagen: die griechische Hausfrau, so wie sie sich uns gezeigt, hat für das Volkswohl viel bedeutet. Sie war wie das Feuer, das Prometheus den Göttern stahl; sie gab dem Haus zugleich Licht und Wärme und hatte bei aller räumlichen Beschränkung etwas Universales. Während der Mann in so vielen Fällen nur einen Beruf aus dem Grund versteht, ob er tischlert oder schmiedet, müssen die Frauen für die Kinder, die sie der Zukunft geben, die Welt zu erschließen beginnen, so eng diese Welt auch anfangs ist. Sie nähren und lehren, bis das Lallen zum Sprechen, das Sprechen zum Denken wird, wehren den Krankheiten, bestimmen das Kinderspiel, wecken das Geschick für jeden Handgriff, spornen den Eifer, schlichten schmiegsam verständnisvoll den Neid und Hader der Wildlinge und wecken schon früh den Schönheitssinn in Kleidung und Geste, aber auch, indem sie schöne Gefäße für den Hausbedarf wählen und den Raum überdies anmutig gestalten, indem sie die Dinge so aufstellen, daß sie für das Auge harmonisch wirken.[31]

Die Welt draußen ist ein Wirrwarr; drinnen ist alles Ordnung, „Kosmos", d. h. eine geordnete Welt. Was wäre ohne solche Frauen das Leben? Für den Mann, der das Haus floh, bedeutete das wenig, viel für die Sprößlinge, die ihm einst Ehre machen sollten.

Und nun endlich die heiratenden jungen Mädchen. Sie gingen dem Ehestand, anders als heute, zumeist mit Ablehnung, Scheu und Bangen entgegen. Nach einem Festgelage, an dem die Trauzeugen als Gäste teilnahmen, war die Braut unter den Klängen des Hochzeitsliedes, das Freundinnen sangen, bei Nacht dem Bräutigam ins Ehegemach zugeführt worden. Eine geziemende Mitgift folgte ihr danach ins Haus; denn nur so wird das Gleichgewicht zwischen Mann und Frau gesichert.[32] Aber sie ist noch gar zu jung, kaum fünfzehnjährig (so jung müssen wir uns auch die Elektren und Antigonen denken), zwar körperlich reif, aber bei normalen Verhältnissen, da sie im Haus eingeschlossen erzogen worden, in den wichtigsten Dingen noch unerfahren; versteht sich auf den Umgang mit Männern noch nicht, hat auch noch nie geküßt, wenn wir den Familienkuß nicht rechnen; kennt also auch ihren jungen Eheherrn noch wenig. Eines Tages kommt er unwirsch zu ihr nach Haus; denn jemand hat ihm bemerkt, daß er an üblem Mundgeruch leidet, und tadelt die Arme: „Warum hast du mir das nicht gesagt?" „Lieber, ich dachte eben, das müßte so sein," antwortet sie schüchtern; „ich dachte, alle Männer seien so beschaffen."[33]

Nur in den seltensten Fällen ist es die Liebe, die die Gatten zusammenführt.[34] Der Amor, heißt es geradezu, steht zur Ehe im Gegensatz,[35] und vom Eros und der Liebesgöttin Aphrodite ist in den Hochzeitsliedern, die da erschollen, nie die Rede. Die Heirat ist ein Familienkontrakt. Es ist also Sache des Glücks, wenn auch die Liebe in der Ehe sich einstellt.

Um so lieber versichern wir uns, daß dies Glück nicht ausblieb. Soll ich auch dafür Zeugnisse sammeln? Das heiße Verlangen der jungen Ehemänner wird uns in der Tat gelegentlich drastisch beschrieben. Sie sitzen beim Weintrunk zusammen im Konvivium; da treten Spieler auf, darstellend, wie Paris und Helena oder Dionys und Ariadne sich in Liebe finden. Die Wirkung des Anblicks ist überwältigend; kein Halten; alle stürzen aus dem Lokal davon, um zu ihren Frauen zu kommen.[36] Und nun gar das zärtlich neckische Getue des Weibleins mit dem schmachtenden Gatten, das uns eine Aristophanes-Komödie mehr als ausgiebig zeigt.[37]

Solche wollüstig irritierende Szene war etwas fürs Theaterpublikum der Dionysien. Aber wir lesen auch, wenn wir die Grabinschriften befragen, wie da die Gestorbene spricht: „Wir lebten in keiner glücklichen Ehe und haßten uns doch nicht. Nun aber, vor dem strengen Richter der Unterwelt, wird uns beiden ein gnädiges Urteil[38] nicht verwehrt werden." Überhaupt aber hielt sich die Jugendfrische der Südländerin nicht lange, und es ist viel, wenn wir von einer Frau von dreißig Jahren hören, daß sie noch der Rose glich.[39] Die Männer waren gewohnt, das hinzunehmen. Erweist sich andererseits der Mann als zu alt für sie, so kann man sich auf Scheidung einigen.[40]

Hier gedenken wir der lieben Mädchen und Frauen, die man als Terrakottafigürchen bildete und in die Gräber stellte; wir nennen sie nach dem Hauptfundort die Tanagräerinnen. Sie alle sind unter 30 Jahren und offenbaren uns die genußsüchtige Freude der Künstler, die sie bildeten, an der Anmut und süßen Grazie der Griechin, ob sie nur sinnend dasaß oder den Blattfächer führte oder reich gekleidet staziös einherschritt, das Spitzhütchen auf dem Haupte wiegend: zum verlieben.

Auf alle Fälle aber ist es gut, wenn der welterfahrenere Gatte sein Frauchen rechtzeitig in die Lehre nimmt. Ist das erste Kind geboren, soll sie es nicht der Amme oder Wärterin überlassen; denn, heißt es, solch dumme Person macht es oft schlimm, legt das Kind schlafen, wenn es doch gerade hungrig ist, und wenn es schlafen möchte, regt sie es mit der Kinderklapper auf.[41]

Wie methodisch der Mann, wenn er extra weise ist, bei solcher Erziehung vorging, zeigt uns Xenophon in einem viele Seiten langen Gespräch, das er für seine Zeitgenossen als Muster aufgeschrieben hat, wo wir sehen, daß es für die Anfängerinnen das schwerste war, sich rechtzeitig die Herrschaft übers Gesinde zu sichern; es galt vor allem, der alten Schaffnerin, die im Haus die Überlegene spielt, zu imponieren.

Das erwähnte Gespräch war gewiß nützlich,

aber sein Ton nimmt sich erschreckend pedantisch aus, und man staunt, daß die junge Frau dabei nicht die Geduld verlor. Der weise Ehemann aber, der da das Wort führt, heißt Ischomachos. Sonst läßt Xenophon in seinen Lehrschriften immer nur Sokrates, den allweisen, solche erziehende Vorträge halten; warum wählte er in diesem Fall einen anderen Sprecher? Weil Sokrates selbst mit seiner Ehehälfte, wie allbekannt ist, die übelsten Erfahrungen gemacht hatte.

Seine Xanthippe war schuld; das ist nicht zu verkennen; und so ist ein uns nur allzu geläufiger Name, Xanthippes Name, gefallen, und von ihr ist abschließend zu reden. Dies scheint Pflicht des Historikers, der von Frauen handelt. Leider ist dies die erste persönliche Bekanntschaft, die wir auf unserem Pirschgang machen, und manchem graut vielleicht, als sollte ihm eine Hexe begegnen, ein Weib zum Bangewerden, runzelig und mit zahnlosem Munde. Aber die voreilige Phantasie soll uns nicht irreführen. Ich gebe nur das Nötige und versuche das Objekt unsrer Beobachtung mit Nachsicht zu behandeln. Man muß verstehen, um zu verzeihen.

Fest steht, daß Sokrates sagte: „sie ist die bösartigste aller Frauen, die waren, sind und sein werden."[42] Er hatte sie erst spät geheiratet; angeblich war sie seine zweite Frau. Als er siebzig Jahre alt ist, sind seine Kinder noch zum Teil unmündig. Dieser berühmteste der Weisen Griechenlands, so edel und gotterfüllt er war, hatte doch etwas arg sonderbar Kauzartiges im Wesen, das ein Weib gemeinen Schlages provozieren konnte.

Daß er immer aushäusig, verstand sich von selbst; aber der Gedankenvolle war auch oft geistig abwesend, und das war schlimm. Als Menschenforscher, Frager und Erzieher ging er auf den Gassen und Sportplätzen um und in fremde Häuser der vornehmen Leute, und sie, die Frau, hockte im erbärmlichen Häuschen und mußte mit den geringsten Mitteln wirtschaften, wenn nicht reiche Gönner des Sokrates gute Sachen ins Haus schickten. Früh vor Sonnenaufgang ging er schon ins Haus des Kallias, wo alles noch in den Betten lag,[43] oder verbrachte die ganze Nacht bis zum Morgengrauen beim Agathon, um mit den Prominenten der Geistesbildung beim Wein, den er sehr gut vertrug, zu philosophieren. Es war ein gar zu ungeordnetes Leben. Auch die Picknicks seiner Verehrer machte er mit und erschien gewiß nicht immer prompt im Haus zur täglichen Mahlzeit. Auch sein intimes Verhältnis zu dem übermütigen jungen Alkibiades war ihr ohne Frage zuwider, und als dieser wohlmeinend einen schönen Kuchen ins Haus schickt, schließt sie ihn weg statt ihn aufzutischen, einerlei, ob er verschimmelt. Sokrates aber sagte dann nur seelenruhig: „so bekommst du nun auch nichts davon."[44]

Viel derartiges wurde von seinen Schülern erzählt. Gelegentlich war sie auf ihn so ergrimmt, daß ihr, wenn er fortging, das Schimpfen nicht genügte; sie goß ihm hinterdrein aus dem Fenster Wasser über den Kopf. Auch das ertrug er ruhig und sagte schmunzelnd: „Ich wundere mich nicht; auf den Donner folgt der Regen." Diesen

Ton wahrte er durchgängig.[45] Vielleicht aber
goß sie das Wasser aus Zorn, weil er so selten
badete. Wer an solch nette Erzählungen, als wären sie zu anekdotenhaft, nicht glauben will,[46]
muß sich anderes ausdenken, um sich die Ver-
bostheit der Frau auszumalen. Aber der weise
Menschenfreund kam schließlich doch mit ihr aus
und sagte dankbar: „Wer einmal ein wildes Pferd
zugeritten hat, der kann alle Pferde bezähmen,
und so ist mir durch den Umgang mit ihr der
Umgang mit allen Menschen so leicht geworden."[47]

Gleichwohl war er eingeschüchtert und unter-
fing sich nicht, so vielseitig er war, junge Ehefrauen über die Führung des Hausstandes zu belehren. Das mußte an seiner Stelle, wie wir sahen,
in Xenophons Darstellungen Ischomachos tun.

Als es ans Sterben geht und Sokrates im Gefängnis, umgeben von seinen Schülern, den Gift-
becher trinken will, kommt im letzten Augenblick auch die Frau mit einer Dienerin und den
Kindern, um ihn noch einmal zu sehen, ins Gefängnis. Er aber ist inmitten seiner jungen
Freunde von den tiefsten Fragen nach der Unsterblichkeit der Menschenseele und den Ver-
heißungen des jenseitigen Lebens erfüllt, erträgt
ihre gedrückten Trauermienen nicht und heißt
sie gehen, wir erfahren nicht, mit welchen Worten.[48] Das dünkt uns hart. Aber er war eben
jetzt im Begriff, sich, da schon die Sonne sank,
wie er mußte, den Tod zu geben, und die Frau
sollte sein Sterben nicht miterleben.

Schon diese Szene zeigt aber: diese Xanthippe,

die böse, kannte ihre Frauenpflicht, und sie hatte auch sonst Verständnis für ihn. „Mit Unrecht bist du zum Tod verurteilt," sagte sie zu ihm; sie wußte also, daß die Anklage, er zerstöre den Götterglauben, die ihm den Tod brachte, erlogen war. Sokrates aber antwortete darauf: „wäre es dir lieber, ich wäre mit Recht verurteilt?"

Vor allem steht fest, daß sie Schriften ihres Mannes im Nachlaß treulich aufbewahrte und um ihre Veröffentlichung besorgt war; sie hat sie zu diesem Zweck einem seiner Verehrer ausgeliefert.[49] Sokrates schrieb zwar nicht selbst; aber die Hörer pflegten seine fesselnden Gespräche nachzuschreiben[50] — es gab damals allem Anschein nach auch schon Stenographie[51] —, und sie wollte nicht, daß die Sachen zugrunde gingen.

Gewiß, sie war grobes Kaliber, eine höchst stachlige Person, ihr Organ mutmaßlich kläffend wie das der athenischen Fischweiber. Was der Thersites unter den Männern war, war sie unter den Frauen; so wenigstens dachte die Folgezeit, und wir nennen heute jeden Hausdrachen eine Xanthippe. Schon im Altertum hat man sie immer mehr zur Karikatur gemacht. Freilich nicht in der bildenden Kunst; kein realistischer Künstler hat sich meines Wissens an dieser verlockenden Aufgabe versucht. Mutmaßlich aber haben die Komödiendichter,[52] die auf die gröbsten Effekte ausgingen, sich dessen befleißigt, und das Wasser, das sie dem Sokrates über den Kopf goß, sollte nun gar schmutziges Wasser gewesen sein.[53] Auch sollte sie ihre Kinder übel erzogen haben, und sie glichen ihr, nicht ihm.[54] Das glaube, wer will; ich aber, ein unbedingter Bewunderer des Sokrates, kann nur mit einigem Respekt von ihr Abschied nehmen.

VIERTES KAPITEL

DIE FRAU DES EUPHILETOS

Aber es gab nun auch Irrungen der Ehe, vielleicht nicht seltener als heute. Die Männer fühlten sich in diesem Punkt souverän, junge wie alte, wenn sie sich im Durst nach Abwechslung außer Hause Freundinnen suchten. Wir werden es sehen. Für die jungen Haussöhne schien das selbstverständlich; bei den Alten fand man es freilich nicht schön; aber ihr Ansehen in der Stadt litt nicht darunter.

Schlimmer dagegen der Ehebruch. Heute begnügt man sich, solche außerehelichen Beziehungen junger Frauen zu verstehen und interessant zu finden; die Romane leben heute von solchen mehr oder weniger pikanten und nicht immer appetitlichen Schilderungen, und unsere Damen, auch schon die Backfische, greifen mit besonderem Vergnügen, mit Neugier oder geheimem Lechzen danach. Damals stand bei den Griechen, insbesondere in Athen, nach Staatsgesetz der Tod auf dem, der eine vermählte Frau verführt hat, und der betrogene Herr des Hauses selbst durfte ihn töten,[1] indes er sich mit seiner Frau abfinden mochte, wie er wollte. Einen Fall dieser Art anschaulich vorzuführen, soll mir hier genügen. Ob er für den modernen Geschmack gewürzt genug ist, weiß ich nicht. Der Fall hat sich um das Jahr 400 v. Chr. in Athen abgespielt.

Es handelt sich um Eratosthenes, einen Mann, der damals als Teilhaber an der blutigen Herrschaft der sogenannten dreißig Tyrannen in der Stadt eine so üble Rolle spielte. Gewiß war er, auch als er seine politische Machtstellung verloren, ein gefürchteter Mann. Euphiletos aber heißt der junge Ehemann, der ihn erschlug, der darum vor den Richtern steht und, um sich zu rechtfertigen, annähernd wörtlich folgendes erzählt.[2] Die Erzählung liest sich ohne Lamento und Wortschwall wie ein Aktenstück oder ein möglichst nüchterner Pressebericht. Um so lesenswerter scheint er mir. Euphiletos also berichtet:

Ich hatte zu heiraten beschlossen und führte die Frau, von der zu reden ist, in mein Haus (er nennt sie schonend nicht mit Namen; nach dem Herkommen war sie gewiß noch kaum der Kindheit entwachsen, und von ihrem Charakter wußte er noch wenig). Nach der Hochzeit verhielt ich mich zunächst so, daß ich vermied, sie irgendwie zu kränken, ließ ihr die Freiheit im Haus und gab nur insoweit auf sie acht, wie es üblich und natürlich ist. Als sie das erste Kind gebar, faßte ich dann volles Vertrauen und überließ ihr den ganzen Haushalt; denn das verlangt die häusliche Vertraulichkeit. Auch erwies sie sich zunächst als vortrefflich, eine ausgezeichnete Hausfrau, sparsam und ordentlich in jeder Beziehung. Da verstarb meine Mutter, und ihr Tod war Anlaß und Ursache für all mein Unglück.

Denn bei der Bestattung ging meine Frau im Leichenzug mit, und der Mensch (ihr wißt, wen ich meine) sah sie, und seine Versuche begannen, sie zu verführen. An ihre Zofe machte er sich heran, wenn sie zu Markte ging, und durch die Person geschahen die Verlockungen, die sie betört haben.

Man muß wissen, daß mein kleines Wohnhaus[3] zwei Stockwerke hat, die oben und unten räumlich gleich eingeteilt sind, die Wohnräume der Frau von denen des Mannes (wie üblich) getrennt. Unsere beiden Wohnungen hatten also ein durch Treppen verbundenes Oben und Unten.[4] Als nun noch ein Kind geboren war,[5] nährte die Mutter auch dieses selbst. Damit sie aber, wenn sie das Knäblein gebadet hatte (der Baderaum war immer unten) nicht nötig hätte, immer die Treppe hinabzusteigen, lebte und speiste sie mit der Zofe zeitweilig unten, ich oben.

Das war so zur Gewohnheit geworden, daß meine Frau auch oft nachts zum Schlafen nach unten zum Kinde ging, um ihm die Brust zu geben und es zu stillen. Das ging beträchtliche Zeit so, und ich hatte gar keinen Argwohn, sondern war so dumm, zu glauben, daß mein Weib in der Stadt das besonnenste und sittigste sei.

Nach einiger Zeit kam ich einmal unerwartet von unserem Landsitz nach Hause und speiste da mit ihr oben. Da hörte ich das Bübchen unten verdrießlich schreien. Es war aber die Zofe, die es absichtlich quälte, damit es schrie; es sollte ein Merkzeichen für meine Frau sein. Denn der Kerl war im Haus. Erst später habe ich das erfahren. Ich sagte also zu ihr: „Geh hinunter und nähre den Kleinen, damit er nicht mehr so weint." Das wollte sie anfangs gar nicht, als ob sie froh wäre, nach meiner Heimkehr bei mir zu sein, und als ich böse wurde und bestimmter forderte: „geh' hinunter," sagte sie: „Du willst dir indes wohl nur mit unserer jungen Magd zu tun machen; denn du hast schon einmal mit ihr herumgezerrt, als du zu viel getrunken hattest." Da lachte ich; sie aber steht auf, und macht beim Weggehen meine Tür zu; sie tat dabei so, als ob sie scherze; schließt die Tür sogar mit dem Schlüssel ab.

Ich gab kaum darauf acht und legte mich ohne allen Verdacht schlafen; müde war ich, da ich vom Land den Heimweg gemacht. Am andern Morgen kam sie und schloß auf. Ich fragte sie: „Wie ist es? Nachts hörte ich, daß die Haustür knarrte." Da sagte sie: „Beim Bett des Söhnchens war die Lampe erloschen; mit Hilfe der Nachbarleute hab' ich wieder Licht gemacht." Ich schwieg und glaubte das, nahm aber wahr, daß ihr Gesicht, das gebräunt, mit Weiß geschminkt war.[6]

Gleichwohl verlor ich kein Wort und verließ so schweigend das Haus.

Wieder verging eine Zeit; da kam vor dem Haus ein altes Weib auf mich zu, eine Dienstperson. Die war ausgeschickt worden von ihrer Herrin, mit der der Mensch, der mich betrog, gleichfalls Ehebruch trieb. Auch dies erfuhr ich erst später. Der Mensch kam nicht mehr zu jener Frau, die darüber erbost war, sich beleidigt fühlte und herausfinden wollte, was die Ursache.

Das alte Weibsbild, das mein Haus umlauerte, kam nun dicht an mich heran und sagte: „Mit Verlaub, glaube nicht, daß ich etwa vorwitzig und ohne Anlaß hierher gekommen bin, denn der Mann, der jetzt dir und deiner Frau Schande antut, ist uns verhaßt. Wenn du eure Zofe, die ihr auf den Markt zu schicken pflegt, vornimmst und sie mit Gewalt verhörst, da wirst du alles erfahren. Es handelt sich um Eratosthenes. Das ist so seine Gepflogenheit, und nicht nur deine Frau hat er verführt, sondern so viele andere noch! Sein Gewerbe ist's!"

Damit verschwand sie. Ich aber war ganz erschüttert; alles wurde mir jetzt klar, warum sie mein Gemach abgeschlossen hatte und warum in der Nacht sowohl die Hintertür wie auch die Haustür knarrte, was sonst nie vorkam, dazu noch, daß sie so geschminkt war.

Von Mißtrauen erfüllt tret' ich also ins Haus, befehle der Zofe, mich auf den Markt zu begleiten, als gälte es irgend etwas Nötiges einzukaufen, und sagte ihr alles, was ich gehört. Dann fuhr ich fort: „Du hast nun die Wahl: entweder wirst du gegeißelt und wirst zur Treibarbeit im Mühlenwerk verdammt, und das soll nie aufhören, oder du sagst mir wahrheitsgetreu jetzt alles, was du weißt. Dann soll dir nichts Übles geschehen, sondern ich vergebe dir, was du Böses getan hast."

Zuerst leugnete sie und sagte: „Tu' was du willst; ich weiß von nichts." Als ich aber den Namen des Eratosthenes nannte, er sei es, der zu meinem Weibe käme, fiel sie ganz erschrocken mir zu Füßen und erzählte mir alles: wie er nach dem Begräbnis meiner Mutter sich ihr (der Zofe) genähert, wie sie hin und her Meldung getan und meine Frau allmählich nachgegeben, und auf welche Weise er zu ihr ins Haus gekommen; ja, daß sie sogar beim Frauenfest der Thesmophorien, als ich draußen auf dem Land war, mit der Mutter des Menschen das Demeter-Heiligtum besucht. Alles erfuhr ich genau.

Darauf sagte ich: „Gib acht, daß kein Mensch von der Sache etwas erfährt. Andernfalls schone ich dich nicht, wie ich dir versprochen. Du sollst mir helfen, wie ich den Mann auf der Tat ertappe. Bloßer Bericht genügt nicht; die Sache muß ich sehen, ob es wirklich so ist." Und sie versprach mir das.

Nach vier oder fünf Tagen geschah es, daß ich zur Zeit des Sonnenuntergangs dem Sostratos, der mir befreundet ist und der vom Lande kam, begegnete. Ich wußte, der Freund würde zu Haus kein Essen bereit finden, und lud ihn ein, bei mir zu speisen. So gingen wir bei mir in den Oberstock und speisten dort. Als er sich's hatte wohl sein lassen, verließ er mich, und ich ging schlafen. Eratosthenes aber kam wirklich ins Haus, und die Zofe weckte mich gleich und meldete: „Er ist drinnen."

Da befahl ich ihr, die Haustür gut zu bewachen, verließ stillschweigend das Haus, ging zu dem und dem Bekannten, traf einige zu Haus an, andere auch nicht und machte mich mit möglichst vielen Männern, die ich angetroffen, auf, kaufte erst noch Wachsfackeln aus dem nächsten Geschäft, die uns Licht gaben, und betrat so mein Haus.

Die Zofe hatte die Haustür offen gehalten.

Dann stießen wir die Zimmertür auf, und die ersten, die da eintraten, sahen den Menschen bei meinem Weibe liegen. Die danach eindrangen, sahen, wie er noch nackt auf dem Bett stand. Er war aufgesprungen.

Da kam ich mit Schlägen über ihn und warf ihn nieder, band ihm die Hände auf den Rücken und fragte: „Was erfrechst du dich, so in mein Haus zu kommen?" Er gab sein Unrecht zu, bat kläglich um Vergebung und flehte, ihn nicht zu töten. Geld, Geld wollte er geben. Ich aber sagte: „Das Gesetz, nicht ich, ist es, das dich jetzt tötet, das Gesetz, das du verletzt hast und das du geringer achtest als deine Freuden."

*

Soweit der Bericht. Der Mann war wehrlos. Wie er zu Tode kam, hören wir nicht. Ob durch Erwürgen? Waffen fehlten. Wir erfahren auch nicht, wie die Frau, die alles mit ansah, das Schreckliche ertrug, wo sie blieb, was aus ihr geworden ist. Die Sache aber machte in Athen gewaltiges Aufsehen. Der Eratosthenes, der in der Stadt unter dem Schutz des Theramenes und Kritias so manchen gut republikanischen Bürger umgebracht, so manches Vermögen beschlagnahmt hatte, war plötzlich aus der Welt geschafft.

Von dessen Anhängern wurde Euphiletos wegen Mißbrauch des Gesetzes verklagt; man log, er habe den vortrefflichen Mann selbst ins Haus gelockt, ins Haus gezerrt und, als er an den Herd des Hauses floh, dessen heilige Natur jede Tötung ausschloß, ihn gewaltsam fortgerissen. Erst damit war es eine Anklage auf Mord. Zum Glück hatte der junge Ehemann Zeugen genug, um den Tatbestand, wie wir ihn soeben vernommen, festzustellen.

Der Wortlaut seiner Rede ist uns erhalten; aber er hat sie nicht selbst aufgesetzt, sondern der berühmte Redner Lysias tat es für ihn, der auch sonst gegen Bezahlung solche Prozeßreden verfaßte, die der Angeklagte (oder auch der Kläger) dann den Richtern vortrug.

Hoffentlich wurde Euphiletos freigesprochen. Seine Frau aber wird er nicht verstoßen haben. Daraus dürfte sich erklären, daß in der ganzen so anschaulichen Erzählung ihr Name so sorglich verschwiegen wird.[7]

FÜNFTES KAPITEL

POLITISCHE FRAUEN

Ist von der griechischen Frau, die die Ehe sucht, nun aber nichts mehr zu sagen, als was ich gegeben? Reicht ihr Sinn wirklich nicht über die vier Pfähle ihres Hauses hinaus? Es gab doch auch ein Vaterland, eine Vaterstadt, für das ihre Gatten, ihre Söhne fochten. Das sollte sie nie mitgerissen haben? Wer das glaubt, unterschätzt ihr Gemüt, ihr Temperament und ihren Scharfsinn. Der peleponnesische Krieg zog sich über zwanzig Jahre hin und wollte nicht enden; sollte es da wirklich nur freieste Phantastik sein, wenn der große Komödienschreiber Aristophanes auf der Bühne die jungen Ehefrauen Athens sich zusammenrotten läßt, um im Kampf mit den Stadtältesten endlich den Friedensschluß zu erzwingen? Es sind Pazifistinnen, die er uns zeigt, und sie schreien nach ihren Männern: wir wollen sie wieder haben! Es kommt zum flotten Kampf um die Staatsgewalt, und, natürlich, sie siegen. Solche Impulse waren selbstverständlich, und nur so hat die wilde Komödie, in der die Energie des ewig Weiblichen sich großartig entladet, damals im Theater ihre sensationelle Wirkung gehabt.

Die weisen Männer mahnten freilich mit Betonung: „Die Frau soll nicht politisieren, sie gehört ins Haus."[1] Aber gerade dies verrät, daß in ihr der Trieb dazu vorhanden war. Wie konnte es anders sein? Denn befand sich der Staat in Kriegsnot, so traf es auch die Familie, und so gibt es denn wirklich Fälle genug, wo wir sie, die Mütter, die Gattinnen, gemeinsam in Aktion sehen. Sie greifen zwar nicht zu den Waffen, aber wissen in der Raserei auch Lynchjustiz zu üben.

Als die Freistadt Theben unterjocht in fremder Hand war und auf Befreiung hoffte, da schien es ein Ereignis, daß alle Frauen aus ihren Häusern zueinander liefen, um sich angstvoll nach dem Stand der Dinge zu erkundigen. Das ist noch zahm, und es wird dazu besonders bemerkt, daß niemand sie daran hinderte.[2]

Aber es geschah noch ganz anderes. Da sind die Spartanerinnen. Der Feind naht mit Übermacht; Sparta aber liegt offen, es hat keine Festungsmauern. Da sind sie es, die in der Not zur Schaufel und Hacke greifen und um die ganze Stadt den sichernden Stadtgraben ziehen, tief und breit genug, die Gefahr abzuwenden.[3] Im Perserkrieg aber hatte ein gewisser Lykidas Landesverrat verübt; er wird hingerichtet. Da ziehen die Weiber Athens vor sein Haus, greifen Steine auf und erschlagen damit auch noch sein Weib und seine Kinder. Oder: ein Haufe von Bürgern ist im Kampf für Athen ehrenvoll gefallen; nur einer der Mannschaft rettet sich. Man hört von ihm, was geschehen. Da rotten sich die Frauen zusammen, ziehen die Heftnadeln aus ihren Kleidern und erstechen ihn,[4] megärenhaft. Aber wer spürt da nicht den Staatssinn, den vaterländischen Ehrgeiz? Den Tod verdient, wer nicht mitstirbt, wo die Kameraden sterben.

Aber auch einzelne Frauen treten aus der Menge hervor; denn eine Führerin ist nötig. Die Stadt Argos, stolz auf ihren alten Ruhm, wurde von Sparta im Jahre 510 v. Chr. schmählich niedergeworfen, alle wehrfähigen Männer dort getötet, eine radikale Ausnutzung des erfochtenen Sieges. Da hören wir den Namen Telesillas. Telesilla war Dichterin und sonst gewöhnt, Frauenchöre im Gesang einzuüben; jetzt rief sie die Frauen der Stadt zu den Waffen, um die alte Freiheit wieder herzustellen.[5] Auch Knaben und Greise werden geholfen haben. Es verlautet nichts weiter. Warum hat man nicht ein Epos daraus gemacht?

So war es denn auch, einige Jahrhunderte später, ein Weib, das den König Pyrrhus von Epirus zu Tode brachte. Es ist der berühmte Pyrrhus, der in Italien Rom zweimal besiegt hatte. Auch in Argos drang er siegreich ein. Noch in den Gassen Volkswehr, wirrer Straßenkampf. Da warf mitkämpfend eine Frau einen Dachziegel auf ihn, und der Mann, vor dem Rom gezittert hatte, war erledigt.

Man muß sagen: das Gemüt und Gefühlsleben solcher Frauen war umfassender als das der Männer; obwohl versunken in ihre häuslichen Pflichten, ist doch alles, was die Stadtgemeinde erlebt, auch ihr Erlebnis. Auch war es, wie schon diese Beispiele zeigen, für sie leicht, sich zusammenzutun und in Waffen aufzutreten. In den engen Städten kannten sich alle Frauen viel mehr als heute, das machten allein schon die alljährlichen sakralen Frauenfeste, wo keine fehlte und das intimste Kennenlernen möglich wurde. Aristophanes ist es wieder, der uns das drastisch ausgemalt hat.[6] Ganz ebenso aber kamen auch schon die Jungfrauen allerorts in den kultischen Reigentänzen sich nahe.

Hübsch ist es schon zu sehen, wie solche Mädchen, die sich nach einem Freund sehnen, ihre Gaben zusammen in den Venustempel bringen. Ihre Namen werden uns genannt, und der Bericht davon geht in Versen:[7]

> Bitinna bringt von Pantoffeln ein Paar,
> Die der Schuhmacher ihr so lieblich gemacht,
> Philänis ihr schillerndes Haarnetz dar,
> Das da sammelt der Locken wirre Pracht;
> Antiklêa den Fächer, Aristo zugleich,
> Die schöne, den Schleier, wie Spinnweb so weich;
> Heraklêa gar ihre rundliche Spange,
> Die goldene, feingehämmerte Schlange,
> Fünf Altersgenossinnen, die im Verein
> Die Dinge der himmlischen Venus weih'n.

Ein Mädchenspiel gab's, das „Aufsitzespiel" genannt, von dem uns reizende Terrakotten Anschauung geben. Ein Wettlaufen war's; zwei Mädchen rannten über den Wiesengrund, daß die Kleider flogen; die andern spielten den Richter, und die Besiegte mußte alsdann die Siegerin tragen, auch das im Laufschritt.[8] Man kam dazu offenbar in den Gärten zusammen. Wenn aber eine Frau, die sich der Beliebtheit erfreute, gestorben ist, werden gar alle Altersgenossinnen am Ort aufgerufen, um sie zu trauern, am Grab zu erscheinen und sich das Haar abzuschneiden.[9] Perikles hat öffentlich eine Leichenrede auf die gefallenen Krieger gehalten und verläßt die Rednertribüne; da sind es all die Frauen Athens, vornehmlich die Mütter der Toten, die sich zu einer Gruppe zusammengefunden haben, um dem Redner mit Kränzen zu huldigen.[10]

Wie leicht konnten sich da also auch Kränzchen anderer Art, geschlossene Freundinnenbünde bilden auf kurze oder längere Zeit, die sich mit den Klubs oder „Hetärien" der Männer vergleichen ließen![11] Ein sogenannter Thiasos von Frauen ist uns auf einer Inschrift, die sie mit Namen verzeichnet, bezeugt.[12] Dies oder Ähnliches vorausgesetzt, wird es verständlich, daß in den griechischen Tragödien, wenn der Stadt oder dem Herrscherhaus ein Unglück droht, so oft Frauen oder Mädchen in Gruppen von 12 oder 15 Personen hilfreich herbeiströmen.[13] Wieder ist es die Stadt Argos, wohin uns des Sophokles „Elektra" versetzt. Da kommen sie, die Mädchen der Stadt, im Zuge zur Burg, um der Fürstentochter, die auf Rache sinnt, beizustehen, und stärken ihren Mut mit leidenschaftlichen Tönen, als wären sie Mitverschworene. So dringen auch bei Äschylos die Jungfrauen Thebens vor den Palast und bestürmen den Königssohn Eteokles einmütig, vom Zweikampf mit seinem Bruder abzulassen. Als es Leichen gibt, beraten sie, wie weit sie Grabgeleite leisten sollen.[14] Nur Euripides scheint dies ins Unnatürliche zu übertreiben und rücksichtslos über das, was wirklich möglich war, hinauszugehen, wenn bei ihm in der Aulischen Iphigenie die Weiber wie unsere Wandervögel zusammen aus Euböa neugierig im Trupp eine Exkursion nach Aulis machen, um dort einmal durch die Zeltgassen zu schlendern und die berühmten griechischen Helden mit ihrem Kriegsvolk in Augenschein zu nehmen.

*

Erst hiermit ist uns die bewegliche Psyche der Griechin lebendig geworden, und damit wird uns nun alles Weitere verständlich.

Wir fragen zuerst die bildende Kunst und die Dichtkunst. Heldinnen und Herrscherinnen des fernen Auslands. Da war die sagenhafte Semiramis, die Königin im Assyrerland, des Ninos Gattin, die, angeblich ein Findelkind wunderbarer Herkunft, auf abenteuerliche Weise die Krone gewann, nach des Ninos Tod als Selbstherrscherin in Babylonien nicht nur an Wunderbauten alles Glaubliche übertraf, sondern auch in Land- und Seeschlachten selbst fechtend den Krieg bis nach Indien trug. Sie war „die berühmteste Frau, von der man je gehört hat".[15] Von Tauben sollte sie als Kind ernährt worden sein und als heilige Taube selbst nach dem Tode weiterleben. Das Morgenland ist das Land der Romantik; das geht bis zu Ariost und Tasso. So hat nun um das Jahr 400 v. Chr. ein Grieche den Semiramisroman geschrieben.

Und nun gar die Amazonen, von denen schon Homer zu dichten wußte, reitende Frauenbrigaden im Gefecht! Von ihnen hat man zu reden nie aufgehört: ein Frauenvolk, das die Männer haßt und tötet und nur, wenn Nachwuchs nötig, sich dazu die Männer raubt, der Gipfel der Frauenemanzipation. Kein Zweifel: „Es gab auf asiatischem Boden wirklich solche Frauenvölker; bald tauchten sie auf der Krim, bald hier und dort in Kleinasien, sogar auf der Insel Lemnos, nahe der griechischen Küste auf. Die Sage meldete, daß Amazonen auch ins athenische Land einfielen, um sich Männer zu rauben. Ja, noch Alexander der Große hat solche Amazonen in der Nähe des Kaukasus vorgefunden, sogar noch der Römer Pompejus mit ihnen gekämpft.[16]

So kommt es nun, daß die Plastik der Griechen, um ihre Tempelwände zu schmücken, mit besonderer Liebe den Amazonenkampf in Friesen dargestellt hat. Die Griechinnen selbst ritten nicht,[17] und zu Reiterschlachten kam es überhaupt im Lande so selten. Nichts schien darum interessanter, als diese wilden Weiber, alle schön und alle in Kämpfertracht, hochgeschürzt und gegürtet, im Getümmel zu sehen, aber so, daß den zu Fuß kämpfenden Griechen der Sieg blieb. Das männliche Prinzip muß zwar siegen in der Welt; aber das Mitleid haftet an den Streiterinnen, wenn sie sterben. Die verwundete Amazone wurde sogar zum Gegenstand einer Künstlerkonkurrenz,[18] und Exemplare solcher Statuen edlen Stils, wie man sie im Tempel der ephesischen Diana aufgestellt sah, haben sich uns sogar, wie man weiß, erhalten.

Gab es nun aber nicht auch Heldinnen bei den Griechen (ich spreche nicht von den mazedonischen Zeiten)? oder wenn nicht Heldinnen, doch Frauennaturen, die irgendwie in der Politik, im Staat führend aufgetreten sind oder gar sich fechtend in die Männerschlacht geworfen haben?

In der Tat tauchen vereinzelt auch Frauenbilder größeren oder großen Formats überraschend vor uns auf; aber sie gehörten der Diaspora oder solchen Gegenden an, die dem fremdblütigen und wildblütigen Ausland nahe lagen und unter seinem aufreizenden Einflusse standen. Ich nenne die beiden Artemisien und die Pheretime. Dabei fällt auf, daß alle drei — wie die Semiramis der Sage — Witwen waren, und dies dient zum Verständnis. Die Ehe mit ihren Pflichten lag hinter ihnen. Sogar auf Sappho, die friedliche Dichterin, traf dasselbe zu. Die Witwe kann in höhere Pflichten hineinwachsen, und sie tritt ein in die Berufe der Männer.

ARTEMISIA

Nur der ersten der beiden Artemisien sei hier Raum gegeben.[19] Regentin eines bescheidenen Königreichs, deren Weitblick aber zugleich den Orient und Hellas umfaßte, war sie strategisch den Männern ebenbürtig, ebenbürtig auch im Gefecht. Umsonst blättere ich in den Annalen der neueren Weltgeschichte: sie zeigt uns kein Weib, das dieser Artemisia gleichkäme. Denn, um nur das Nächstliegende zu nennen, wie eng begrenzt war dagegen die praktische Einsicht der vielgefeierten Pucelle, der Jungfrau von Orleans! Auch sie ein Phänomen; aber nur der vaterländische Freiheitsdrang machte sie groß, der Opfermut und der schöne Wahnglaube an Stimmen aus dem Jenseits, aus dem ihr Opfermut die Kräfte zog. So endete auch ihr Lebenswerk mit grauser Enttäuschung; denn sie rechnete falsch, oder sie hatte nur geglaubt und nicht gerechnet. Bewun-

derung gebührt gewiß auch den kühnen Sport-
damen unserer Gegenwart. Sie überschwimmen
den Kanal von Calais bis Dover, segeln im Ein-
decker über den Ozean und die Kordillieren,
durchqueren einsam und eigenhändig den an-
gekurbelten Wagen lenkend weite Wüstenstrecken
Afrikas. Soll ich auch noch unsere Löwenbän-
digerinnen nennen, wie sie Chamisso besang?
Aber sie alle kämpfen nur mit der Natur, sie
kämpfen nicht mit dem Landesfeind in Waffen.
Nur persönlicher Ehrgeiz oder Forschungsdrang
treibt sie, und mit der Einwirkung auf den Gang
der großen Politik hat ihr Heroismus so viel wie
nichts zu tun. Anders die Witfrau, von der nun
zu reden ist.

Artemisia hatte rassig starkes Blut; denn sie
stammte aus Kreta. Durch Heirat wird sie Königin
in einem Teilgebiet Kleinasiens, des dort südlich
gelegenen Küstenlandes Karien. Die Bevölkerung,
die in diesem Gebirgsland saß, war ungriechisch.
Ihr Gatte ein Mann aus karischem Geschlecht,
herrscht nur in der dortigen schönen griechischen
Hafenstadt Halikarnaß mit dem nächsten Um-
land. Dies Halikarnaß stand wie alle reichen
Griechengemeinden an Kleinasiens Küste seit dem
Jahr 494 v. Chr., d. h. seit dem mißglückten
jonischen Aufstand, unter unbedingter persischer
Herrschaft, von der Karien fast nie loskam. Ihr
Gatte starb früh. Es ist die Zeit der Perserkönige
Darius und Xerxes. Im Namen ihres Sohnes
Pisindelis herrscht sie jetzt selbst in ihrem kleinen
Reiche, und ihr Erstes ist, von anliegenden wert-
vollen Inseln, Kos vor allem, Besitz zu ergreifen.

Da zieht Xerxes mit Heer und Flotte gegen Griechenland. Es ist der berühmte Perserkrieg, von dem uns Herodot erzählt. Auch dieser Geschichtsschreiber stammte aus jenem Halikarnaß und verfolgte das Wirken der Frau mit besonderem Interesse und genauerer Kenntnis.

Sie ist Persiens Vasallin und stellt zur Kriegsflotte des Xerxes fünf bemannte Trïeren. Die Zahl ist gering und konnte kaum in Betracht kommen. Sie selbst aber sticht damit in See; sie führt das Kommando selber.

Das Landheer des Xerxes wälzt sich siegreich und furchtbar drohend wie eine Völkerwanderung, durch die Balkanhalbinsel vordringend, auf Böotien zu und nähert sich Athen. Bei Euböa in Athens Nähe geschah die erste Seeschlacht. Artemisia kämpfte mit; aber die Schlacht blieb unentschieden. Bei Salamis lag jetzt die kampfgeübte Griechenflotte. Was nun? Die Frau tagte mit im Conseil des Xerxes, der voll Machtgefühl sich schon Herr Griechenlands glaubt. War es ihre Schönheit, war es ihre Intelligenz, daß er sie zum Kriegsrat heranzog? Es waren doch gewiß auch sonst kluge Griechen genug im Perserheer.

Zur Debatte steht: soll hier bei Salamis die Seeschlacht geschlagen werden? Der Sieg der Perser würde alles entscheiden. Aber würde man siegen? Da ist es nur Artemisia, die dringend abrät; denn sie überschaut die Situation und kennt die Manövrierkunst des Gegners.

Aber sie wird überstimmt. Die Schlacht geschieht, und sie selbst mit ihren Schiffen ist mitten im Kampf. Die Enge des Meerwassers zwischen

Insel und Festland erschwert die Massenentwicklung der Perserflotte. Die Stoßkraft der Griechen durchbricht sie. In fürchterlich wirrem Gedränge sucht die Flotte mit schweren Verlusten die offene See zu gewinnen, und auch Artemisia flieht auf schwanker Trïere, ihrem schmächtigen Admiralschiff. Sie hatte den Ausgang vorausgesagt. Hoch an Bord stehend hetzt sie mit Geschrei die Rudermannschaft, den Amazonen vergleichbar — das Schiff ihr jagendes Roß —, im kurzen Chiton, der die Beine zum Sprung frei läßt. Könnten wir sie sehen! Auf dem Kopf den Helm mit flatterndem Helmbusch, in der Linken den Schild mit dem Wappenzeichen ihres Hauses, in der Rechten den Spieß, der zum Stoß bereit. Die Rüstungen, die das Land Karien lieferte, waren die besten, die es gab.[20] Noch 50 Jahre später hat Artemisia so augenscheinlich im Gedächtnis der Athenerinnen gestanden.[21]

Sie sieht sich verfolgt. Die griechischen Sieger jagen hinter ihr her. Ameinias heißt, der sie fangen will. Sie hört sein Schreien. Zehntausend Drachmen waren dem, der sie lebendig fängt, verheißen, und wieder fragt man, warum gerade sie? Es kämpften doch in der Xerxesflotte auch noch viele andere Griechenführer von Belang; denn die Griechenstädte Kleinasiens leisteten eben alle dem persischen Herren Heeresfolge. Man wollte dieser Frau also nicht nur deshalb habhaft werden, weil sie Verräterin schien an der griechischen Sache,[22] sondern sie war zugleich eine wichtige Person im Kronrat des Xerxes, und dem Xerxes sollte ihr sachkundiger Rat verloren gehn.

Wie sich retten? Ameinias dicht hinter ihr.
Ein Wettrudern auf Tod und Leben. Da greift sie
zur List. Irgendein persisches Schiff ist vor ihr;
es wurde zufällig von einem Mann, den sie
kannte, dem Vasallenkönig Damosithymos geführt, der, ihr benachbart, gleichfalls wie sie in
einem Teil des Landes Karien herrschte, das
ihre Heimat war.

Sie holt ihn ein, rennt mit mächtigem Stoß
sein Schiff an; ein Stoßzahn aus Eisen befand sich
am Bug. Die Planken krachen; des Damosithymos
Schiff ist in den Grund gebohrt; er selbst geht unter;
auch keiner seiner Mannschaft konnte sich retten.

Xerxes aber beobachtete vom nahen attischen
Gestade mit Schrecken und Wut den Verlauf der
Schlacht, und so sah er auch, was hier eben geschah, und fragte: „Wer führt da das Schiff?"
Man antwortete: „Siehst du die Artemisia nicht,
wie sie kämpft und soeben ein feindliches Schiff
versenkt?" Am Wappenzeichen ihres Schildes erkannte man sie. Wem dagegen das versenkte
Schiff gehört hatte, war nicht mehr festzustellen,
und es schien selbstverständlich, daß es ein
griechisches war. Da sagte Xerxes bewundernd:
„Die Männer sind mir zu Weibern geworden und
die Weiber zu Männern."[23]

So stieg nun aber ihr Ansehen; ihr Einfluß an
höchster Stelle wuchs, und ihr Rat wurde in
diesem Weltkrieg ausschlaggebend. Artemisia ist
es gewesen, die in diesem Zweikampf Asiens mit
Europa die große Wendung brachte. Die Frage
war: sollte Xerxes noch weiter kämpfen oder den
Angriffskrieg aufgeben?

Zur entscheidenden Beratung ließ er sie ins Hauptquartier herbeirufen. Sie kam, und es siegte der Verstand der weitsichtigen Frau. Das Ohr des Königs der Könige stand ihr offen. Xerxes konnte jetzt leicht von Asien ganz abgeschnitten werden, und dann war er verloren. Sie erkannte die Gefahr. Nur über die Meerenge des Hellespont (der Dardanellen) war noch eine Rückkehr nach Asien möglich. Zögerte Xerxes aber, so würden die Griechen, die jetzt das Meer beherrschten, ihm zuvorkommen, den Hellespont abriegeln und unpassierbar machen. Mochte er inzwischen noch so viel Städte in Asche legen, er würde sich zu Tode siegen, da auf weitere Zufuhr aus Asien nicht zu rechnen war und zur Ernährung der persischen Menschenmassen der karge Boden nicht ausreichte. Mardonios war Generalissimus des Landheeres. „Mag Mardonios," so sagte sie, „den du mit einem Teil des Heeres hier zurückläßt (denn er will es so und ist nicht davon abzubringen), noch Vorteile erringen oder hier zugrunde gehen: der Erfolg wäre dein Erfolg; der Verlust aber würde für dich, o König, nicht zu schwer sein; denn Asien ist reich an Männern. Rette also deine Person und die, die sonst dir teuer sind. Auf dich kommt es an. Dein Reich braucht dich, und du stehst so mächtig da, wie du warst, ehe der Krieg begann."[24]

Xerxes war entlastet und herzensfroh. Auch andere hatten zwar ähnliches geraten; aber erst, als sie sprach, war er entschlossen. Einige Söhne, an denen sein Herz hing, hatte er bei sich; er

hatte sie mitgeführt, damit sie den Triumph mit-
erlebten. Es waren uneheliche Söhne von Neben-
frauen aus seinem Harem. Jetzt wurde Artemisia damit betraut, diese Prinzen in Sicherheit
zu bringen; sie sollte sie auf ihrem Kampfschiff
sofort nach Kleinasien retten, während er selbst
den Abzug zu Lande und über den Hellespont zu
forcieren versuchen mußte. Ein Hofeunuch, der
aus Karien stammte, wurde ihr zur Bewachung
der Knaben mitgegeben. Die Fahrt ging nach
Ephesus, und sie gelangte mit ihren Schützt-
lingen sicher dorthin.

Damit verschwindet sie vor unseren Augen.

Das Land Karien vom Perserreich loszulösen
ist im Verlauf der weiteren Geschichte nie gelungen; die Versuche scheiterten, bis Alexander
der Große scheinbar die Befreiung brachte. Aber
auch für ihn blieb das Land nur ein Teil des
neuen, alexandrischen Perserreichs. Dabei hatte
auch er in Karien wieder mit einer Königin zu
tun, der er die Herrschaft zurückgab und die
dankend ihm huldigte.[25]

Daß Artemisia also in ihrer Lage es vorzog,
geladen mit Energien wie sie war, eine bedeutende Rolle auf persischer Seite zu spielen, statt
zweideutig und in jedem Fall aussichtslos mit
den europäischen Griechen zu sympathisieren,
ist vollauf begreiflich. Ihrem Sohne, den ich
anfangs nannte, mußte sie in der Heimat die
Herrscherstellung retten. Durch wunderbaren Zufall aber hatte sie in der Seeschlacht just den
König Damasithymos getötet; auch der hatte
in Karien seinen Herrschersitz,[26] und man könnte

sich denken, daß es ihr nunmehr gelang, seinen Landbesitz zu dem ihrigen zu schlagen. Wir wissen es nicht, und so ist sie uns ein Momentbild, das nur für ein paar Monate des Jahres 480 v. Chr. vor uns aufleuchtet, um, kaum wahrgenommen, zu verschwinden wie die Blinklichter in der Nacht auf See.

Staatskundige, weitausblickende, listige, ränkevolle Fürstinnen männlich entschlossenen Charakters zeigt uns die Weltgeschichte genug; zu ihnen gehörte auch Pheretime, der ich mich nunmehr zuwende. Eine Frau aber, die sich wie Artemisia auf Tod und Leben fechtend in die Schlacht geworfen, eine Königin zu Wasser und zu Lande, ist neben ihr nur noch Kleopatra gewesen, die letzte der großen griechischen Frauen, die vor uns erscheinen sollen. Wie Artemisia freilich zu ihren Untertanen stand? Herodot läßt sich nicht herbei, davon zu reden.

PHERETIME

Ein ganz anderes Charakterbild gibt uns Pheretime. Lichtlos und bösartig reckt sie sich vor uns auf, die Afrikanerin, ein tückischer Rachedämon, auch sie Königin, die als Nachbarin Ägyptens in der Kyrenaïka herrschte. Ihre Lebenszeit fällt etwas früher als die der karischen Frau.

Wie in Karien, so hielt sich auch dort bei den angesiedelten Griechen das Königtum. Schon früh hatten diese, die jede Küste des Mittelmeers lockte, in der Kyrenaïka Boden zu gewinnen gesucht und wie in Ägypten die Stadt Naukratis, so hier das herrliche Kyrene gegründet im Kampf mit den Eingeborenen, den Libyern, nicht Negern, sondern hellfarbigen Nomadenstämmen, den Berbern der Neuzeit, die mit ihren Herden und geflochtenen Zelten ein Wanderleben führten.

Kyrene wurde rasch im üppigsten der Länder die üppigste Griechenstadt, Großstadt, in der sich darum später auch eine zahlreiche Judenschaft niederließ. Wie großartig die städtischen Bauten, verraten dem Reisenden die Ruinen noch heute, und so weiß auch Italien die Kyrenaïka heut zu würdigen als seinen wertvollsten Außenbesitz. Fruchtbarster Boden. In weiten Terrassen fällt das Land vom inneren Hochgebirge zur Meeresküste ab, und in den verschiedenen Höhenlagen gab es so dreimal alljährlich die reichste Ernte. Afrikanische Hitze und Wasserfülle, die durch die Schluchten in Bächen und Strömen vom Gebirge fiel; dazu noch periodischer Regen. Kyrene, sagte man, liegt unter einem durchlöcherten Himmel.[27]

So hat diese Großstadt dann im Lande auch früh ihre Herrschaft weit ausgedehnt; sie gründete weiter im Westen an der Nordküste Afrikas die zweite Stadt Barka (um das Jahr 550 v. Chr.), in der auch Berber mit ansässig wurden, eine Stadt, die sich aber bald als Konkurrentin erwies. Das Griechentum näherte sich damit dem Machtgebiet Karthagos.

Lange Zeit herrschte in Kyrene das Königsgeschlecht der Battiaden, bis es degenerierte. König Battos III. verlor um das Jahr 520 den Thron. Ihm vermählt war Pheretime. Er war lahm und auch sonst mißgestaltet, und das schien dem Stadtvolk unerträglich. Der Grieche war geborener Ästhet, und überdies: ein König, der nicht reiten kann, ist kein König. Man trieb den Battos davon und stellte eine republikanische Verfassung her. Seine Witwe Pheretime hetzt dagegen zum Aufruhr (denn Battos starb alsbald); ihr Sohn Arkesilaos ist ihr Helfer. Der Putsch mißlang, und beide müssen fliehen. Sie ist entschlossen, die Rückkehr zu erkämpfen; zahlungsfähig ist sie. Als sie aber bei einem der Inselfürsten Truppen anwerben will, schickt er ihr einen Webstuhl und eine Spindel, beides vergoldet, zur Belehrung. Das blieb freilich ohne Wirkung. Dem Sohn gelang es, Truppen aufzubringen, und so erobern sie die Herrschaft zurück mit dem Gelöbnis, Milde walten zu lassen.

Die Mutter residiert in Kyrene selbst, wo sie die Macht des republikanischen Senats bald zu brechen weiß. Der Sohn Arkesilaos herrscht in Barka. Die Volksstimmung aber war übel; den Sohn traf zunächst das Odium, da er sich zu Grausamkeiten hinreißen ließ. Bei wachsender Erregung kam es zur Verschwörung, und er wurde in Barka umgebracht.

Der Sohn getötet! Barka wieder Republik, als gäbe es keine Pheretime! Da begann sie, planvoll vorbereitend, das Werk der Rache.

Sie stand nun allein, ein Weib ohne Heer; denn auf die Kyrenäer konnte sie sich nicht verlassen. Also braucht sie die Hilfe Persiens, und die Hilfe war nah. Denn eben damals hatte der Perserkönig Kambyses das benachbarte Ägypten erobert. Dem Perserkönig erbietet sie sich durch Gesandte, unterwürfig Tribut zu zahlen, und macht sich so selbst zur Vasallin der asiatischen Weltmacht. Kambyses stirbt; aber Aryandes steht in Ägpten als persischer Satrap. Dieser ist willig und schickt ein Heer aus, um nach dem Willen der Königin das verruchte Barka zu strafen. Das Heer zieht durchs Land, ohne Kyrene selbst zu betreten, und die Belagerung Barkas beginnt.

Aber Pheretime wird schwer enttäuscht; die mächtige und stark bewehrte Stadt trotzt und weicht nicht. Auch Laufgräben, die man unter die Stadtmauer leitet, helfen nicht, und neun Monate hofft man umsonst.

Da griff man zur List. Es war eine groteske Kriegslist wie aus dem Märchen, die gewiß nicht der brave Feldherr — er hieß Amasis — selbst ersonnen hatte; nur dem griechischen Hirn der Frau kann sie entsprungen sein. Sie wollte ans Ziel, und es gelang.

Amasis verspricht, friedlich abzuziehen, wenn die Stadt Tribut zu zahlen bereit ist. Die Stadt mißtraute. Da beschwört er das Verheißene zu erfüllen mit den abgefeimten Worten: „Mein Eid soll gültig sein, solange unter mir die Erde an ihrer Stelle bleibt." Da öffnen die Barkäer ihm wirklich gutgläubig die Tore. Er aber stand, als er schwor, auf einer Grube, die mit einer Holzlage oder Flechtwerk zugedeckt war; darüber hatte man eine Schicht Erde festgestampft, und siehe da, das Flechtwerk riß man beiseite, und die Erde fiel nach unten weg. Die Erde war nicht an ihrer Stelle geblieben, und der Schwur band nicht mehr.

Und nun konnte Pheretime ihre Rache nehmen;

sie zeigte sich selbst in der erschreckten Stadt: die furchtbare Rache für ihren Sohn. Der Perser ließ sie gewähren. Alle Verschworenen, die an seiner Ermordung schuld waren, ließ sie greifen und rings an der Stadtmauer kreuzigen, den Geiern zum Fraß. Das mochte noch hingehen, aber es genügte nicht. Sadistisch vergriff sie sich auch an den Frauen der Verschworenen, als wären sie mitschuldig. Sie ließ sie leben, aber die Brüste wurden ihnen abgeschnitten und an die Mauer genagelt; mochte aus ihnen werden, was da wollte. Man glaubt zu sehen, wie das Scheusal sich an dem Anblick weidete.

Barka selbst aber sollte hinfort zu jedem Widerstand unfähig werden, und so verkaufte Amasis, gewiß ihrem Winke entsprechend, die Stadtbevölkerung, wir wissen nicht in welchem Ausmaß, an Persien. Darius war damals Perserkönig; der legte Wert auf diesen Kauf. Der Menschenhaufe mußte den großen Marsch über Ägypten durch Syrien und Persien bis zum Himalaya machen; er wurde in Baktrien angesiedelt: ein bedenklicher Klimawechsel. Immerhin ließ sich auch dort gut leben.

Eine große Aktion war geschehen, und die Megäre konnte sich dessen rühmen. Sie hatte die Welt von Afrika bis nach Baktrien in Bewegung gesetzt; aber man fragt mit Recht: war sie wirklich Griechin? Vielleicht eine Frucht der Mischehe, und es floß irgendwie afrikanisch-libysches Blut in ihren Adern.

Sie konnte nun triumphieren, voll Wonnerausch schalten und walten in diesem himmlischsten der

Länder; allein zwar, ohne Sohn und Gatten, aber herrisch mit dem Geierblick und als Vasallenkönigin vollauf gesichert unter persischem Schutz. Was mochte sie planen?

Amasis zog ab. Sein Heer marschierte jetzt auch durch die Straßen der Stadt Kyrene selbst; die Kyrenäer öffneten ihm gutwillig die Tore, und es wurde nicht geplündert. Sie hatte den Amasis offenbar in ihrem Bann; und so beschloß sie, auf Reisen zu gehen. Das war ihr Erstes. Sie folgte ihm und wollte sich selbst in Ägypten zeigen.

Ritt sie im Karawanenzug auf dem Kamel, königlich angetan? oder sah man sie aufrechtstehend im Wagen mit dem Viergespann? Mit solchen Quadrigen holten sich die Kyrenäer manchen Sieg bei den Wettfahrten in Olympia. Eines freundlichen Empfangs durfte sie sicher sein im Land der Pharaonen. Aber das Glück zürnte ihr und gönnte ihr die Freude nicht am Gelingen. Sie starb dort alsbald, und sie starb voll Qual. Eine gräßliche Krankheit, die Phtheiriasis, hatte ihren Leib befallen, Beulengeschwüre, in die sich Würmer einfraßen. Es war dieselbe Krankheit, an der auch der Römer Sulla, der Blutmensch, an der auch der Judenkönig Herodes zugrunde ging.[28] „Der Zorn der Götter hat sie gestraft," meinte der fromme Herodot, der viel zitierte Historiker jener Zeiten. Den leeren Thron ließ sie hinter sich.

Wir aber erinnern uns noch einmal daran, daß die Kyrenaïka, in der jenes Drama sich abspielte, heut italienisches Kolonialland ist. Aber das Land heißt heut Barka, der Pheretime zum Trotz, die jene Stadt hatte vernichten wollen. Schon im Altertum war Barka bald wieder eine blühende Stadt geworden.

ELPINIKE

Erholen wir uns von dem Eindruck, der mehr als peinlich, und suchen nach anderen und echteren Frauen. Solche Schreckbilder sollen uns nicht wiederkehren. Es ist Athen, das wir aufsuchen.

Im kleinen griechischen Festland herrschte damals schon die republikanische Staatsform vor, und Athen bietet dafür das Muster. In Republiken aber können Frauen nicht führen, auch heute nicht. Ihr politischer Einfluß konnte nur gering sein. Das Wort: „Die beste Frau ist, von der man nicht redet," stammt ja, wie wir wissen, aus Athen.

Xerxes war besiegt, Griechenland von den Persern gesäubert, und zwei Staatsmänner erster Größe standen sich jetzt in Athen gegenüber, Kimon und Perikles, in deren Händen nun die Zukunft und das Schicksal nicht nur ihrer Vaterstadt, sondern ganz Griechenlands lag. Daß neben ihnen auch Kimons Schwester Elpinike stand, war dafür tatsächlich durchaus belanglos, und doch ist es Pflicht, ihrer zu gedenken. In ihr war Tradition und wurzelechter patriotischer Sinn; denn sie war nur Kimons Stiefschwester und ihr Vater kein geringerer als Miltiades, der bei Marathon die Perser schlug.

Schon ihre Kinderzeit war an Erlebnissen reich.

Sie hat nicht nur wie die andern Frauen im engen Athener Lande gelebt; sie war vielmehr in Thrazien, in der Nähe der Dardanellen geboren, wo ihr Vater als Großgrundbesitzer wie ein Fürst lebte. Mit zitternder Freude muß sie, nach Athen verpflanzt, die Großtat bei Marathon und des Vaters Triumph, dessen Ruhm durch die Welt hallte, mit bitterem Kummer seinen jähen Sturz und rasches Ende erlebt haben. Der allzu Stolze war dem Pöbel verhaßt geworden.

Aber sie muß damals auch bildschön gewesen sein. Einer der reichsten Patrizier, der Kallias jener Zeiten, verliebte sich in sie und bezahlte, um sie zu heiraten, die Schulden ihres Vaters, dem der Staat den Prozeß gemacht hatte.[28] Da haben wir also endlich einmal eine Heirat aus Liebe in diesen Kreisen der hohen Bourgeoisie. Aber auch Kimon soll in seine Stiefschwester verliebt gewesen sein, und auch ein Künstlerauge fiel auf sie; Polygnot, der Begründer der Wandmalerei großen Stils, war ihr Verehrer, und Verdächtigungen, die sie trafen, blieben nicht aus.

Sie selbst aber begnügte sich, die politischen Vorgänge mit bewegtem Herzen zu verfolgen. Denn die Differenzen zwischen Kimon und Perikles gingen ihr nahe; sie brachten die ganze Bürgerschaft in Mitleidenschaft.

Beide Männer sind die Begründer der wachsenden Machtentfaltung Athens gewesen. Kimon, der Aristokrat älteren Stils und Spartanerfreund, focht als Seeheld immer noch glorreich aggressiv an den Küsten Kleinasiens, die dortigen Griechengemeinden vom Perserjoch befreiend; sie wurden z. T. dem Bündnis mit Athen zugeführt, und Athens Einflußsphäre umfaßte alsbald das ganze Ägäische Meer. Das waren nur Sommerkriege; nachteilig aber war für Kimon, daß er sich so oft darauf beschränkt sah, nur in den Winterzeiten in Athen für seine Ziele zu wirken. Perikles dagegen stand auch im Sommer inmitten der Bürgerschaft. Er war radikaler Demokrat und Führer der Demokratie geworden und steigerte in dieser Tendenz den nivellierenden Charakter der Staatsverfassung in einem Grade, der Kimon widerstrebte. Zugleich aber übernahm es Perikles — denn auch er wollte Mehrer des Reichs sein —, über die umliegenden griechischen Inseln von Ägina bis Samos die Zwingherrschaft zu sichern.

Das aber war eine Herausforderung Spartas. Das Schicksal Griechenlands hing ab von der Art, wie Sparta sich zu Athen stellte. Kimon vertrat Bündnispolitik und wollte den versöhnlichen Ausgleich; Perikles war Imperialist, und seine riskanten Pläne liefen darauf hinaus, Sparta so lange zu schwächen, bis es alle Übergriffe Athens hinnahm. Er gehorchte den übermütigen Stimmungen des Demos, der Ultrademokraten, und so war er in der Stadt der bei weitem einflußreichere Mann geworden, Demagoge und Herrscher zugleich.

Das beste schien ihm, sich des Kimon gründlich zu entledigen. Er machte ihm den Prozeß (i. J. 463); ja, es gelang ihm, den Gegner durch den Volksentscheid des Scherbengerichts geradezu aus Athen zu verbannen, und da hören wir einmal auch von Elpinike. Es ging ihr ans Herz; sie versuchte einzugreifen und entschloß sich schweren Herzens, das Haus des Perikles bittend zu betreten. Sie stand schon in vorgerückten Jahren; aber auch so ging ein Frauenbesuch bei Männern über das, was die Sitte gebot, hinaus. Wir müssen wieder klagen: könnten wir sie sehen, die vornehme Frau im faltenreichen Schleppkleid, das auch vorn lang über die Füße fiel, so daß es wogend ging bei jedem Schritt; den Überschlag über der Schulter mit der Agraffe festgehalten; im Schleiertuch zeigte sich ihr bleiches Oval. Könnten wir auch das Auge sehen, das ihn traf, ihren Stimmklang hören, als sie ihre Fürbitte tat! Aber es gelang ihr; den Prozeß, der Kimon mit dem Tod bedrohte, schlug der Herrschgewaltige nieder. Perikles war viel jünger als sie, und er hatte zu ihr, leider höchst ungalant, gesagt: „Alte Frauen sollten nicht versuchen, etwas bei mir durchzusetzen." Sie ließ sich nicht abschrecken.

Zeitweilig mußte Kimon dann doch in die Verbannung; auch da aber hat auf seine Zurückberufung (i. J. 475) Elpinike fördernd eingewirkt.[29]

Aber die Tochter des Miltiades bat nicht nur; sie wußte auch mit Freimut zu tadeln, wohl die einzige Frau, die damals stirnrunzelnd die Stimme erhob. Als Perikles eine der unterworfenen Inseln, die sich unbotmäßig zeigte, mit Krieg überzogen und gezüchtigt hatte, empfing ihn bei der Heimkehr der Jubel des Volkes und auch der Frauen; sie aber soll vor ihn getreten sein mit dem bitteren Wort: „Mein Bruder hat nur Perserblut vergossen; du vergießt in all deinen Kriegen nur Griechenblut," kurz und schlagend. Das Wort blieb haften;[30] es traf wie ein Pfeil ins Schwarze.[31] So haben auch wir nur zu oft gedacht: der Krieg von Deutschen gegen Deutsche ist Bruderkrieg.

Man verdankt diese wenigen Mitteilungen einem zeitgenössischen Memoirenschreiber, der ein Bewunderer Kimons war, also auch über die Interna dieser Persönlichkeiten genauer unterrichtet gewesen sein wird.[32]

ASPASIA

Was kümmerten aber den Perikles in seiner Machtfülle und großen staatsmännischen Arbeit die Redensarten alter Frauen? Ja, wäre Elpinike jung, wäre sie eine Aspasia gewesen! Er sah sich damals in der Tat nach einer weiblichen Hilfe um. Er unterschätzte die Klugheit der Frauen durchaus nicht, und er fand sie. Aspasia war Hetäre.[33] Einerlei. Sie war asiatische Griechin; auch das störte nicht. Ihm genügte, daß sie modern freisinnig und Demokratin war. Frauen des Hetärenstandes waren freizügig, reisten ohne Männerschutz durch die Lande, und so war sie nach Athen, dessen damals so wunderbar aufblühendes geistiges Leben sie lockte, gekommen.[34] Ob sie auch schön war? Wir glauben es gern.

Kaum hatte Perikles sie kennengelernt (er hatte ein Auge für Hetären), machte er sie zu seiner Mitarbeiterin.

Perikleisches Zeitalter; es war die goldene Zeit und er selbst die treibende zentrale Kraft, die alles aufbot, um Athens äußere Pracht zu steigern, repräsentativ, als einer Vormacht ganz Griechenlands. Das betraf die Bauten, für die man den Marmor aus dem Gebirge brach; es betraf den Prunk der heiligen Feste, den Ausbau des Hafens. So wie er den Bildmeister Phidias heranzog und sich zum Freunde machte im Interesse seiner Pläne für die künstlerische Verherrlichung der Stadt (der Parthenon ist dessen Zeuge), den Architekten Hippodamus für den Ausbau des Piräus, den kühnen Denker Anaxagoras im Dienst seiner philosophischen Interessen, so auch die Aspasia im Dienst gewisser praktisch-staatlicher Aufgaben, soweit mondäne Frauen dafür befähigt sind.

Aber er machte sie nicht nur zu seiner Gehilfin. War es Verliebtheit? Jedenfalls hielten ihre Reize ihn fest. Die Verbindung geschah um das Jahr 450. Schwerlich brachte sie ihm an Geld oder Geldeswert die übliche Mitgift ins Haus. Er trennte sich dabei von seiner ersten Frau, von der er zwei Söhne hatte, und zwar mit ihrer Zustimmung. Hetären zu heiraten war, wennschon anstößig, doch nichts Unerhörtes[35] — ihm wurde in seiner souveränen Stellung alles verziehen —, und es gab unter solchen manch hochgebildete Personen, die auch oft die beste Kinderstube hinter sich hatten; es gab auch solche, die sich als politische Beraterinnen damals bewährten.[36] Da keine häuslichen Pflichten sie belasteten, hatten sie Zeit und volle Bewegungsfreiheit, dem Luxus zu leben, auch dem Luxus geistiger Durchbildung und der Einmischung in Affären der Öffentlichkeit.

Eingehender wird später über die Hetären zu reden sein.

Soll ich nun von Aspasia erzählen? Man pflegt neugierig aufzuhorchen, wenn ihr wohlklingender Name fällt (er bedeutet die Willkommene oder die zu Liebkosende), und man hat bei uns sich dazu verstiegen, sie zur liebespendenden Romanheldin für den heutigen Geschmack zurechtzumachen. Etwas erotisch Prickelndes, ein bißchen Exzeß, meint man, kann dabei nicht fehlen, und es wäre Frevel, das nicht zur Ergötzung der Leselustigen auszubeuten. Es fehlt meines Wissens noch ein Film „Perikles in Aspasiens Netzen", zärtlich gemimt, in möglichst loser oder vorurteilsloser griechischer Gewandung. Ich aber muß alle Erwartungen enttäuschen; denn die Überlieferung bringt uns, soweit sie zuverlässig ist, nichts der Art, es sei denn die schon einmal erwähnte denkwürdige Tatsache, daß Perikles ihr täglich zwei Küsse gab, einen am Morgen beim Verlassen des Hauses, den anderen abends bei der Heimkehr, und es bleibt also dem Wißbegierigen überlassen, sich selbst das Wünschenswerte an anmutigen Frivolitäten, wenn es sein muß, auszudenken.

Perikles selbst war freilich nicht allzu ehrenfest und bieder, und Aspasia nahm ihm das augenscheinlich nicht übel; er verkehrte, auch als er sie geheiratet hatte, vor den Augen der Öffentlichkeit mit Hetären, die er auf seine Auslandsreisen mitnahm.[38]

Inwieweit konnte solche Frau ihm helfen? Perikles selbst leitete die Volksversammlungen, die

Außenpolitik,[39] die Finanzen, das Gottesdienstliche, das Bauwesen, die merkantilen Dinge; seiner Frau wies er gleichsam das Unterrichtswesen zu.

Wir müssen dabei aber nicht an das Schulwesen denken; denn es gab nur Privatschulen, und der Staat bezahlte und bevormundete sie nicht, wie er letzteres heute nur zu sehr tut. Aspasia sorgte vielmehr für Verbreitung der Bildung und Hebung der geistigen Interessen bei den Frauen. In Männerkreisen aber gab sie methodischen Unterricht in der Wohlredenheit. Es war die Professur der Eloquenz. Das Reden in der Öffentlichkeit wurde damals bei aller Begabung doch noch zumeist dilettantisch betrieben. Auch in der Schriftstellerei war damals der Prosastil noch ganz unausgebildet.[39] Es handelte sich für Aspasia aber nicht um die Kunst der Prozeßrede, sondern um die symbuleutische und epideiktische Gattung,[40] d. h. um die Kunst, vor der Volksversammlung mit geordneter Disposition, wohllautend, gedankenvoll, pointiert zu reden;[41] es gab aber auch andere Anlässe für die Staatsmänner, das Wort zu ergreifen, wie wenn es zu Ehren der im Kriege Gefallenen im Namen der Stadt zu reden galt.

Sie war ohne Frage eine geniale und dazu in ihrer Heimadtstadt Milet vorbildlich geschulte Meisterin des Wortes, ohne doch selbst in Versammlungen als Sprecherin auftreten zu können. Da sie Hetäre gewesen, als sie nach Athen kam, hatte sie in Milet sicher in intimer Beziehung zu Liebhabern gestanden. Dies werden keine unbedeutenden Männer gewesen sein,[42] und sie muß dort einen Freund gefunden haben, der sie in die Kunst der Rhetorik einführte.[43]

Auch Perikles, der Gatte, lernte jetzt von ihr,[44] und die Proben seiner Parlamentsreden, die wir bewundern — vor allem des Perikles berühmte Leichenrede — und die im Altertum als Lesestücke in Sonderausgabe umgingen,[45] sind gewiß unter Aspasias ordnendem Einfluß entstanden.

Aber ihre Betätigung, die wohl schon im Jahre 450 einsetzte, reichte viel weiter. Es war ein organisierter Unterricht für alle jungen Männer, die sich für die Demagogie oder den künftigen Dienst am Staat die rhetorische Kunst aneignen wollten. Auch Sokrates war in seiner Frühzeit[46] begierig, sie zu hören, und war zugegen, als sie das Muster einer Leichenrede zu Ehren gefallener Athener vortrug.[47]

Was die Frauen betrifft, so heißt es ausdrücklich, daß ihr Geistesleben durch sie in Athen auf ein ganz anderes Niveau gehoben worden ist. Die Bücher erschlossen sich nun auch den Hausfrauen; die große Dichtkunst wurde auch ihre Heimat; der häusliche Unterricht der Töchter wurde nun dem Knabenunterricht in den Schulen mehr und mehr gleichgestellt, und so sehen wir denn, wie in einem Lustspiel des Jahres 421 ein Mädel auftritt, das schon Verse des Euripides zitieren kann.[48] Schon in Anlaß der Frauenfeste kam Aspasia mit der Frauenwelt in regelmäßige Fühlung. Sie kann sie auch in Klubform, um trivial zu reden, zu Lesekursen vereinigt haben; oder sollte sie nur ermahnend von Haus zu Haus gegangen sein? „Willst du wissen, wie junge Ehefrauen für ihren Beruf zurechtzuweisen sind? Aspasia kann dich am besten darüber belehren, die zu allem ebenso befähigt ist wie die Männer," so lesen wir beim Xenophon.[49]

Begreiflich also der Respekt, den Sokrates und seine Schüler, die Sokratiker, uns für sie zeigen. Sie heißt „Aspasia, die kundige oder die weise".[50] Denn gewisse Leichtfertigkeiten, die sie sich sonst zu schulden kommen ließ, störten diese sonst so tugendreichen Männer nicht. Die Hauptsache war, daß man von ihr lernen konnte.

Worin bestanden ihre Sünden? Auf der komischen Bühne, die den Skandal aufzuwühlen liebte, wurde sie spöttisch die Hera genannt. Das war noch nichts Schlimmes; denn Perikles hieß ja der Olympier oder der Zeus Athens; also mußte sie seine Hera sein. Bedenklicher, daß sie auch die Omphale hieß. So wie Held Herakles durch Omphale verweichlichte, so sollte sie auch dem Perikles entnervend sein Heldentum geraubt haben. Verleumdete man sie endlich als zweite Helena, so weist dies sogar auf Ehebruch; d. h. Perikles müßte sie einem andern entführt haben. Fest steht in jedem Fall, daß man öffentlich vor Gericht behauptete, sie führe ihrem Gatten selbst ohne Bedenken andere Weiber zu,[51] und in der Tat nahm er ja, wie wir schon hörten, Hetären mit auf seine Reisen. Dabei hätte sich Aspasia auf die spätere Kaiserin Livia berufen können, die in Rom es im Dienst der Begehrlichkeit ihres Mannes offenbar noch viel schlimmer trieb.

Wir sind im Begriff, der in diesem Punkt so

nachsichtigen Ehefrau gleichfalls Nachsicht zu erweisen; denn der Schuldige war hier Perikles. Da droht alles Wohlwollen in Unbehagen sich aufzulösen, und das ganz Ordinäre wittert uns an. Aspasia hatte auch mit Geschöpfen des Bordells zu tun. Wir hören von „Dirnen der Aspasia", als wäre sie die Besitzerin.

Es ist nur Aristophanes, der lustige, der in einem Lustspiel des Jahres 425 den Athenern, die längst besser unterrichtet waren, die Entstehung des schrecklichen peloponnesischen Kriegs spaßhaft erklären will. Nur das Dirnenwesen sei schuld. Junge Athener entführten eine solche Person aus der kleinen Nachbarstadt Megara; aus Rache kamen nun Burschen aus Megara herüber und raubten zwei Freudenmädchen der Aspasia.[52] Darauf erklärte Perikles blitzend und donnernd den Krieg.[53] Das war köstlicher Blödsinn, weiter nichts.

Man hat, um Aspasia zu schonen, dies einfach und scheinbar mit Recht als schlechten Witz beiseite geworfen. Das ist bequem, aber doch wenig überzeugend. Der Witz besteht hier in dem Raub und in den weltbewegenden Folgen aus so läppischen Ursachen. Die Existenz von Aspasiadirnen wird dagegen offenbar als allbekannte Tatsache vorausgesetzt; denn nur so wird ihre so kurze Erwähnung verständlich.[54]

Nehmen wir also das hier Angedeutete als Tatsache, was folgt daraus? Als berufsmäßige Mädchenhändlerin gemeinsten Stiles wäre Aspasia gesellschaftlich unmöglich gewesen; Perikles hätte die Sache in seiner Stellung nie geduldet.

Also muß Perikles selbst daran beteiligt gewesen sein.

Nichts ist ja wichtiger als die Regulierung des Bordellwesens in den Großstädten. Solon hat sich zuerst das Verdienst erworben, den Ort festzustellen, wo die Freudenmädchen sich anzubieten hatten, und die Art, wie dies zu geschehen hatte. Kein Wunder, daß auch Perikles in seiner Stadtverwaltung diese Pflicht mit erneuter Sorgfalt auf sich nahm; aber er übertrug sie auf seine Mitarbeiterin, die sich um Dinge des Frauenlebens ja auch sonst verdient machte und für eine solche Aufgabe gewiß besonders geeignet war, der auch moderne Fürstinnen gelegentlich ihre Fürsorge zugewendet haben. Die Aufsicht über die Kuppler und Mädchenhändler der Stadt wurde in Aspasias Hände gelegt, und in schmähsüchtigen Kreisen redete man dann von ihren Dirnen. Dies mein Erklärungsversuch. Perikles weilte übrigens längst bei den Toten, als Aristophanes jene Worte schrieb, und dessen Zorn konnte ihn nicht mehr ereilen.

Aspasia stand hoch da und unantastbar, als der Gewaltige ihr solches Amt zumuten konnte. Aber sie sollte doch zu Fall kommen, und das Ende dieser Ehe ist gleichsam eine Tragödie.

Der große Krieg hatte begonnen. Die Spartaner blockieren von der Landseite her Athen. Perikles lehnt jede Abwehr ab. Das wiederholte sich jeden Sommer. Er will keine Landschlachten riskieren und hofft, den Nachteil durch erfolgreichen Seekrieg, der Sparta schädigt, wett zu machen. Im athenischen Volk aber, Stadtvolk,

Landvolk, schäumt gegen ihn die Entrüstung auf, die zur Wut wird. Sein Ansehen ist geknickt, und man sucht ihn zu peinigen. Schon das war für ihn schwere Kränkung, daß man Phidias, den großen Künstler und Freund, in Anklage versetzte mit dem Ende, daß er im Gefängnis erkrankte und starb;[55] ebenso schmerzlich, daß Anaxagoras, der Philosoph, der ihm so nahe stand, aus der Stadt getrieben wurde. Aber auch Aspasia selbst wurde jetzt in Anklage versetzt. Man konnte die Ausländerin, die so groß dastand, endlich fassen. Perikles selbst mußte vor Gericht, mußte als ihr Rechtsvertreter sie verteidigen. Der gottlosen Freidenkerei wurde sie beschuldigt und des Gelegenheitmachens für Ehebruch (wohlgemerkt nicht des Dirnenhandels). Der erste Vorwurf traf zu; denn sie stand ohne Zweifel wie auch Perikles auf dem Boden der entgötterten Welterklärung, wonach die Sonne — der Helios — kein Gott mehr war, sondern ein unlebendiger Weltkörper, wie es unsere Erde ist. Perikles redete anfangs vergeblich; erst als er das Mitleid anrief und in Tränen ausbrach, gaben die Richter nach, und sie wurde freigesprochen.

Danach gewann Perikles, durch den Verlauf der politischen Dinge getragen, das Vertrauen des Volkes wieder zurück; er war für Athen noch einmal der Olympier. Da starb er. Die Pest, die in der Stadt wütete, raffte ihn hin, und Aspasia stand haltlos allein. Das Ende war da; ihre Rolle war ausgespielt. Was sollte aus ihr werden? Die stillen Sokratiker mischten sich nicht in öffentliche Dinge, noch gar in die Sorgen verwitweter hoher Frauen, und niemand in Athen, nicht Mann, nicht Weib, ist anscheinend für sie eingetreten. Da suchte sie in einer neuen Heirat Schutz. Es war ein großer Abfall, ein Sturz aus der Höhe. Ein gemeiner Schafzüchter nahm sie zur Frau. Aber auch dieser Mann starb bald,[56] und wir hören nichts mehr von ihr. Mutmaßlich ist auch sie schon bald darauf gestorben.[57]

Die späteren Griechen haben mit Begier alle Anwürfe und Sticheleien, die kitzelnd wirken und sich in den alten Komödien fanden, zusammengesucht. Es schien nichts amüsanter als das. Aber sie haben dem Andenken Aspasias gewiß mit Unrecht geschadet. Ihr Verdienst um die geistige Hebung des Frauentums wurde damals nur beiläufig gelobt. Wir aber werden, wenn wir hinfort von der Gelehrsamkeit und den künstlerischen Leistungen der Griechinnen andeutend zu reden haben, dies ihr großes kulturgeschichtliches Verdienst nicht vergessen.

Von Ehen mit sogenannten intellektuellen Frauen, auf die unser 20. Jahrhundert Wert zu legen scheint, wußte freilich das Altertum noch wenig oder nichts, auch Aspasia nicht, so weltklug sie war. An Zank und Zerwürfnis hat es auch damals nie gefehlt; aber nicht jene gleichsam im Treibhaus gezüchtete feminine Hyperintelligenz war daran schuld, sondern allemal nur die üblichen sexuellen Irrungen oder geldgeschäftliche Konflikte. Die junge Ehefrau brachte damals noch keine Theorien über die Ehe im allgemeinen mit, benutzte nicht jedes kleinste Versehen des

Gatten zur akademischen Entwicklung von Grund-
sätzen, hatte noch nicht Psychoanalyse und Pathologie getrieben, um des Mannes Natur lehrhaft zu
analysieren und um aus den Wolken zu fallen, wenn
er darüber in Wut gerät, wobei die Wortreiche auch
gar noch Freundinnen hat, die ihr recht geben,
wenn der Tor bescheiden zweifelnd die Achseln
zuckt. Auch das Altertum hatte seine Intellektuellen; aber sie waren vielmehr unter den ganz
Emanzipierten, unter den Hetären zu finden, von
denen man bei jedem Mißbehagen sich trennen
konnte. Und so ging die Entwicklung in den
Kreisen der sogenannten höheren Bildung[58] im
Altertum wie heute dahin, die Kameradschaft
an die Stelle der Ehe zu setzen. „Hetäre" heißt
eben „Kameradin" auf Deutsch. Eine weitgrei-
fende Eheflucht war davon schließlich das Ergebnis. „Alles wiederholt sich nur im Leben;
ewig neu ist nur die Poesie."

Dies Schillerwort, mag man nun daran glauben oder nicht, wird uns zum Wegweiser. Es
führt uns zu den Dichterinnen weiter, und es
wird uns anderes in den Ohren klingen. Zur
Sappho führt es, der Dichterin der Liebe. Ich
nenne nur sie. Ihre Lieder sind in der Tat „ewig
neu" gewesen; denn sie sind bei den Griechen
durch die Zeitenstrecke eines Jahrtausends beliebt geblieben und gelesen worden, und alle Geschlechter hatten an ihnen ihre Freude.

SECHSTES KAPITEL

SAPPHO

Auch von gelehrten Frauen wissen wir, die philologisch, historisch, philosophisch arbeiteten; aber sie locken uns wenig. Sie gehören den Zeiten des Niedergangs oder des Nachklassischen, den Zeiten des Hellenismus an, der auf die große Weltumwälzung Alexanders des Großen folgte. Gewiß stellen wir mit aller Hochachtung fest, daß die Tochter des Philosophen Aristipp zugleich ihres Vaters kluge Schülerin war; nach seinem Tod hat sie als Schulhaupt des Vaters Lehrbetrieb fortgesetzt. Eine gewisse Hestiäa trieb schon wie wir Topographie, bemüht um die Ortskunde des alten Troja. Großartiger noch die Leistung der Pamphila (sie fällt erst in die Zeit des Kaisers Nero), die eine Sammlung von Erinnerungen des Wissenswerten (Hypomnemata) in 33 Büchern hinterließ, die sich wesentlich mit der Geschichte der älteren griechischen Philosophen beschäftigten. Aber dies erwähnt zu haben, wird vielen genügen.

Einen Exzeß stellt ein fanatisches junges Mädchen dar aus der Zeit, wo die zynische Philosophie Mode wurde. Krates hieß ein Vertreter jener Lehre, die das „immer nur hübsch natürlich sein" predigte und sich den Hund zum Ideal und Vorbild nahm, ein Nachahmer des berühmten Diogenes, der, wie man weiß, als Junggesell in einem Tonfaß Haus hielt. Bedürfnislosigkeit war das Losungswort.

Das junge Ding — sie hieß Hipparchia — lief mit ihrem Bruder ihren Eltern fort, um es dem Krates gleich zu tun. Sie verliebte sich nicht in den Menschen selbst, der ein häßlicher Kerl war, sondern in seine Prinzipien und seine planvoll garstige Lebensweise und wurde so selbst zum weiblichen Rüpel. Glücklicherweise schriftstellerte sie nicht, und nur eine Szene aus ihrem Jugendleben wird uns beschrieben.

Bei einer Trinkgesellschaft am Hof des Königs Lysimachus mischte sie sich in den Männerkreis und traf dort den Philosophen Theodoros, der ihr widerwärtig war; denn er war Hedoniker und vertrat die gegensätzliche Lehre von der Freude und Genußsucht um jeden Preis. Da fragte sie ihn: „Billigst du den Satz: was dem einen recht ist, ist dem andern billig, oder: was du mit Recht tun kannst, kann ich auch mit Recht tun?" Er stimmte zu. „Nun denn: wenn du selbst die Peitsche nimmst und dich geißelst, so geißelst du dich mit Recht; wenn ich dich peitschen möchte, so täte ich es auch mit Recht." Ob die Sache in Tätlichkeiten überging, steht nicht geschrieben, wohl aber, daß der Mann, den Geschmack der Zyniker nachahmend, statt jeder Antwort, während sie auf der Kline lag, ihr Kleid hochriß, damit die Verehrerin des Natürlichen ihre Natürlichkeit zeige.[1]

Also auch solche Früchte trug damals das Paradies der Frauenemanzipation. Werfen wir dies hinter uns. Es ist erfreulicher, uns zur

Sappho, der süßen, der zärtlichen, zu wenden. Denn uns treibt endlich die Sehnsucht nach dem Schönen. Wer in die griechische Vergangenheit greift, möchte überhaupt nur von Schönheit hören. Damit aber wandern wir in hochehrwürdige alte Zeiten zurück, die der Aspasia, der Artemisia und Xanthippe weit voraufliegen.

Das Dichten ist im primitiven Volksleben vielfach Sache der Frauen gewesen. Daher sind bei den Griechen die Musen weibliche Genien und jungfräulich,[2] die Schützerinnen der dichterischen Phantastik und Ton- und Wortkunst gewesen. Das Land Pïerien nördlich des Olymp nannte man ihre Heimat; das Wort „Muse" aber bedeutet das Erinnern und Ersinnen zugleich.[3] Also sind sie in erster Linie Erzählerinnen wie bei Homer, dessen Odyssee mit der Anrede an die Muse beginnt: „Sag' von dem Mann mir, Muse, dem vielgewandten, der so viel Irrsal und Abenteuer nach Trojas Zerstörung erlebt hat." Aber sie ist da aristokratisch und beschäftigt sich nur mit erlesenem Personal, Helden und Göttern.

Ganz ebenso dachten dann auch namhafte Dichterinnen, die in der Literatur etwas später als Sappho auftraten und Ruhm gewannen wie die Korinna. Auch sie erzählte nur aus der Heldensage, aber sanglich, so daß Chöre in festlichem Anlaß es vortragen konnten.

Schlicht bürgerlich dagegen ist die Muse gesonnen, die der Sappho ihre Lieder gab. Da treten wir ins Privatleben mit seinen Beziehungen von Mensch zu Mensch und hören die schlichtere Herzenssprache.[4] Sie gibt uns Ichpoesie, die vielfach vom Chorgesang absieht und sich gleichsam selbst zum Saitenspiel vorträgt.

Im 6. Jahrhundert v. Chr. haben diese Kunst zwei schöpferische Naturen begründet, beide Inselgriechen, beide auf der Insel Lesbos: ein Mann, Alkäus, ein Weib, Sappho; Lesbos, das schöne, eine kleine Welt für sich, ein Inselreich, das damals noch sein abgesondertes politisches Leben und Kulturleben hatte, wo man auch ein besonderes, dialektisch gefärbtes, äolisches Griechisch sprach. Für die Griechen, die hernach Geschichtsbücher schrieben, lag das fast wie Homer selbst und wie für uns das deutsche Mittelalter in grauer und meilenferner Vergangenheit.

Eine reiche Insel. Sie exportierte den gesuchtesten griechischen Inselwein.[5] Die Sage aber erzählte, daß, als der Sänger Orpheus, dessen Zaubersang die wildesten Tiere bezwang, in Thrazien starb, seine Leier übers Meer von den Wellen nach Lesbos getragen wurde. So wurde das Eiland die Heimat der Musik und jedes Wohllauts.

Gleichwohl war es keine Insel der Seligen. Zwar herrschte damals dort Pittakus, der Gesetzgeber; aber er konnte der Friedlosigkeit im Volk nicht wehren. Viel lokaler Zwist und Parteihader bestand; mitteninne stand der stürmische Alkäus, und er sang erregend von Kampf und Seefahrt in kurzen Männerliedern und in neuen Tönen, für die er die Versform selbst ersann. Er war Mann der Tat und machte keine Schule.

Anders Sappho, die Frau, die er neben sich sah, wie sie lehrend wirkte und dichtete. Sie wußte sich trotz allem in tiefen Frieden zu hüllen und sang von Liebe, die eigentliche Schöpferin des Liebesliedes für die Griechen, des Sololiedes mit der schlichten Sprache echter Leidenschaft, das jeder singen konnte, der fühlte wie sie.

Gewiß hat sie sich dabei an das Volkslied angelehnt. Denn selbstverständlich ist, daß sie im Munde des Volkes Gesang schon vorfand, simple Verslein, kurzzeilig und stammelnd. Das Spinnen und jede Handarbeit hatten die Weiber schon immer mit irgendwelchem Singsang begleitet, so wie die Männer ihr rohes Ruderlied hatten, das den Takt des Ruderschlags begleitete. Sappho aber gab dieser Lyrik die gereinigte Kunstform, den Ausbau, die Rundung, den Zauber, der ihr eigen war, und einen Wohllaut durch die liebliche Klangfarbe der Silben, der dem ganzen Altertum vorbildlich erschienen ist. Dafür ersann auch sie, wie Alkäus, die Versformen neu, die eine weiche Rhythmik zeigten süßen Schalles, wie sie der Frauenzunge angemessen,[7] und die geeignet waren, die Stimmungen der Sehnsucht und der Lebenswonne zu tragen.

Der Text aber genügte nicht; sie schrieb für den Gesang auch die Musik dazu, wobei sie die Tonart, die mixolydische, aus dem nahen Kleinasien entlehnte. Damals bestand in Kleinasien noch das lydische Reich des Königs Krösus, und so erklärt sich, daß Sappho so oft von Lydien redet. Der lydische Reichtum, die lydischen Streitwagen standen ihr in ihrer Phantasie vor Augen.

Auch der zärtliche Anakreon machte es in seiner Art ebenso. Er suchte es ihr gleichzutun. Aber er lebte erst ein halbes Jahrhundert später.

Was wissen wir vom Leben der Dichterin? Wir wissen, daß sie verheiratet war, aber früh Witwe wurde. Ob sie schon bei Lebzeiten des Gatten dichtete, läßt sich nicht erraten. Ich bezweifle es. Eine Tochter Kleïs hatte sie, über die sie sich in Versen zärtlich äußert:[8]

> Ein Töchterchen hab' ich. Bin ich nicht reich?
> Den goldigsten Blümlein an Schöne gleich.
> Heißt Kleïs und ist mein herzliches Ergetzen.
> Gar nichts ist mir,
> Verglichen mit ihr,
> Das lydische Königreich mit allen seinen Schätzen.

Aber auch als sie Witwe geworden war, haben Männer sich irgendwie um sie beworben.[9] Sie lehnte ab. So trat auch der Dichter Alkäus werbend an sie heran. Wir besitzen seine Anfrage und ihre Antwort. Es war ein sinniges dichterisches Spiel, die Frage und die Antwort, mit denen da die beiden Genies, die der Ruhm der Insel waren, sich begegneten; denn Alkäus machte seinen Antrag in der Versform der Sappho, und sie lehnte ab in der Versform des Alkäus. Dabei redete er sie schmeichelnd an: „Du heilige (oder keusche), veilchenbekränzte,[10] sanft lächelnde Sappho, mich hindert die Scheu, zu dir ein offenes Wort zu sprechen …" Das Weitere fehlt leider. Sie erwiderte streng: „Verlangtest du nach dem, was edel und schön, und so, daß in dem, was deine Zunge spricht, sich nichts Arges einmischte, so würdest du das Auge nicht so niederschlagen und etwas sagen, was sich ziemt."[11]

Auch als sie alt geworden, gab es noch einen

Bewerber. Da antwortete sie schlicht und nüchtern: „Bist du uns Freund, so wähle dir ein jüngeres Ehebett; denn ich kann es nicht tragen, dir beizuwohnen, da ich zu alt bin."[12] Jedenfalls legte sie aber, wie der Anfang zeigt, auf die Freundschaft dieses Mannes Wert.

Von ihrem Bruder Charaxos reden ihre Versreste, der mit der Hetäre Rhodopis verkehrte; sie tadelt ihn (Nr.9 und 10). Von den politischen Händeln, die den Alkäus in Erregung hielten, gelang es ihr sich ganz fern zu halten.[13] Sie lebte beruflich dem Gottesdienst und seiner Verherrlichung und den Festfeiern, die es in den Familien gab, und gründete eine Schule für weiblichen Chorgesang, die unter religiösem Schutz stand und sich an die Heiligtümer der Göttinnen Hera und Aphrodite anlehnte. Aphrodite ist hier nicht, wie vielfach anderen Ortes, die vulgäre des Dirnenwesens. In Sapphos Gedichten kommen keine anderen Götter als diese vor nebst Eros und den Musen.[15] Das ist bezeichnend.

Schließlich heißt es, daß sie irgendwann ihre Heimat verließ und nach Sizilien übersiedelte. Sizilien gehörte dem Westgriechentum; im Westen lag aber auch die Insel Leukas, und so wurde nun in der späteren, sentimentalen Dichtung des Hellenismus, in der das Sterben vor Liebe ein Lieblingsmotiv war, Sappho zu einer Romanfigur umgedichtet, die dort ihr Schicksal ereilt. Es handelt sich um Phaon, ursprünglich eine mythisch-mystische Figur und Lichtgeist. Er wurde aufgegriffen und vermenschlicht. Er sollte ihre Liebe verschmäht und sie auf der Insel Leukas im Freitod ihr Ende gefunden haben. Im Westen geht eben das Sonnenlicht unter. Vom leukadischen Felsen sprang sie, so dichtete man, ins Meer. Wir sahen indessen, daß sie ein hohes Alter erreichte. Als Greisin ist sie aus dem Leben gegangen.

Porträtköpfe edelen Stils, auch Münzbilder sind von ihr vorhanden. Sie werden einer viel späteren Zeit verdankt und beruhen also auf Phantasie. Historisch treu ist daran nur die eigentümliche Haube, die sie trägt und die sie in der Nummer 97 unserer Fragmentsammlung selbst erwähnt.

Ist es uns nun möglich, eine Vorstellung von ihrer Kunst zu gewinnen? Die Aufgabe scheint unlösbar. Denn trotz aller Bewunderung, mit der das Altertum von Sappho redet, hat es uns von ihr doch nur ein paar Gedichtstücke, zumeist nur abgerissene Versfetzen überliefert. Gleichwohl sei hier ein Versuch gewagt. Dabei wird indes, was ich gebe, oft die Form der Untersuchung annehmen, und mit Anmut im Hain der Muse zu lustwandeln wird uns nicht gelingen. Übersetzungen, wie ich sie einschalte, können nur verflachend und reizlos auf den wirken, der den Urtext, das Griechisch der Sappho selbst gelesen und ihre Sprache kennt, die Kunst und Natur ist in wunderbarer Verbindung.

Ihr Nachlaß war mannigfaltig und umfangreich. Auch rein erzählende Dichtungen in sangbaren Versen fehlten nicht. Was sie aber berühmt machte,[16] waren vor allem ihre Hochzeitslieder größeren Umfangs und jene kleinere Gattung der

Liebes- und Freundschaftslieder, zumeist in der sapphischen Strophe, für die Brahms die Musik in einem Gesangston gefunden hat, wie wir ihn brauchen.

Zu Sapphos Zeit gab es noch kaum das, was wir ein Buch nennen. Ein Buch gab es nur in Rollenform; aber auch diese Rolle, die Papyrusrolle, kam zu den Griechen aus Ägypten erst kurz vor Lebzeiten dieser Dichterin. Es ist wahrscheinlich, daß sie den Text ihrer Gedichte nur auf Schreibtafeln festgelegt hat, vielleicht auch in Bleiröllchen winzigen Umfangs.[17] Diese wurden von ihr in den Tempeln der genannten beiden Göttinnen niedergelegt. Die Athener, die früh im literarischen Schreib- und Buchwesen die Führung nahmen und auch die homerischen Epen in Papyrusrollenform aufschreiben ließen,[18] sie sind es auch gewesen, durch die Sappho für die weitere Umwelt gleichsam entdeckt und dem allgemeinen Publikum zugeführt wurde.[19] Ihnen wird man die Rettung ihres Nachlasses durch Kenntnisnahme der Originale, die in Lesbos lagen, zu verdanken haben.[20] Die letzte Sicherung brachten dann die alexandrinischen Philologen, die den Nachlaß auf neun Bücher verteilten, und wir sehen nun, daß Sappho noch lange Zeiten mit Liebe gelesen worden ist. Der Römer Catull übersetzte sie ins Latein; griechische Gelehrte zitieren Stellen aus ihr. Bereichernd sind neuerdings aus Ägypten Papyrusblätter in brüchigem Zustand hinzugekommen, die uns verraten, daß sich Privatleute noch in den Zeiten nach Christi Geburt Abschriften ihrer Gedichte hergestellt haben. Noch um das Jahr 400 n. Chr. hat eine Halbgermanin, die Tochter des Vandalen Stilicho, als Braut die Liebeslieder der Sappho gelesen.[21]

Möge sie denn endlich selbst zu Worte kommen. Was wir haben, sind, wie gesagt, zumeist nur abgerissene Sätze. Nur wenige Gedichte liegen uns vollständig oder annähernd vollständig vor.

Für Hochzeiten, die es auf Lesbos gab, dichtete sie Chorgesänge, die man Hymenäen oder Epithalamien nennt. Eigennamen wurden darin nicht genannt; die Sachen sollten also für jede kommende Gelegenheit passend sein. Gleichwohl schrieb sie davon immer neue.[22] Sie fand Freude daran, das Glück der Ehe zu preisen, aber so, daß ihr Interesse, wie uns gesagt wird,[23] den heiratslustigen Jünglingen, also dem Bräutigam und nicht der Braut galt.

Ein Epithalam liegt uns zum Glück in der mehr oder weniger freien Übersetzung vor, die Catull den Römern gab, und es sei verdeutscht hier vorangestellt.

Ein Hochzeitsmahl findet statt. An Tischen verteilt speisen getrennt hier die Jünglinge als Gäste, dort die Mädchen. Das ergibt zwei Chöre. Vielleicht waren es vier Tische der Mädchen, sechs Tische der Jünglinge.[24] Die Braut wird gleich erscheinen, die man in des Bräutigams Gemach überführt wird. Ein Wettsingen entsteht: die Mädchen beklagen den Verlust der Jungfräulichkeit,[25] die Jünglinge fordern das Recht der Ehe. Das Ganze aber ist belebtes Drama: erst Vorbereitung zum Liede, dann das Streitlied selbst, endlich das entscheidende Schlußwort.[26] Die Landschaft, in der die Szene spielt, ist in Catulls Wiedergabe anscheinend nicht in Lesbos selbst gedacht, sondern nach Pïerien, der Heimat der Musen, verlegt oder doch so verschoben, daß man das Gebirge des Olymp und auch den Berg Oeta sieht.[27]

Ich bemerke noch, daß im Originaltext hinter jeder Strophe die Anrufung des Ehegottes Hymen steht, ob sie dort paßt oder nicht. Ich habe sie weggelassen. Sie lautet:

> Hymen, o Hymenäus! O Hymen komm, Hymenäus.

Das Epithalam.

Chorführer: Abend wird's. Steht auf, ihr Jünglinge. Eben
erhebt jetzt
Überm Olymp, wie wir hofften, der Abend die Sterne
am Himmel.
Zeit ist's, aufzustehn. So verlaßt denn die üppigen Tische.
Gleich schon kommt sie, die Braut, und der Festhymenäus
beginnt dann.

Chorführerin: 6. Seht ihr Jungfrau'n dort die Jünglinge? steht
denn auch *ihr* auf.
Über dem Oeta bringt ja der Abend den stürzenden
Tau schon.[28]
Ja, so ist's. Schaut nur, wie sie eifrig vom Sitze gesprungen,
Und nicht umsonst. Sie rüsten Gesang. Aufmerken ist nötig.

Chorführer: 11. Nicht so leicht, ihr Genossen, erringt ihr
die Palme im Wettstreit.
Seht, wie die Jungfrau'n dort miteinander beraten und
sinnen,
Und nicht umsonst. Sie haben bereits, was sie woll'n,
im Gedächtnis,
Freilich! weil sie sich müh'n mit völlig gesammeltem Geiste.

15. Wir sind zerstreut, sind hier mit dem Geist und dort
mit den Ohren.
Drum ist's recht, wenn sie siegen. Der Sieg liebt Fleiß;
er verlangt ihn.
Also zum wenigsten jetzt merkt auf mit euren Gedanken;
Denn schon heben sie an, und gleich antworten ist nötig.
(Die Braut erscheint und der Hymnus beginnt:)

Mädchenchor: 20. Grausamer Abendstern! Welch Licht
flammt böser am Himmel?
Der du die Tochter zu reißen vermagst aus den Armen
der Mutter,
Ja, aus den Armen der Mutter die sträubende Tochter
zu reißen
Und die noch Unberührte dem glühenden Jüngling zu
geben.
Ist denn der Feind grausamer, der Feind, wenn er Städte
erobert?

Jünglingschor: 26. Freundlicher Abendstern! Welch Licht
strahlt schöner am Himmel?
Der du so leuchtend dem Bund der versprochenen Ehe
zum Ziel hilfst,
Ihm, den die Väter bestimmt, den die Eltern im voraus
beschlossen,
Eher jedoch nicht vollzieh'n, eh' nicht dein Schimmer
uns aufging.
30. Glücklich die Stunde! Wie könnten die Götter Er-
wünschteres geben?[29]

Mädchenchor: 39. So wie die Blume gesichert erblüht im
umhegten Garten,
Unzugänglich dem Vieh, auch nie gerauft von der Pflug-
schar —
Lüfte umkosen, die Sonne ernährt sie, es tränkt sie der
Nachttau
Und so erfüllt sie die Lüfte beglückend mit schwelgen-
dem Dufthauch;[30]
Viele der Jünglinge suchen sie dann und viele der Mädchen:
Aber sobald sie geknickt von zierlichen Fingern entblüht ist,
Nimmer dann suchen die Jünglinge sie und nimmer die
Mädchen —;

45. Also die Jungfrau, wenn sie es bleibt, umhegt von
den Ihren.
Wenn sie der Keuschheit Blüte verliert und sich selber
dahingibt,[31]
Reizt sie nicht Jünglinge mehr, und auch die Mädchen
verschmäh'n sie.
Jünglingschor: 49. So wie die Rebe, die hilflos im saatlosen
Acker gepflanzt wird,
Nie aufranken sich kann, nie liebliche Trauben emportreibt,
Sondern, so zart sie ist, da die eigene Last sie herabdrückt,
Niedrig alsbald die Wurzel berührt mit den obersten
Ranken —
Weder der Landmann hält bei ihr Rast dann, noch auch
die Herde;[32]
Wird sie indeß als Gattin verknüpft und vermählt mit
dem Ulmbaum,
55. Dann oft rasten im Schatten bei ihr der Landmann,
die Herden —;[33]
Also die Jungfrau, wenn sie es bleibt, wird alt und ver-
vergessen.
Aber gelangt sie bei Jugendreife zum richtigen Ehbund,
Ist sie dem Gatten ein Schatz und zugleich den Eltern
zur Last nicht.
Schlußwort desselben Chors: 60. Geh' nun und hadere nicht[34]
mit so trefflichem Gatten, o Jungfrau!
Hadern mit *dem* ist nicht recht, dem dich dein Vater
gegeben,
Vater und Mutter zugleich. Die Pflicht ist's, beiden ge-
horchen.
Dein ist nicht ganz dein Jungfrauntum; auch den Eltern
gehört es;
Erstlich ein Drittel dem Vater, ein anderes Drittel der
Mutter,
65. Und nur ein Drittel ist dein. Drum streite nicht wider
die beiden,
Die an den Eidam dich selbst hingaben, zugleich mit der
Mitgift.

Es fällt auf und ist charakteristisch, daß das

Wort Liebe im Hochzeitslied ganz fehlt; es fehlt auch der Gott Eros. Der Ehegott Hymen tritt an seine Stelle. Daher auch die scheinbar so prosaisch nüchterne Erwähnung der Mitgift am Schluß. Sie war im Ehekontrakt, den die beiderseitigen Eltern schlossen, fast so wichtig wie die Braut selbst. Hymen ist also der Gott der Ehe; Eros gilt als der Gott der freien Liebe, die zu den Hetären führt und unter dessen Schutz auch die Knabenliebe der Griechen stand.[35]

Auf zweierlei sei noch hingewiesen, daß der Sappho in solchen Anlässen auch ein Chor von Männern zur Verfügung stand; sodann aber, daß sie nicht nur die Ehe hochschätzt, sondern dabei zugleich die Superiorität des Mannes betont und anerkennt.[36] Denn im Wettgesang siegen die Jünglinge, und sie stehen auch als die Begabteren da; denn die Mädchen müssen über ihre Gesangleistung sorglich nachsinnen und sich vorbereiten mit Fleiß; die Jünglinge sind genialer; sie sind zerstreut und ohne Fleiß und finden doch Worte, die den Sieg verbürgen.

Daß wir in diesem schönen und für uns so wertvollen Gedicht die echte Sappho vor uns haben, steht für mich außer Zweifel. Kein Anzeichen weist auf Römisches, das etwa Catull hineingetragen hätte. Schön ist hier und volkstümlich zugleich die Vergleichung des Mädchens mit der Blume, die gepflückt werden soll, und mit der Rebe, die in der Ehe am Ulmenbaum sich hochrankt. Dies ist so echt wie möglich; denn genau dieselbe Art des Vergleiches finden wir auch in erhaltenen griechischen Resten ihrer Epithalamien, wo wir lesen: „So wie der süße Apfel auf hohem Zweig, hoch auf dem höchsten, sich rötet — die Apfelpflücker können ihn nicht finden; sie können ihn endlich doch finden, aber können ihn nicht erreichen —, (ihm gleicht [37] das Mädchen, das im vornehmen Hause verborgen heranwuchs. Der Bewerber sieht sie nicht; er sieht sie endlich doch, aber er kann ihr kein Wort sagen)." Echt ist aber auch das Gleichnis von der Rebe, die sich zur Stützung dem Baum vermählt. Nur so hoch gerankt ist sie beliebt und kann Schatten geben, wie auch die Maid, die Frau geworden ist, für viele sorgt. [38]

Soweit das Hochzeitslied. Ein frischer lebenbejahender, ja, wonniger Ton herrscht da, und wir wünschten, eine Sappho könnte unsern Hochzeitern auch heute noch ähnliches geben. Trauergesänge bei Bestattungen zu dichten hat sie dagegen ausdrücklich abgelehnt. [39]

Die liebe, gütige Frau, ganz persönlich tritt sie uns nun in den Liedern, in denen sie selbst vor uns ihr Herz öffnet, entgegen. Sie öffnet es impulsiv in Freimut und schöner Regung ihren Nebenmenschen, den Mädchen nicht nur, auch den Männern, in zarten und in heißen Empfindungen, in Naturfreude, in sinniger Betrachtung und auch in schalkhaften Wendungen. Es ist ihr Umgang mit Menschen und mit der Natur, den wir jetzt belauschen. Eigennamen werden von ihr oft genannt, und es sind nie Decknamen. Sappho gab den Angeredeten die Lieder in die Hand wie Briefe oder Billets intimen Inhalts. Die Niederschriften aber wurden sorglich aufgehoben.

Da sind zunächst die Schülerinnen, die jungen Wesen, die sie zu Gesang und Tanz erzieht. Sie nennt sie Kameradinnen, und ihnen zum Genuß will sie singen;[40] dabei versichert sie: „Euch bleibt mein Sinn immer treu" (Nr.33). Eine, die neu sich einstellt, heißt sie willkommen: „Sei uns gegrüßt" (Nr.45). Und wir sehen nun, wie es da hergeht. Sie tanzen um den Altar auf blumigem Rasen (Nr.86), auch bei Mondschein (Nr.76). Die Jüngeren winden Girlanden (Nr.78). Da ist eine, die lernt gut, wie Sappho feststellt (Nr.23), und so fanden sich einige, die, durch Anmut ausgezeichnet, vor allen anderen ihr Herz gewannen.

Was sie bekümmert, ist der Abschied von ihnen, bald der einen, bald der anderen, und da hören wir rührende Worte. Denn die Schülerinnen wechselten natürlich annähernd jedes Jahr, wie jeder Lehrer, jede Lehrerin es auch heut erlebt. Die Mädchen heirateten,[41] oder sie verreisen und kehren nach Haus zu ihren Eltern; denn sie stammen oft von auswärts. Die Meisterin bleibt allein und sieht sie scheiden. „Die leichtfüßige Hero, die so gut im Reigen tanzte, habe ich nun zu Ende unterrichtet" (Nr.20), und sie ruft trübe: „Ihr vergeßt mich!" (Nr.35).

Da ist die junge Atthis; die redet sie an: „Ich liebte dich schon vor langer Zeit, als du noch klein warst und die Anmut, die dein eigen, noch nicht hattest" (Nr.18). Aber Atthis wird untreu: „Deine Gedanken sind mir jetzt feind, und du flatterst zur Andromeda" (Nr.19). War diese Andromeda eine Konkurrentin und auch sie

Lehrerin gleicher Art? Dann kommt die Trennung, und wir lesen das Zwiegespräch (Nr.7): „Ich möchte sterben vor Betrübnis. Atthis aber weinte beim Abschied und sprach: „Wie Schweres leiden wir, o Sappho! Aber ich gehe wider Willen." Ich aber antwortete: „Sei glücklich und gedenke mein. Du weißt, wie ich dir sorgend nachgegangen. Weißt du es nicht, so will ich daran erinnern, wie Schönes und Liebes wir erlebt haben, wie du bekränzt mit Veilchen und Rosen, den vergänglichen, bei mir saßest, um den zarten Nacken ein Gewinde von wonnigen Blumen, das wir gefertigt,[42] und mit Myrtenduftwerk hattest du dein Haupt durchduftet, und weich war das Kissen (darauf wir saßen)."

An den frommen Festtagen schmückten die Mädchen sich so mit Blumen. Es war Sommer, und sie werden so im Freien und nicht etwa im Hause beisammen gesessen haben.

Auch noch eine zweite ist da, die Gorgyla, aus Kolophon gebürtig, deren langes Gewand sie bewundert (Nr.5). Das Mädchen zeigt sich ablehnend; da ruft Sappho Aphrodite selbst zur Hilfe, und die Göttin erscheint ihr wirklich[43] un spricht (Nr.3): „Liebt sie dich jetzt noch nicht, so soll sie dich doch lieben, auch wenn sie nicht will." Der Schulbetrieb lehnte sich, wie gesagt, an den Aphroditekult an; daher muß diese Göttin für die Freundschaft (φιλότης) ihre Hilfe gewähren. Von Eros ist hier natürlich nicht die Rede.

Gorgyla ist endlich fern und nach Sardes, der Stadt der Lyder, abgereist. Da versenkt sich die

Dichterin in die Gefühle des Mädchens (Nr.6):
„Sie freute sich früher an unseren Gesängen. Nun
sehnt sie sich zurück dort unter den lydischen
Frauen. In die Nacht horcht sie hinaus, wenn der
Mond nach Sonnenuntergang, der strahlenfing-
rige,[45] alle Sterne überstrahlt und seinen Schein
auf das ferne Meer und auf unsere blumigen
Gefilde wirft und der Tau hier auf unsere
Rosen fällt und auf die Anthryskumblüten und
den Honigklee. Umherwandelnd denkt sie dann
oft sehnsüchtig an unsere Atthis zurück und
verzehrt ihr Herz, das ihr schwer ist, und ruft
nach u n s. Aber die Nacht läßt es uns aus so
weiter Ferne nicht hören." Zum Verständnis muß
man sich gegenwärtig halten, daß Gorgyla von
Lydien her nach Westen blickt, wo sie den
Sonnenuntergang wahrnimmt und wo für sie das
Mittelmeer und die Insel Lesbos liegen.

In Hinblick auf diese und ähnliche Verse, auf
diese Gefühlshingabe an die Mädchen, die Sappho
im Chor singen und tanzen und sich festlich
schmücken lehrte, haben ihr nun die späteren
Spottdichter Athens das Laster der sogenannten
lesbischen Liebe angedichtet, des erotischen Ver-
kehrs von Weib zu Weib, der übrigens den Les-
bierinnen gar nicht speziell eigentümlich, sondern
natürlich überall anzutreffen war.[46] Eine un-
geheuerliche Vorstellung, schon gesellschaftlich
undenkbar; denn viele unter den Schülerinnen
hätten solches Treiben der Lehrerin beobachtet;
an Skandal und Schandreden hätte es schon damals unter ihnen nicht fehlen können, und
Sapphos Stellung wäre unhaltbar gewesen. Oder

wird man sich dazu versteigen, das Ganze sich als Mädchenbordell für Frauenbenutzung unter dem Schutz der Aphrodite vorzustellen? Es verlohnt gar nicht, davon zu reden. Alkäus nannte Sappho die heilige oder keusche (ἀγνά), und schon das genügt. In sämtlichen Versen, die uns vorliegen, spüren wir obendrein den frauenhaft edelen und reinen Ton. Daß solche Frau auch einmal zum Tode betrübt ist beim Abschied (Nr.7), wen kann das wundern, zumal bei einer Südländerin? Nirgends ist ja auch vom Umarmen[47] oder gar vom Kuß, nirgends auch nur von körperlicher Berührung ein Wort zu finden. Das höchste ist, daß Sappho neben ihrer Schülerin sitzt und sich an ihr freut, die sich mit Blumen geschmückt hat. Nur von Freundschaft, vom Liebhaben (φιλότης), nicht vom Eros ist hier je die Rede. Wir brauchen keine Rettungen der Sappho mehr.

Aber ihr Herz hatte noch Raum für vieles andere, und ihr Leben ging nicht auf im Schulbetrieb. Kinderlieb war sie und nimmt Anlaß, das zu erwähnen. Von der Freude an Kindern zu reden ist sonst etwas so Seltenes in der griechischen Literatur der älteren Zeit.[48] Aber sie hatte auch noch Blick für die Männer und die Männer für sie. An Gastgelagen nahm sie teil, wo offenbar Reichtum herrschte: „Heut,“ ruft sie da, „soll uns Aphrodite selbst den Wein kredenzen, der aus vergoldeten Bechern getrunken wird“ (Nr.89). Sanft lächelnd fand sie Alkäus und jugendlich, einen Veilchenkranz im Haar. Kein Wunder, daß man die Witwe, wie wir sahen, wiederholt zur Ehe begehrt hat. Aber sie zog nicht nur die Blicke auf sich; auch sie gab acht auf das andere Geschlecht, und da urteilt sie: „Der Mann, der schön ist, ist eben schön; wenn er gut ist, so ist er schon dadurch schön" (Nr.63). Sie fordert aber auch unverlegen: „Steh da und laß mich sehen, wie schön du bist" (Nr.26). Sie klagt: „Der Freund hat mich verlassen" (Nr.11), und wir hören den Seufzer der Ratlosen, wo sie zu wählen hat (Nr.43):

> Ich weiß nicht wohin.
> Auf zweierlei steht mein Sinn.

Ausführlicher lautet eine Begrüßung (Nr.45): „Es ist gut, daß du kamst. Ich verlangte schon nach dir. Mein Sinn brannte schon vor Sehnsucht. Sei u n s willkommen für immer und nicht nur für so viel Jahre, als du uns fern warst." Wüßten wir nur, an wen diese Verse sich richteten.[49]

Aber ihre Seele stand für jede Schönheit offen und gab sich auch an die Natur und ihren Zauber mit lieblichen Worten hin. Der Morgen naht; so sieht sie das Morgenrot, es ist „die gold-beschuhte Eos".[51] Oder es ist Nacht; da dichtet sie (Nr.75):

> Alle Sterne rings, in das tiefste Dunkel
> Sinkt ihr Glanz dahin, wenn der Mond, der schöne,
> Kam und vollaufstrahlend sein Goldlicht gießt auf
>   Himmel und Erde.[50]

Im Baumgarten aber träumt sie (Nr.72):

> Kühl rauschen rings die Quell'n, wo in den Zweigen
> Die Früchte sich der Apfelbäume neigen,
> Und aus dem sanftbewegten Laub der Wipfel fließt
> Der Schlummer nieder, der mir sanft das Auge schließt!

Tauben gab es wie heute bei allen Tempeln oder Gotteshäusern. Da trauert sie (Nr.79):

> Meine Tauben lassen die Flügel hängen.
> Sind sie tot? Ist ihnen das Herz erfroren?

Aber auch zu klugen Sätzen der Lebenserfahrung sammelt sich die weise Dichterin, und auch da herrscht ein heller Optimismus. Zunächst die sittliche Haltung: „Sinnenlust und Sonnenfreude sind wohl vereinbar mit der Tugend" (Nr.41), und dasselbe nochmals (Nr.66):

> Kein Reichtum wird ohne Tugend allein
> Treu uns ein Hausgenosse sein.
> Wo beide vereint und ohne Streit,
> Da ist wirklich Glückseligkeit.

Vom Tod redet sie fast mit Humor: „Er ist ein Übel. Wäre er etwas Schönes, da würden doch auch die Götter sterben" (Nr.64). Wie weise ferner der Rat: „Im Zorn hüte deine Zunge" (Nr.65)! Aber auch auf äußerlich gute Lebensart hält sie und verspottet ein bäurisches Mädchen, das, bei Tisch liegend, ihr Kleid nicht über die Füße zu legen versteht (Nr.15), und für eine Person, die die Kunst nicht schätzt, hat sie die Worte (Nr.24): „Die pïerischen Rosen[51] erblühen dir nicht, und vergessen gehst du zum Hades."

Alles dies macht uns das Bild der seltenen Frau lebendig. Ist dies nun aber schon alles? O nein. Was mir das Bewundernswerteste scheint, das soll noch folgen. Ein rechter Dichter muß sich auch als wahrer Herzenskünder in die Seelen anderer versetzen können. So weiß auch Sappho dem Seelenleben ihrer Mitmenschen, ob Männer,

ob Frauen, Worte zu verleihen, und auch da weiß
sie tief zu greifen. Ein Beispiel dafür war uns
schon das Lied von der Gorgyla, die sich aus dem
fernen lydischen Land nach Lesbos zurücksehnt.
Ein Volkslied glauben wir zu hören — so naiv ist
der Ton —, wo es sich um ein anderes Mädchen
handelt. Das Mädchen spricht (Nr.53):

> O süße Mutter, ich kann nicht mehr drinnen
> Weben und weben, spinnen und spinnen.
> Ich habe Sehnsucht nach dem Knaben,
> Sehnsucht hab' ich, den Liebsten zu haben.
> Die hat entfacht
> Der Aphrodite heilige, zärtliche Macht.[52]

Ein anderes aber läßt sie so sprechen; es ist
nur ein Seufzer der Einsamen, ganz schlicht und
stimmungsvoll:

> Die Stunde ist gekommen,
> Sterne und Mond verglommen.
> Mitternacht hüllt mich ein.
> Ich aber schlummre allein.[53]

Das ist Klassizität, Vollkommenheit im kleinen.
Ganz ebenso dichtete sie nun aber auch Lieder
für Männer; sie dichtete aus der Seele der liebenden Jünglinge heraus. Dies sagt uns ausdrücklich ein antiker Zeuge, dem ihr ganzer
Nachlaß noch hat vorliegen können; es ist der
hellenistische Dichter Dioskorides.[54] Da heißt es:
„O Sappho, du warst den liebenden Jünglingen
(mit deinen Liedern) eine Stütze und hast außer-
dem Hymenäen für die Verlobten geschaffen" usf.
Es ist bemerkenswert, daß die an die Schülerinnen
gerichteten Gedichte der Sappho von ihm gar
nicht mit erwähnt werden. Dioskorides als Mann

interessierte sich nicht für sie. Dagegen weiß er, daß sie das sang, was das Männerherz braucht, stellt dies voran und unterscheidet es bestimmt von den Hochzeitsgesängen. Dies ist hiermit klargestellt, und es dient uns zum Verständnis anderer Bruchstücke, die zu erwähnen uns noch übrig ist.

So ermahnt sie einen Ungenannten, der kriegerisch gesonnen ist, einem Mädchen, der Anaktoria, nachzugehen: „Die einen halten den Krieg zu Roß oder zu Fuß für das Schönste, die andern die Seefahrt, ich aber das, in was man verliebt ist. So raubte Paris einst die Helena, worüber Troja zugrunde ging. So gedenke du denn an Anaktoria, die fern ist. Ich wenigstens möchte sie lieber sehen als die Streitwagen der Lyder und ihr Fußvolk in Waffen."[55]

Ein Liebender selbst aber spricht: „Wie ein Knabe zur Mutter bin ich zu dir auf Flügeln gekommen."[56]

Ebenso, wenn wir den Wunsch hören, „möge die Nacht sich verdoppeln" (Nr.50). Der da das Wort führt, möchte es halten wie Jupiter mit der Alkmene.

Aber auch vom Eros die brünstig leidenschaftlichen Worte gehören hierher: „Wieder löst mir Eros die Glieder, das unbezwingliche, bittersüße, schlangenhafte Getier.[57] Er erschüttert meinen Sinn wie der Sturmwind, der in die Eichen fährt" (Nr.46 u.47). Daß auch dies ein Mann spricht, beweisen die entsprechenden Verse des Dichters Ibykus, die ganz dasselbe bringen: „Der Eros läßt mir nicht Ruh'; mit Blitzen wie Ungewitter kommt er über mich, springt an mit dem flammenden Rasen der Sturmnacht, schüttert mit Macht mir der Seele Tiefen bis ins innerste Mark."[58]

Und so ist es schließlich auch ein Mann, der zum Mädchen redet in dem berühmtesten Liede, das hier den Abschluß bilde, der vielbewunderten pathologischen Studie, die auf alle Fälle für das Seelenleben von Frauen befremdlich ist; es ist das Lied, in dem Sappho den Zustand dessen schildert, der in Liebe entbrennt. Es lautet (Nr.4):

Wahrlich gleich zu achten den Göttern droben
Ist der Mann, so sag' ich, der gegenüber
Nah' dir sitzen darf und so zuhört deinem
        süßen Gespräche,

Auch dein Lachen hört, das die Sehnsucht weckt, das
Mir das Herz erschütternd bewegt im Busen.
Denn da ich dich schaue, versagt mir jählings
        völlig die Stimme,

Und starr wird die Zunge mir gleich. Ein Glühen
Fährt mir durch das Blut wie geheimes Feuer.
Meine Augen werden mir blind; wie wirbelnd
        rauscht mir's im Ohre.

Kalter Schweiß rinnt über mich hin. Ein Zittern
Jagt mich auf. Farbloser als welkes Gras schon
Bin ich wie gestorben, und bar von Sinnen
        schein' ich mir selber.
Aber alles gilt es zu wagen . . .

Hier bricht das Lied ab. Es ist unvollständig erhalten. Hat man wirklich glauben können, Sappho selbst führe hier das Wort, und es handle sich um die Liebe des Weibes zum Weibe? Aber der sehr männliche Catull hat ja das Gedicht übersetzt und diese Erregungen mit Sapphos Worten als die seinen geschildert.[59] Den Zustand, der hier vorgeführt wird, bezog Catull, der verliebte, auf sich selber. Er glaubte oder wußte, daß hier ein Mann spräche. Daß man sich so den Zustand verliebter Männer dachte, beweist auch der ärztliche Bericht über den liebeskranken Antiochus, den Sohn des Königs Seleukus; denn da werden uns ganz dieselben Symptome aufgezählt: Verwirrung, Stocken der Stimme, fahle Blässe und Angstschweiß bis zur Ohnmacht.[60] Die Sache ist somit klar, und das Schlußwort des Gedichtes: „aber alles gilt es zu wagen"[61] beweist dasselbe. Denn was hätte Sappho, wäre sie in eine Schülerin so verliebt gewesen, viel zu wagen gehabt? Vielmehr redet hier ein Jüngling, der das Mädchen kennt, aber in ihr Haus nicht dringen kann und der den beneidet, dem auch nur neben ihr zu sitzen und dabei ihr Plaudern und Lachen zu hören vergönnt ist; er fühlt, daß er schließlich alles wagen muß.[62]

In Hinblick auf dies Gedicht und ihm ähnliche pries somit Dioskorides die Sappho im Namen der liebenden Jünglinge, und daher hat also auch Horaz unsere Dichterin die *mascula Sappho* genannt.[63] Er wußte so gut wie jener von diesen Dichtungen, die sie bei den Männern beliebt machten. Es schien wohl ein Mirakel, war im Grunde aber nichts anderes, als was uns Chamisso gegeben, der als Mann von Frauenlieb' und Leben sang; und ein Schumann — nicht Schumanns Frau — hat für dies Frauenleben die Tonsprache gefunden.

Hiermit verstummt Sappho für uns. Ihr lauterer Ruhm währte im Altertum durch ein Jahrtausend.[64] Möchte das, was ich hier gegeben habe, auch uns noch helfen, dies zu begreifen. Sie selbst ist sich des Wertes ihrer Kunst voll bewußt gewesen. „Ich habe teil," sagt sie, „an den veilchenbekränzten Pïeriden. Möchte mein Ruhm den Himmel berühren. Den Musen verhaßt ist die Vergessenheit."[65]

SIEBENTES KAPITEL

DIE KAMERADINNEN

Kehren wir um. Wir haben uns, ausschauend nach weiblicher Größe, in ferne Vergangenheiten und in das 6. Jahrhundert v. Chr. zurückverirrt, um eine Dichterin anzutreffen, die in ihrer Art wie ein schönes Wunder ganz isoliert und nicht als Kulturgeschöpf dasteht, sondern selbst Schöpferin für das Kulturleben war, indem sie das noch nicht Dagewesene gab. Gut hundert Jahre später lebte jene Aspasia, die Zeitgenossin des peloponnesischen Krieges, der alle griechischen Kleinstaaten, auch Inselstaaten, erschütterte und durcheinander warf. Was damals Aspasia für das Frauenleben und seine geistige Hebung getan, hat sich, wie wir zunächst noch einmal feststellen, dauernd bewährt.

Suchen wir nach einem großen Namen, der dies bestätigt, so finde ich nur einen. Plato gibt ihn uns. Es ist Diotima, eine Frau, anders als Sappho, aber auch sie genial und eine schöpferische Natur. Fünfzig Jahre früher aber wäre solche Persönlichkeit noch nicht möglich gewesen.

Plato, der Philosoph der Abstraktion, der Ideen- oder geistigen Gestaltenlehre, der sein Leben lang für den Umgang mit Frauen keine Zeit fand,[1] er führt diese weise Frau, die aus dem Land der gebirgigen Einsamkeiten, aus Arkadien stammte,[2] im großen philosophischen Redeturnier da ein, wo er den Gipfel der Erkenntnis erklimmen will, und es lohnt, mit ein paar Worten dabei zu verweilen. Woher Diotima ihre überlegene Bildung hatte, sagt Plato uns nicht. Lachend berichtigt sie des Sokrates Meinungen; man liest das in Platos Schrift, die „Das Gastmahl" heißt. Denn sie ist nicht nur Meisterin der logischen Beweisführung; sie ist auch Seherin und kann der Menschheit das Wesen des Eros, der Liebe oder des Liebestriebes, der durchaus nur männlich gedacht wird, und den sittlichen Wert dieses Triebes offenbaren.

Warum kann sie dies und zeigt sich allen Mitunterrednern im „Gastmahl" überlegen? Weil sie Frau ist und das Gebären kennt. Denn alles Lieben, auch die Liebe zum Guten und Schönen, ist ein Zeugungstrieb, und nicht nur der Frauenleib hat seine Geburtswehen, sondern auch der Menschengeist, der nach Erkenntnis verlangt. Daher gehört der Eros nicht etwa zu den Unsterblichen; denn die Liebe ist sterblich; sie stirbt ja in uns nur zu oft. Der Eros ist Entbehren und Verlangen, die Sehnsucht auch nach geistigen Werten, die nach Befriedigung sucht und ringt, so wie im gemeinen Leben der Liebhaber heimatlos durch die Gassen irrt, um, was er braucht, zu finden. Alles Gebären aber ist ein Wunder, also etwas Göttliches, erst recht da, wo es sich um das Keimen und Werden sittlicher Vollkommenheit in uns, um Gotteserkenntnis in uns handelt. Denn der Mensch sucht nach Gott, nach Gottverähnlichung seiner selbst in Erfassung des höchsten Gutes, der Idee des Guten und Schönen, die nichts anderes als Gott selber ist.[3] Für dies Verlangen prägt Diotima den Ausdruck „Philosophie"; er bedeutet nichts anderes als die Liebe zur Erkenntnis, auch heute noch.

Diese Gedankengänge bis zu Ende zu verfolgen kann hier meine Aufgabe nicht sein. Plato gibt im Dialog das letzte Wort der Diotima. Auch Sokrates selbst ist verstummt und weiß nichts Besseres, als von ihr zu reden; und so ist dies die große Verbeugung, die Plato, der kluge Menschenkenner, vor der Weiblichkeit macht. Sonst spielen immer nur denkende Männer in seinen Dramen. Nur der Frauenmund aber kann uns das Höchste sagen. Die intelligente Frau, von seherischem Geist erfaßt, spricht Offenbarungen, die die Seele erlösen.

Neben dieser lehrenden Gestalt steht sonst nur die lernende Weiblichkeit, und von ihr ist wenig zu sagen. Zeitgenosse des Plato war Antisthenes, in dem sich die Stoa vorbereitete; er forderte damals ausdrücklich vom Manne die völlige Gleichstellung der Frauen. Eine Idealgestalt der denkenden Frau aber hat weder er noch die Stoa literarisch vorgeführt noch auch Platos Nachfolger Aristoteles,[4] der nun endlich die gleichwertige schulmäßige Erziehung des weiblichen Geschlechts zum Gesetz erhebt.[5]

So begegnen uns Frauen in Männerberufen denn jetzt auch häufiger. Es sind nicht nur solche, die philosophisch interessiert sind, auch Malerinnen und Dichterinnen. Den Pinsel führende Künstlerinnen werden uns mehrere genannt,[6] und wir sehen sie überdies mit Augen; denn an den Stubenwänden Pompejis hat man sie in ihrer Tätigkeit abgebildet gefunden. Es sind da nur Tafelgemälde, die diese Frauen herstellen; die Wandgemälde überlassen sie als zu unbequem den Männern.

Zwei Namen guten Klanges seien noch genannt. Eine verständnisvolle Gönnerin der Plastik war die Königin Artemisia, die zweite dieses Namens, die in Karien das berühmte Grabmal ihres Gatten Mausolos vollenden und mit seinem wertvollen Standbild sowie mit reichen Friesen im Relief schmücken ließ. Es war jenes Weltwunder der Kunst, nach dem sich heute noch alle Mausoleen nennen.

Dazu kommt die liebenswürdige Anyte. Sie war Dichterin. Bescheiden und fein zeigt sie sich uns in den Proben ihrer Kleinkunst, die wir besitzen.[7] Im Geist der hellenistischen Zeit begnügte sie sich mit Miniatur in der Form des Epigramms, und es ist gewiß nichts Weltbewegendes, was sie uns sagt, wie in der rührenden Klage um den Tod ihres Lieblingshundes. Man scherze immerhin, ich sei in meiner Darstellung auf den Hund gekommen, aber doch auf die Hündin einer Dichterin. Diese hier vorzuführen kann ich mich nicht enthalten:

Maira, meine Hündin, tot! mein braves Tier!
Im Gestrüpp, dem wurzelreichen, starbst du mir.
Stets die schnellste du der Schnellen,
Und wie lieb war mir dein Bellen!
Die buntfarbige Schlange aber war's gewiß,
Die dich giftig in das flinke Füßchen biß.

Wer sieht da nicht die liebe Frau in ihrem Kummer und das einst so muntere Tier, das nun verendet ist! Jedenfalls tragen die Sachen der Anyte den Stempel des Klassischen, der Meisterschaft, jener Vollkommenheit im kleinen, die uns auch schon Sappho gezeigt hat.

Wir haben uns bisher nach Möglichkeit in den gut bürgerlichen Kreisen gehalten und von den Vertreterinnen der freien Liebe abgesehen. Aber ohne sie, die sogenannten Hetären, ist kein Griechentum denkbar, und eine neue Seite des Gesellschaftslebens tut sich, indem wir bei ihnen verweilen, auf. Wir tun dabei einen Sprung in das außereheliche Liebesleben der Antike, das dem Leichtsinn und den gesetzlosen Trieben der Herren der Schöpfung diente. Gewiß hat Demokrit, der lachende Philosoph, bei allem Stirnrunzeln, wenn er dem zusah, eine gewisse Munterkeit gewahrt. Parallelen mit Zuständen der Gegenwart ziehe ich nicht; sie stellen sich von selbst heraus. Jene Kameradinnen von Beruf haben aber doch auch, so verächtlich die große Masse von ihnen war, als Trägerinnen der Bildung auf die Männerwelt und auf die Gesamtkultur vielfach wertvollen Einfluß gewonnen.

Dieser Stand der Hetären ist eine speziell griechische gesellschaftliche Erscheinung gewesen, den Ehefrauen natürlich verhaßt, aber von den Philosophen und Moralisten, wie wir schon sahen, geduldet.[8] Der Römer lehnte sie anfangs ausdrücklich ab;[9] aber auch den Persern war sie fremd, denen zur sexuellen Befriedigung ihr Harem bereit stand.

Etwa seit dem 6. Jahrhundert v. Chr. tritt die Erscheinung in unseren Gesichtskreis; sie mag von den Griechinnen Kleinasiens ausgegangen sein.

Über die Frivolität und Verworfenheit jener Weiber, die oft ins schamlos Freche ging, ließen sich Bände reden. Für Geld wird die Nacht gewährt, mit den Männern der Tag beim Wein verjubelt. Das Geld listet der Jüngling dem Vater ab; denn die Mutter gibt es nicht; der Vater aber treibt es oft noch ärger als der Sohn. So unergiebig die Nachrichten der Alten für die Ehefrau sind, so geschwätzig sind sie hier und nennen uns tausend hübsche Namen. Das Normale ist eben uninteressant, weil es das Alltägliche ist. Man braucht doch schließlich auch etwas Abenteuer, etwas krumme Wege im Lebensgang, und nur von der Bohème und der Venus vulgivaga lohnte es sich zu reden, wobei sich in den Berichten das kitzelnde Wohlgefühl verrät, das eintritt, wo sich mit dem ehrlichen Entsetzen das kaustische Vergnügen mischt. Mit vollständigen Biographien dieser Personen halten sich die Berichte natürlich nicht auf. Nur allemal provozierende Einzelheiten werden uns aufgetischt.

Man muß aber Unterschiede machen, wie sich von selbst versteht. Es waren sehr verschiedene Sorten, die man Kameradinnen nannte. Vor allem fallen hier die eigentlich Prostituierten, die die Kuppler verhandelten, ganz fort.[10] Die Personen, von denen ich handeln will, waren oftmals Mädchen aus bester Kinderstube,[11] die sich zu Hause langweilten und überflüssig fühlten; es waren eben der Töchter zu viel im Haus, und sie konnten nicht alle heiraten. Sie fanden einen Freund, mit dem sich etwas wagen ließ; am besten, wenn er reich war. Man konnte da mit Eleganz Karriere machen und den Verehrer abstoßen, wenn man wollte. So waren sie in der Lage, ein eigenes Haus mit Dienerschaft zu machen, oder sie mieteten sich doch ein paar Stuben, womöglich zu ebener Erde, um zu empfangen. Nur wirklich hübsche Damen von gesellschaftlichen Talenten und verfeinertem Geschmack konnten freilich solche Laufbahn riskieren.

Vor allem die Schönheit. Das war der Phrynen erste Tugend. „Erblindet die Sonne nicht," so hören wir rufen, „wenn du den Glanz ihres Leibes siehst?"[12] „Um eine wie die Laïs könnte, wie um Helena, die schönste der Schönen, ein Krieg entstehen."[13] Dazu kommen aber auch die feinen Manieren, und es wird gerühmt, wie appetitlich sie essen; gibt es Braten, da pflücken sie vom Fleisch immer nur ein kleines Stückchen ab;[14] denn man aß im klassischen Altertum bekanntlich nur mit den Fingern; Messer und Gabel gehören den Epigonen.

Aber das Personal rekrutierte sich auch aus ganz anderen Schichten der Bevölkerung. Da sind die Mütter, die in Armut leben; der Mann fehlt, der die Familie versorgt, und sie geben ihre Tochter dahin, damit sie das tägliche Geld ins Haus bringt. Was kostet die Nacht? Die Tochter aber gehorcht mit Freuden. Sie kann nun etwas erleben und braucht nicht mehr zu hungern.[15]

So bauen sich diese ehelosen jungen Weiber selbst flott ihr Leben auf, nur zu oft ein Liebesleben ohne Liebe; der Männerfang das tägliche

Brot; sich selbst zu verlieben war unpraktisch. Ihre geschmeidige Schönheit, ihr lachender Witz war das Kapital, das sie einzusetzen hatten.

Und nur keine Verschämtheit! Man muß die Reize spielen lassen. Die gepflegteren Frauen mieden zwar den Sonnenbrand, um stets weiße Haut zu haben, und von einer Nacktkultur konnte nicht die Rede sein. Braungebrannt der Männerleib, schneeweiß, dem Schwanen gleich, die Frau, war das Dogma und die betonte Antithese der Antike, und das künstliche Kaffeebraun unserer modernen sportelnden Aphroditen hätte damals als völlig pervers gegolten. Wozu dem Bauernweib gleichen, das auf den Bergen die Ziegen melkt?

Um so wirksamer aber war in geschlossenen Räumen bei künstlicher Beleuchtung die teilweise Entblößung. So kamen zu den Gastgelagen der jungen Männer die Hetären verführerisch mit offenen Armen, Nacken und Brüsten, dazu schön frisiert; Spangen und klirrendes Schmuckgehänge hoben die Reize. Dazu das Parfümieren, der Myrrhenduft. Die Klügsten freilich parfümierten sich nicht; denn es heißt: „Das Mädchen riecht am schönsten, das nach gar nichts riecht."[16] Dauerwellen gab es noch nicht, und sie mußten sich das Haar immer neu aufbauen vor jedem Ausgang. Gelegentlich läßt man ihnen darum sagen: „Schnelligkeit erwünscht! einfache Frisur genügt!"[17] Endlich mußten sie sich auch auf das Trinken verstehen — es gab Wein in Wasser —, und das fiel ihnen nicht schwer. Die antiken Frauen, auch die ehrbarsten, haben dem Wein stets so zugesprochen, wenn sie dursteten, da es sonst keine trinkbaren Genußmittel gab.

Auf der Straße traten die Hetären dagegen nur voll bekleidet auf, das war selbstverständlich, so auch, wenn es Landpartien der Jugend gab, wo man naturschwärmte und wo sie nicht fehlen durften. Da war die muntere Gesellschaft gleichsam Staffage in der wundervollen griechischen Landschaft, und die Göttin Venus konnte vom Himmel her an dem Bild ihre Freude haben. Alles das ist das ewig Gestrige, man kann auch sagen, das ewig Heutige. Es wäre müßig, wollte ich noch von Umarmungen und von Küssen reden, die übrigens gar nicht oft erwähnt werden, und es bleibt nur noch hinzuzufügen, daß es auch Magdalenen gab oder daß auch die Verführung damals wie zu allen Zeiten ihre tragische Rolle spielte; es sind die Geschichten vom gefallenen Mädchen, das ehrlich dem Treuversprechen geglaubt hat, bestimmt auf Heirat hofft und enttäuscht unter Tränen in die Halbwelt hinabgleitet, da sie sich dem Treulosen gutgläubig hingegeben hatte. Sie kann nicht mehr zurück. Dies war ein schönes Thema für das bürgerliche Familiendrama, wie wir es bei Menander wirkungsvoll verwendet finden.

Aber auch Rettungen gab es, und dies betraf die Prostituierten, die der Mädchenhändler oder Kuppler als Ware lieferte. Auch solche Wesen waren oft guter Herkunft und nur durch Mißgeschick in des Menschen Hände gekommen. Der Liebhaber befreit sie; er kauft sie dem Kuppler ab. Es ist die *empta amica*,[18] und sie hat es nun doch zeitweilig gut, wenn der Freund nicht abspringt. Es kam sogar vor, daß solches Verhältnis im Ehestand endete, und eine Verworfene dieser Art wird in Syrakus sogar Königin.[19] Leider sind solche Rettungen zumeist vergeblich, und wir erfahren nicht, ob die Ehe, die da der hohe Herr gewagt hat, glücklich verlief.

Glück und Unglück, es ist verschieden verteilt, auch in diesen Kreisen. Vielen ging es nur allzu kläglich. Es waren die schäbig gemeinen Freudenmädchen der Großstadt, die nicht nur im Dunkeln, sondern am hellen Tag durch die Gassen auf den „Strich" gingen oder auf den Brücken, wo enge Passage ist, lockend standen und lauerten, um Männer zu fangen: ein Flüstern, ein lüsternes Liedchen, ein Zerren am Rock. Mitunter trugen sie dabei (denn man muß erfinderisch sein) Schuhe mit Nägeln unter der Sohle; die Nägel hatten Buchstabenform. Die Buchstaben prägten sich ab, und die Männerwelt konnte so im Sande lesen: „Komm' mit." Solch ein Schuh ist wirklich aus der Antike erhalten.[20]

Kraß ist der Gegensatz, wenn wir nun von den großen Damen, den erfolggekrönten Kameradinnen lesen, die man die „hochbezahlten" nannte,[21] die sich in der Plutokratie festgesetzt hatten und die, solange sie jung, wie die Fürstinnen leben konnten, so daß ihr Ruhm weit über die Lande ging. Die Bewerber überbieten sich. Wer hat nicht von der Phryne und Laïs gehört? Man nennt uns die Preise, die sie forderten. Laïs verlangte vom großen Redner Demosthenes, dem sie einleuchtete und der zu den Großkapitalisten gehörte, rund 10000 Drachmen. Aber er besann sich doch und sagte: „So teuer kaufe ich die Reue nicht".[22]

Elegant und herausfordernd üppig ist ihre Haushaltung; Sauberkeit verstand sich von selbst. Wehe aber dem tollen Verliebten, dem armen Reichen, den sie geknechtet hatten; den ganzen Hausstand hatte er auf dem Rücken.[23] Ihre Methode ist die bekannte, sich kostbar zu machen, d. h. so lange sich frostig zu versagen, bis der Bewerber vor ihrem Hochmut in die Knie sinkt und seine ganze Börse öffnet. Der Portier oder die Zofe sagt: unsere Herrin empfängt heute nicht; sie ist nicht wohl; sie badet; sie will eben abreisen. Es gibt immer Ausreden genug. Nicht die Axt, nur das Gold öffnet solche Türen. Mit welchen Mitteln sie im übrigen operierten, setzte der Lustspieldichter Alexis von der Bühne herab den Athenern mit Wohlbehagen und auf das ausführlichste auseinander, was auf uns den Eindruck erweckt, daß das breitere Publikum selbst von diesem Treiben damals noch wenig Kenntnis hatte.[24]

Immer auffälliger trat dies Getriebe dann aber in den Vordergrund des Lebens, und wir lernen nun die Stars und eigentlichen Größen dieser Halbwelt kennen. Hunderte von Namen werden uns mit Wichtigkeit registriert; denn alles redete jetzt von ihnen. Kein erheblicher Mann, ob Ehemann oder Junggesell, war mehr ohne solche interessante Freundin zu denken, und das Publikum freute sich daran, ihnen verherrlichende oder auch ironische Spitznamen zu geben. Die eine hieß die Sardelle, weil sie so schlank war, die andere die Axt, weil sie mit jeder Forderung durchdrang, die dritte die Lampe; denn die antiken Öllampen brauchten immer neuen Aufguß; so die Person immer neuen Zuschuß usf.

Frei und sehr unverlegen war aber auch ihr eigener Redeton. Ist es ein älterer Herr, der noch Zärtlichkeit will, so redet sie ihn „Väterchen" an; ist er jung, heißt es „mein kleiner Liebling".[25] Das klingt noch lustig und ließ sich hinnehmen. Frecher schon, wenn sie sagt: „Der Mensch hat Geld; er ist der Fisch, den man kochen muß, solang' er noch frisch ist," d. h. noch bei Geld ist.[26] Die meisten Hetärenwitze und schnöden Redewendungen, die man mit Begierde sammelte oder auch hinzuerfand, sind von Anstand so weit entfernt, daß man selbst Anstand nehmen muß, sie wiederzugeben.

Gnathaina hieß die vielgesuchte und immerhin geistreiche Person, die da mitsamt ihrer Tochter in solchen Wendungen exzellierte. Sogar einen erhabenen Vers aus des Sophokles Tragödien sehen wir da wortgetreu, aber so verwendet, als redete Sophokles von obszönen Dingen.[27] Man ersieht aber daraus: diese Weiber kannten die Tragödien, lernten Stellen daraus auswendig; sie beherrschten zu gewissem Grade die Literatur.

Dafür, daß ihre Gespräche auch in feinerem Sinn geistreich verliefen, sei ein Beispiel noch hinzugefügt. Man trank den Wein nur mit Wasser vermischt. Zuerst kam das Wasser in den Becher. Nun hat der Jüngling seiner Freundin zum Wasser ein gar zu kleines Quantum Wein geschüttet; dazu sagt er wichtig: „Alter Jahrgang, sechzehnjährig!" „Sechzehnjährig und noch so klein?" ist ihre erstaunte Antwort.[28]

So gab es nun unter den Hetären auch Personen edler Haltung und braver Gesinnung, und alles Frivole scheint da wie ausgemerzt. Im Perserkrieg waren es in Korinth, der Stadt, die sonst für das sündigste Leben berüchtigt war, die Hetären, die sich, da die Unterjochung drohte, patriotisch zusammentaten und im Heiligtum der Aphrodite, der Göttin, die sonst vom Krieg nichts wußte, für ganz Hellas um Rettung beteten. Ihr Gebet hatte Erfolg, und die dankbare Stadt stellte ein Verzeichnis ihrer sämtlichen Namen inschriftlich im Tempel auf; für jene Zeit eine seltene Ehrung.[29]

Alkibiades, der Vorkämpfer Athens, ist auf der Flucht; sein Lebenswerk ist gescheitert. Timandra, seine Geliebte, aber begleitete ihn in Treue in jeder Gefahr, auch da nichts mehr zu hoffen war, erlebte seinen Tod, und der geniale Mann, der Stolz Athens, hatte im fremden Land nur sie, die ihm eine würdige Bestattung mit ehrendem Denkstein bereitete. Nach Jahrhunderten noch hat der römische Kaiser Hadrian, der Griechenschwärmer, dies Grab mit Teilnahme aufgesucht.

Im Lustspiel[30] wird uns Thaïs, die Hetäre, vorgeführt, die als Weltdame in aller Vornehmheit die verwickelte Handlung leitet und, indem sie schützend für ein braves Mädchen die Fürsorge auf sich nimmt, für sie sogar das Beglückende, die Ehe, ermöglicht und in die Wege leitet. Sie scheint da die beste der Guten.

Gewiß gibt es solcher Beispiele mehr. Hier sei nur noch an die Danae erinnert. Die Sache spielt im syrischen Königreich. Laodike war die üble Königin Syriens um das Jahr 250 v. Chr.; ihr Gatte war der trunksüchtige König Antiochus II. Dieser stirbt im Jahre 245, und Laodike hat ihn vergiftet. Jetzt will sie auch den Statthalter Sophron in Ephesus aus irgendwelchen Gründen zu Tode bringen. Danae aber ist Sophrons Geliebte. Auch ihr droht, wenn sie eingreift, der Tod; aber sie unternimmt es, Sophron zu warnen; es gelingt ihr, ihn zu retten, und Laodikes Rache folgt. Auf ihren Befehl wird Danae vom Felsen herabgestürzt. Die Geschichtsschreibung hat das nicht vergessen; sie hat uns auch ihr letztes Wort aufbewahrt. Danae rief, in ihrem Gottesglauben erschüttert: „So dankt mir die Gottheit! Von ihr wird Laodike, die den Gatten mordete, der königlichen Ehren gewürdigt, und ich muß dies mein Schicksal erleiden dafür, daß ich den geliebten Mann errettet habe."[31]

So wollen wir nun aber auch andere Verdienste nicht vergessen, die diese Verfechterinnen der freien Liebe in ganz anderer Hinsicht sich erwarben. Ich denke an die, die wie Aspasia mit aufgeschlossenem Sinn das Geistesleben ihrer Zeit mitmachten und förderten, und an die anderen, die, ohne selbst zu schaffen, bei allem Leichtsinn und Übermut und allein schon durch ihr Dasein in der Kunst Epoche machten. Es müssen hier, so bedeutsam der Gegenstand scheint, einige Andeutungen genügen.

Was wären ohne sie die Philosophen jener Zeit

gewesen, die Denker, die ganz in ihr Lebenswerk versunken, auf ein Eheleben verzichteten? Sie brauchten statt dessen einen freieren Verkehr; sie konnten die seelische Anregung, die Wonne am Weibe nicht entbehren. War es nicht viel, daß diese Arbeiter Kameradinnen fanden, die ihnen Erfrischung, Ausspannung, Beruhigung und auch Verständnis brachten? Nur einige Namen seien genannt. Laïs, die vielgewandte, war es, der Aristipp, der Philosoph der Lebensfreude, eine seiner Schriften widmen konnte, und für Epikur ist Leontion der Trost und die vertraute Freundin bis in sein hohes Lebensalter gewesen. Sie lebte *mit* ihm und *in* ihm und teilte seine friedevolle Gedankenwelt. Auch schriftstellerisch ist sie für Epikurs Philosophie in gewandtester Schreibweise eingetreten. So hat aber auch Aristoteles noch, als er Witwer geworden, die Wohltat solcher Freundin gefunden. Für den Gedankenarbeiter, der intensiv seiner Sache lebt, ist die Nähe und die Freundschaft sympathischer und intelligenter Frauen — das wissen wir auch heute —, eine Hilfe, deren Wert unschätzbar; denn sie halten die Seele des Mannes in wohligem Gleichgewicht und für das Leben offen und befruchten sie, da sie elastisch nicht nur Verständnis für sein Werk zeigen, sondern den Kontakt sichern mit dem Pulsschlag der Außenwelt.

Und nun das Leben in der Kunst. Was wäre die Kunst, die nach Geist und nach Schönheit strebt, ohne die Frauen? Das erste, was wir bemerken, und das begreiflichste ist da, daß diese flotten Damen lebendiges Interesse für das Theater zeigten. Sie zeigten nicht nur Interesse für das Theater, sondern das Theater auch für sie. Auffallend und schön und in siegreicher Haltung erschienen sie da, selbst wie eine agierende Person, im offenen Rund der Zuschauersitze in luxuriöser Aufmachung, von der Sonne beschienen zur festlichen Frühlingszeit. Denn das Theater hatte kein Dach. Das gab Sensation, und alles spähte, wenn sie in buntgestickter Gewandung[32] ihren Platz in der Menge suchten. Melissa erhielt davon ihren Spitznamen „der Theaterrührlöffel",[33] und allein schon dies Wort gibt uns Anschauung. Das Publikum war gleichsam ein umgerührter Kuchenteig[34] und blieb nicht auf seinen Sitzen. Man schob sich hinter ihr her, um sie von nahem zu sehen, und das Spiel auf der Bühne selbst mußte aussetzen.

Aber auch den Theaterdichtern traten sie nahe, gewiß ein Gewinn für die Dichter selbst. Zwei führende Lustspieldichter nenne ich, Menander und Diphilus. Glykera gewann Menanders intime Freundschaft; jedes Erscheinen seiner Werke war ihr ein Ereignis, und sie schlich zitternd hinter die Kulissen, um den Erfolg zu erleben. Ohne sie ist dieses Dichters Dichten nicht denkbar. .Er, der so oft in seinen Stücken Hetären auftreten ließ, sollte von ihr nicht angeregt worden sein?

Bestimmter läßt sich diese Frage für Diphilus bejahen. Ihm stand zeitweilig die witzige Gnathaina, die ich schon nannte, zur Seite. Sie kontrollierte mit Sorgfalt und zugleich mit Besorgnis seine Dramen und suchte zu verhindern, da er ihre

Lebensweise kannte, daß er schlimme Dinge, die sie selbst erlebte, auf die Bühne brachte,[35] übte aber, was wertvoller war, auch Kritik an seinen Stücken; nicht seine Lustspiele selbst tadelte sie; diese aber wurden vom Dichter mit obligaten Einführungen oder Prologen eröffnet, die sich augenscheinlich in ihrer Einförmigkeit bemängeln ließen, und so sagte sie zu ihm, ausfällig, wie sie war: „Die Prologe, die du da schreibst, sind frostiger als mein Weinkühler."[36] Was ist für den literarischen Produzenten nützlicher als ein kluges Weib, das er liebt und das an den Werken, die entstehen, die Mängel feststellt, je drastischer, je besser?

Von derselben Gnathaina gab es übrigens ein Büchlein „Über das Benehmen bei Tische". Nach den Regeln, die sie da aufstellte, mußten die, die bei ihr und bei ihrer Tochter ein- und ausgingen, sich richten.[37] Von dem Philologen Kallimachus wurde das Büchlein, so klein es war, für wert gefunden, in dem Bücherkatalog der großen alexandrinischen Bibliothek mit verzeichnet zu werden. Der Gelehrte zählte sogar die Zeilen ab; es waren nur 323 Zeilen.[38]

Ganz anders nun aber und tief einschneidend ist der Einfluß der Hetären auf die bildende Kunst gewesen. Ich nannte ihn epochemachend. Sie haben nicht etwa selbst gemalt und gemeißelt, aber sie wirkten durch ihre Existenz; denn sie standen Modell.

Es ist das große Ereignis — man mag es feiern oder verdammen — des Siegs der Nacktheit in der Plastik und Malerei. Da tönt uns der Name der Phryne entgegen, der beispiellos schönen. Das

Antlitz war das geringste; es handelt sich um die Körperschöne. Phryne war die Geliebte und Beherrscherin des Meisters Praxiteles. Praxiteles wagte es, in der Großplastik zum erstenmal ein Weib nackt herzustellen. Es war die Aphrodite, jene Venus von Knidos, die man im Tempel der genannten Insel aufstellte, zu der dann die Welt jahrhundertelang gewallfahrtet ist und deren antike Repliken im Vatikan oder in der Münchener Glyptothek oder in Dresden noch heute als der Sieg idealer Frauenschönheit empfunden werden. Aber man müßte Zeitgenosse jener Zeiten sein, um das Ereignis, das alt-feststehende Anschauungen entwurzelte, mitzuerleben. Phryne stand ohne Scheu dem Meister dazu Modell, ein Opfer, das sie dem Hochtrieb der Kunst und gewiß ohne viel Sträuben brachte. Ihr Anblick, den sie dem Künstler frei gestattete, hat ihn zu dieser Großtat angeregt.

Und sofort bog die Künstlerschaft ein auf die neue Bahn, die sich aufgetan hatte. Nackte Jünglinge zu bilden, das war seit langem üblich; der Sportboden, wo sie sich so zeigten, hatte dazu den Weg gewiesen, und solche Bildwerke gaben bisher, was man als Ideal empfand. Jetzt wollte man auch die Frauen so sehen, Frauen in ewiger Jugend. Vom Freibad wurde das Motiv hergenommen. Der Maler Apelles durfte sehen, wie dieselbe Phryne sich im Meer badete, und malte danach sein Meisterwerk, die Anadyomene, die meergeborene Aphrodite, die wunderbar aus der See sich hebt. Alle Scheu war geschwunden. Ein Schritt weiter, und die „Kallipygos" entstand.[39] Sie zeigt uns das Weib, das sich an ihrer eigenen Wohlgestalt weidet.

Auch das Publikum lebte sich rasch ein, in dem Grade, daß, als Phryne, der Gottlosigkeit angeklagt, vor Gericht erscheinen muß, der Anwalt, der sie verteidigt, schließlich ihr Gewand herunterreißt, und die Richter stehen geblendet und sprechen sie frei.[40] Und so wirkte die Tendenz dann folgerecht weiter; auch die Iphigenie in Aulis, die der Göttin Artemis geopfert werden soll, wird jetzt nackend von den Opferdienern zum Altar geschleppt. Solche Bilder häufen sich.

In der Kleinkunst der Vasenmalerei aber sieht man nun auch die Hetären selbst in ihrem Treiben ebenso entblößt und frei enthüllten Leibes, die zu den Männern gesellt auf den Polstern lagern. Diese so bemalten Gefäße stellte man in die Gräber; auch die Toten sollten daran noch sich freuen. Die ideale Frau war jetzt die nackte Frau, die Frau an sich: Eva im Paradiese. Das hat fortan die ganze Antike beherrscht; die Renaissance nahm es wieder auf, und es wirkt bis heute. Woher das alles? Es war das Verdienst der Phryne.

Begreiflich danach aber, daß in diesen Frauen selbst der Kunstsinn und Kunstverstand wach wurden. Auch hiervon hören wir. Die Kapitalistinnen unter ihnen oder die „Hochbezahlten" lassen sich herbei, ihrerseits Stiftungen großen Stils zu machen, und eine gewisse Lamia baut eine Schmuckhalle für das Publikum in der Stadt Sikyon; Glykera erwirbt die Erosstatue des Praxiteles und bringt sie als Schenkung zur Aufstellung in Thesbiä. Eine Porträtstatue der Phryne selbst von desselben Praxiteles Hand wird in Delphi vergoldet auf marmornem Sockel aufgestellt. Dieselbe Phryne hatte sich erboten, die Stadt Theben, die Alexander der Große soeben zerstört hatte, wieder aufzubauen mit der prahlenden Inschrift: „Zerstört durch Alexander, wieder hergestellt durch Phryne, die Hetäre." Dies nicht allzu bescheidene Anerbieten wurde freilich abgelehnt. Das Ultra war wohl das monumentale Grabgebäude, das der Millionenräuber Harpagus, der üble Finanzmann Alexanders des Großen, seiner üppigen Geliebten Pythionike in Babylon errichtet hat. Die Sache wirkte wie ein Skandal, und Pythionike hatte daran kein anderes Verdienst, als daß sie rechtzeitig starb, um den Künstlern, die sich zu überbieten suchten, eine neue, große Aufgabe zu stellen.

Man wird sich nun nicht wundern, und dies ist das Letzte, daß die großen Kurtisanen an den Königshöfen der Nachfolger Alexanders auch auf die Politik Einfluß gewannen. Ebenbürtige Vorgängerinnen der Pompadour und Maintenon fehlten nicht; es gab deren wohl nur zu viele, aber ihr Einfluß ist gewiß zumeist ein ungünstiger gewesen. Ich weiß von keinem Beispiel des Gegenteils, aber verweile nicht hierbei. Wichtiger und bedenklicher ist die Wahrnehmung, daß in den Zeiten des Hellenismus das Junggesellentum, die Sucht nach freier Liebe, die Kameradschaftsehe auf Kündigung und ohne Bindung, immer weitere Kreise zog in der sogenannten gebildeten Welt oder in den höheren Ständen.[41] Viele Beispiele dafür sind schon gegeben. Die Dirne lacht, die Ehefrau weint: diesen Kontrast, der für diese Zeiten typisch war, stellte schon Praxiteles in zwei Statuen dar, die er sich gegenüber stellte.[42] Das war zeitgemäß.

Und so wurden die Hetären auch an den Königshöfen zu einer Macht. Es waren herrliche, willensstarke Männer mazedonischen Blutes, die als Erben Alexanders Mazedonien übernahmen und die Königreiche Syrien, Ägypten und Pergamon gründeten. Aber ihr Blut entartete durch freie Sitten im Lauf der Zeiten. Für das Haus der Ptolemäer in Ägypten erhalten wir darüber die ausschweifendsten Nachrichten. Kanobus hieß da der Freudenort, wo Rausch und Lüsternheit sich ergingen. Agathokleia, die Hetäre, zu nennen, genüge hier; sie richtete unter dem vierten Ptolemäer das ganze Königreich zugrunde.[43] Diese Herrscher hatten einst den Harem der Perser im fernen Asien kennen und schätzen gelernt; aber die Schönen lebten an ihrem Hofe freier und ungebundener als jene Perserinnen. Es wurde zum Schönheitskultus. Man vergöttlichte solche Personen positiv und offiziell, schlug ihr Bild sogar auf die Münzen, und so gingen sie im Volk der Untertanen, das sie verachteten, um, und die sittsamen Hausfrauen mußten solches Hetärengeld zusammensparen, um ihren Hausstand zu bestreiten.

Das Geld ein Segen, das Geld ein Fluch. Schlimm war es, wenn es diesen Phrynen endlich selber ausging, wenn es nicht mehr im Kasten klang, wenn sie verarmten. Sie wußten nicht zu sparen. Das Alter drohte. Sie fürchteten sich davor, wie man sich vor der Schlange im Dunkeln fürchtet. Die Runzeln sind da; das Haar fällt aus, wohl auch die Zähne. Keine Schminke hilft mehr, ob Purpurschminke, ob Bleiweiß. Der Spiegel wird weggetan; sie mögen sich nicht mehr sehen.[44] Und so scheint es angesichts dieser trüben Tatsache an der Zeit, endlich unsrerseits von ihnen Abschied zu nehmen. Es ist fast Mitleid, das wir empfinden. Ganz anders dagegen die griechische Männerwelt. Die hatte nur Hohn. Diese Personen glichen dem Piratenschiff, das auf Raub ausgeht;[45] jetzt war es gekentert. Oder es heißt: Sie sind wie die Adler. Wenn die Adler jung sind, fangen sie sich Schafe und Hasen, soviel sie wollen; wenn sie alt, da sitzen sie hungernd auf den Tempeldächern, um sich vom Opferaltar in der Not den letzten Bissen zu stehlen. Solch hungernder Adler war auch die Laïs, als es mit ihr zu Ende ging.[46] Es war die Laïs aus Korinth, auf deren Grabstein stand: „Ganz Hellas war von ihr geknechtet."[47]

ACHTES KAPITEL

MAZEDONISCHE FÜRSTINNEN

Es nähert sich und vollendet sich, während im Orient der Hellenismus sich auslebt, im 3.—1. Jahrhundert v. Chr. das Eingreifen Roms, und um unsrer Aufgabe zu genügen, ist es nötig kurz hierbei zu verweilen. Denn die Gestalten, nach denen wir fragen, treten auf die Bühne der Weltgeschichte und brauchen die Andeutung des Hintergrundes, aus dem sie hervortreten.

Jene Könige, die ich nannte, lagen untereinander in steter Fehde. Eine geschlossene Front bildeten sie nicht. Man balgte sich um größere oder kleinere Fetzen Land. Die Werbetrommel ging um. Immer neue Söldnerheere, immer neue Kriegsflotten wurden verbraucht. Mochten sie draufgehen. Die Landeskultur wurde trotz allem planvoll geschont, keine Stadt in Asche gelegt, und der Reichtum blühte im Orient all-überall lockend für Rom.

Ägypten, räumlich ein so schmächtiges Land, aber das beneidete Land des Reichtums, drängte immer wieder gegen den korpulenten Nachbar Syrien vor, das Reich, dessen Grenzen nach allen Seiten offen und das stets um seine Integrität zu kämpfen hatte. Das große Geschlecht der Seleuziden geht an dieser Aufgabe zugrunde. Auf dem Umland des alten Troja baute gegen Syrien das pergamenische Reich sich auf. Lysimachus, einer der großen Paladine Alexanders des Großen, machte sich zum König von Thrazien; dies Königtum hatte indes nur kurze Dauer, während in Mazedonien, dem Stammland Alexanders, aus dem auch alle jene Könige mit ihren Königinnen sich herleiteten, die Nachkommen des Demetrius Poliorketes ihre Kraft verbrauchten, um sich über das kleine Griechenland, von dem einst alle Herrlichkeit ausgegangen war, die Hegemonie zu sichern. Im Westen dagegen reckte sich beängstigend die Macht der ewig kämpfenden, ewig siegreichen und immer noch mit sich einigen Republik Rom, die beutegierig wie ein enormer Vielfüßler alles niedertretend schon Karthago niederrang, auf Sizilien, Tunesien, Spanien, Südfrankreich und auch schon auf die Balkanhalbinsel den Fuß gesetzt hatte. Was aber versprach mehr Beute als der Orient? Die Methode der Römer war, sich als Bundesgenosse in die Händel einzumischen, und wehe dem Bundesgenossen, dem Rom half! Mitten im Jubel der Dankbarkeit war er schon geknechtet, zugleich der gemeinsame Feind in seiner Kraft erschüttert. So geschah es wieder und wieder: die Gesandten Roms traten in den Residenzen des Morgenlands wie die Könige auf; jedes Wort offene oder versteckte Drohung.

Der Orient war in der Defensive. Welcher der Könige würde aggressiv Rom zu bändigen versuchen? Oder sollte gar eine Frau es tun?

Die Degeneration der Königshäuser, von denen ich sprach, setzte erst später ein. Es waren ritterliche und starkblütige Geschlechter, die stolzen

Erben Alexanders und seiner Kriegskunst. Aber auch Frauen spielten in jenem blutigen und verschlagenen Spiel des politischen Lebens mit. Der Schatten der Pheretime von Kyrene steigt wieder vor uns auf. Viele Namen ließen sich nennen.[1]

Da sind schon gleich die Frauen, die das bunte Liebesleben und Fechterleben Demetrius des Schönen interessant machten. Es ist jener Kriegsheld Demetrius, den man den Städtebedränger, Poliorketes, nannte. Der Mensch des frohen Augenblicks, auf den die ganze Welt wie geblendet blickte; die Schlacht sein Sport; ein Großmeister des Belagerungswesens und des Blockierens; Alexander das Vorbild seines Ehrgeizes; die Jagd nach Kronen füllte sein Leben aus. Aber er hat vielleicht mehr Frauenherzen als Städte geknickt. Unstet und tollkühn in jeder Gefahr, dabei pomphaft und überheblich im Schenken und Rauben, nahm er als Soldat und Heerführer seine Siege und Niederlagen wie ergötzliche Abenteuer hin, ebenso aber auch die Anbetung pikanter Weiber jeder Herkunft. Hetären sein Gefolge; er brauchte ihre Schmeicheleien. Nur eine von diesen unterjochte ihn; er verfiel ihr ganz: eine griechische Person aus Ägypten, Flötenbläserin von Beruf. Er fand sie in der Beute, die er dem ägyptischen Ptolemäus in der Schlacht bei Zypern abnahm. Lamia hieß sie. Die Person war älter als er und reichlich verblüht, aber mondän in Aufputz und Geste und immer lustig und riß ihn allein durch ihr Raffinement zu den tollsten Huldigungen hin. Lysimachus, der König Thraziens, als er dem zusah, sagte höhnisch: „Eine Dirne führst du auf die tragische Bühne der Weltgeschichte!" Demetrius erwiderte: „Sie ist anständiger als deine Quasi-Penelope, die du zu Hause sitzen hast." Es schien paradox, daß er Phila, die Gattin, weil sie zu alt war, vernachlässigte und an dieser Lamia unterwürfig festhielt. Beim Gelage blies sie virtuos die Flöte, und er verlangte, daß man sie bewunderte. Aber man nannte sie nur höhnisch die alte Schachtel. Begreiflich. Man denke sich nur die Welkgewordene mit den aufgeblasenen Backen und der leidigen Doppelflöte zwischen den Zähnen. Es muß kein lieblicher Anblick gewesen sein.

Aber da war auch eine Königin mazedonischen Blutes, eine junge Schönheit, frisch-verwegen wie so viele dieser Damen. Sie war schon Witwe. Nach ihren Erfolgen nannte sie sich Kratesipolis, d. h. die Stadtbezwingerin.[2] Ihr Vater hatte ihr eine kleine Armee in die Hand gespielt; damit eroberte sie kühn und selbst in Waffen die schöne Stadt Sikyon im Peloponnes. Bürger dieser Stadt hatten nämlich ihren jungen Gatten ermordet; zum Entgelt ließ sie dort dreißig Männer greifen und kreuzigen[3] und herrschte in Sikyon eine Zeitlang klug und sicher. Auch noch das nahe Korinth, die reiche Handelstadt, eine Kapitaljagdbeute, fiel ihr durch ihren Vater zu. Dann aber wurde ihr das Regieren langweilig. Sie übergab beide Städte großmächtig wie eine Schenkung an den König von Ägypten, ein übermütiger Stoß in die große Politik; ein Zankapfel war damit unter die Könige geworfen. Welch Vergnügen für sie, als sie sich gemächlich in Patras niederließ, um dort ein munteres Privatleben zu führen. Es war das Jahr 307. Da hört sie von Demetrius, dem schönen, der eben um die Stadt Megara kämpfte, übrigens damals in Athen als König und Königssohn mit gotteslästerlichem Aufwand sich feiern ließ. Die Neugier war gegenseitig; auch er hatte schon von ihr gehört, und er besuchte sie.

Das königliche Rendezvous sollte aber durchaus geheim bleiben, und so ließ er in der Nähe auf offenem Land ein Zelt aufschlagen. Da waren sie unbeobachtet. Nicht einmal Bewaffnete hatte er zu ihrem Schutz aufgestellt. Aber dies rächte sich. Feindliche Leute aus Megara überfielen im Dunkel ihr Zelt, und beide huschten nach rechts und links, mutmaßlich auf Nimmerwiedersehen, davon.[4] Das Ganze höchst romantisch, aber wie eine Operettenszene der Weltgeschichte.

*

Von all seinen Abenteuern, den großen und kleinen, erfuhr seine edle Gemahlin Phila nur aus der Ferne. Es war seine Penelope, die er auf seiner Laufbahn hinter sich ließ. Sie war schon Witwe, als er als junger Mensch und eben flügge, sie heiraten mußte.[5] Verweilen wir auch bei ihr.

Auch sie war vornehmen Blutes, die Tochter des alten Haudegen Antipater, den Alexander der Große zum Statthalter seines mazedonischen Landes gemacht hatte.

Dem Demetrius schien es genug, daß Phila ihm zwei Kinder gegeben hatte. Für einen Thronerben war damit gesorgt, und es fehlte nur noch die Krone. Sie hatte die Wonne erlebt, den schönsten Jüngling ritterlicher Art in ihren Armen zu halten. Er aber: was sollte sie ihm noch? So ist sie die tragische Figur, die einsam und fast unbeachtet im Hintergrund der großen Dinge steht, und es bleibt uns überlassen, ihre Gefühle zu erraten. Sie verübelte ihm nichts, war stolz auf ihn und litt mit ihm, wo er zu leiden schien. Mochte sein Ehrgeiz ihn an der Spitze seiner Söldnerscharen von Schlachtfeld zu Schlachtfeld bis zum Euphrat jagen, als Admiral mit den mächtigen Galeeren von Küste zu Küste des Mittelmeers: ihre Bewunderung folgte ihm. Mochte er mit seinen Hetären öffentlich sich zeigen: dafür hatte sie Verzeihung. Schlimmer war, daß er bei Philas Lebzeiten auch andere Ehen einging, als existierte sie nicht, wie mit der Schwester des Königs Pyrrhus. Auf der Insel Korfu war es die Fürstin Lanassa. Demetrius wollte auf Korfu herrschen; also heiratete er die Lanassa mit der Insel. Das waren Geschäftsehen und nicht auf lange Sicht.

Ein heller Lichtblick mußte es für die so einsam Gelassene sein, als Seleukus, der Großkönig Syriens, ihre Tochter Stratonike zur Ehe begehrte. In großem Aufzug führte Demetrius zunächst allein die Tochter dem Seleukus zu. Aber die Mutter war zur Übergabe der Tochter doch unentbehrlich; auch Phila erschien also zum Akt der Vermählung. Aber es war eine kurze Freude des Wiedersehens. Demetrius trennte sich gleich wieder von ihr, und sie war nun ganz allein gelassen, ohne Tochter und auch ohne den Sohn Antigonus, der längst draußen im Leben und im Waffendienst seines Vaters stand.

Dann trug Demetrius den Krieg gegen Philas

Bruder Kassander, und so blieb auch ein Herzens-
konflikt ihr nicht erspart. Kassander war der
König Mazedoniens. Wie würden die Kämpfe
enden zwischen Bruder und Gatten, und wem
sollte sie den Sieg wünschen?

Da entsann sich Demetrius wieder einmal seiner
Phila. Er rief sie, wo sie ihm nützen konnte, und
sie durfte persönlich einen Ausgleich mit Kassander vermitteln.

Aber es sollte für sie kein Glück geben. Der
Ausgleich war da, aber Kassander starb. Mit
leichtem Griff eroberte sich jetzt Demetrius das
Reich; aber er nahm auch jetzt Phila nicht zu
sich. In allem Pomp begann er in Mazedonien
zu regieren; aber es waren nur sechs Jahre; denn
der großartige Abenteurer verstand kein Friedens-
regiment zu führen. Der junge König Pyrrhus
rückt von Epirus gegen ihn vor; seine Madezonen
verlassen ihn, und der große Mann hat weder
Thron noch Heer und schleicht heimlich über
die Grenze aus seinem Reich davon (i. J. 287
v. Chr.). Es war der Anfang seines Endes.

Wohin? Jetzt endlich kam er zu ihr; er kam
zur Phila. Sie lebte still in Potidäa im nahen
Thrazien.[6] Geächtet, als Flüchtling sah sie ihn,
der ihr so herrlich dünkte. Es kam zu plötzlich.
Da überwältigte sie die Trauer, und sie nahm Gift.

Mit den dürftigsten Worten wird uns dies berichtet; aber sie sind vielsagend; sie lassen uns
tief nachempfinden, wie diese Frau, zu dauern-
dem Verzicht verdammt, gelebt und gelitten hatte,
zugleich aber, daß es für sie des Leidens genug
war. Ihr Weitblick sagte ihr, was kommen würde,

und sie wollte es nicht erleben. So hat sie den enttäuschenden Niedergang und Ausgang des Mannes nicht erlebt,[7] der zwanzig Jahre und länger in jenen Kämpfen um das Erbe Alexanders des Großen die glänzendste Erscheinung gewesen war. Er starb als Gefangener des Seleukus, 54jährig.

*

Aber Phila hatte doch nicht umsonst gelebt. Ihr Sohn Antigonus hatte sich längst als herrschfähig bewährt und erwarb sich dauernd und auch für seine Nachkommen das Königtum in Mazedonien, und ihre schöne Tochter Stratonike war die Königin Syriens, des Reiches geworden, das im Orient damals das ausgedehnteste und großmächtigste war. So teilten sich Philas beide Kinder in die Welt, um die der Vater umsonst gefochten hatte.

Es fragte sich nur, welchem Gatten die junge Königin Stratonike im syrischen Herrscherhause gehören sollte. Die Ehe war zwar mit Seleukus, wir wir sahen, geschlossen, aber ein Konflikt bestand, der lange Zeit denkwürdig schien. Lassen wir uns auch hiervon erzählen; es liest sich, als wäre es einem Roman entnommen.[8]

Der König Seleukus war Witwer und 50jährig, als er des Demetrius junge Tochter als Frau nach Antiochien führte. Aus erster Ehe hatte er einen Sohn Antiochus, und es geschah, daß der Sohn erkrankte. Der Kranke hüllt sich in Stummheit und will nicht genesen. Man weiß nicht, was ihm geschehen ist; der Vater in höchster Sorge. Der Arzt Erasistratus aber errät, daß hier nichts anderes als Verliebtheit im Spiele. Es war dies der berühmte Psychoanalytiker und Pathologe unter den Ärzten jener Zeiten. Wen liebte der Sohn? Vielleicht war ihm, wenn man die Person feststellte, zu helfen. Also verließ der Arzt das Zimmer des Kranken nicht, beobachtete dessen Verhalten, sein Antlitz, seine Augen, sein Zucken in den Händen beim Ab- und Zugehen jugendlicher Personen. Es zeigte sich nichts. Als aber die Stiefmutter Stratonike, die holdselige, herzutrat, waren plötzlich alle Symptome der Liebe da. Welch peinlich bedrohliche Entdeckung! und was sollte geschehen?

Seleukus, der König, liebte seinen Sohn. So beschloß Erasistratus, zu ihm zu gehen, und sagte: „Ich habe das Leiden erkannt; dein Sohn liebt, aber hoffnungslos." „Wen liebt er?" Der Arzt versetzte klug: „Er liebt meine Frau." Seleukos darauf: „So trenne dich von ihr und gib sie ihm hin; denn du siehst, wie wir unglücklich sind."

„Nein," rief der andere; „das würdest auch du nicht tun, wenn Antiochus etwa dein Weib, wenn er Stratonike liebte." Da sagte der König lebhaft und unter Tränen: „O Freund, möchte ein Gott oder irgendein Sterblicher seine Leidenschaft ablenken, da ich sogar mein Königtum [9] hingeben würde, wenn Antiochus mich bäte!" Da ergriff der Arzt des Königs Rechte und sagte: „Wohlan, ich bin hier nicht nötig; denn der Vater selbst, des Weibes Gatte, der König ist hier der beste Hausarzt, der die Heilung bringt." Seleukus verstand, trennte sich großherzig von seinem Weib und gab es dem Sohne. Er hat den Sohn gleichzeitig zum Teilhaber der Regierung erhoben, und Stratonike wurde die Stammuter des großen Seleuzidenhauses.[10]

*

Solche Szene vergegenwärtigt uns flüchtig das Leben und den Lebenston an den Höfen jener Zeiten. Hörten wir nur mehr der Art! Es wäre schön, ein Bilderbuch griechischer Königinnen zu geben, die nicht nur in Antiochien und am Orontes, sondern auch am Nil und in Alexandrien zu finden waren. Jedes der folgenden Jahrhunderte bringt uns ihre Namen. Dasselbe Alexandrien war es, wo auch Kleopatra, die Geliebte Julius Cäsars, residierte, die letzte und die bedeutendste von ihnen allen. Wenden wir uns denn endlich Ägypten zu.

Schon im 3. Jahrhundert v. Chr. zeigten sich auf der Balkanhalbinsel Roms Legionen; schon im 2. Jahrhundert lieferten sie den Seleuziden in Kleinasien Schlachten, wurde Mazedonien, wurde auch Pergamum römisch. Im 1. Jahrhundert sammelte der gefürchtete Sultan Mithridates vom Pontus her noch einmal den ganzen griechischen Orient zum Aufstand gegen Rom. Sulla, Lukull, Pompejus besiegten ihn nacheinander, und Roms Herrschaft in Asien war danach endgültig gesichert. Nur Ägypten allein, das Ägypten der Ptolemäer, hielt sich immer noch selbständig; es wußte zu lavieren, und die Römer fanden nicht Anlaß ihre Legionen auf diese letzte Beute zu hetzen.

Es nimmt sich aus wie ein Wunder; denn es gibt wohl keine Dynastie, die sich mit reinem Blut in ununterbrochener Nachfolge vom Vater zum Sohn so lange gehalten hat wie diese, von Ptolemäus I., dem einstigen Feldherren Alexanders des Großen, bis zu Ptolemäus XIII., dem zweiten der Brüder Kleopatras. Kleopatra war die letzte, die die Krone trug; mit ihr endet das Herrscherhaus. Aber sie war auch die genialste von allen. Eins der größten Dramen der römischen Weltgeschichte spielte sich ab durch sie und kraft ihres Willens. Das Weib, das über Herrscher herrscht, kann alles wagen. Die Hälfte der „Welt" — ich meine der damaligen Welt — mußte vor ihr sich beugen; aber sie wollte mehr. So hat sie den letzten großen Zweikampf des Orients wider den Okzident geführt. Ränke, Liebeszauber, Heroismus, Gewissenlosigkeit und Leichtsinn, alles das genügte noch nicht; die Größe des Ziels mußte hinzukommen.

Zum Verständnis Kleopatras, die hier als Schlußfigur vor uns sich ausleben soll (denn wir wissen viel von ihr), wird es dienlich sein, zuvor an ein paar andere Frauen derselben Rasse zu erinnern, ägyptische Königinnen, die ihr voraufgingen. Denn Art läßt nicht von Art.

Ich denke vor allem an Arsinoe, die an Ehrgeiz ihr glich, wennschon sie keinen Weltkrieg geführt hat. Diese Arsinoe war des ersten Ptolemäus Tochter. Die junge Prinzessin sollte früh heiraten, eine Heirat im Dienst der Politik des Vaters, und so wurde sie ohne Wahl mit Lysimachus, dem König von Thrazien, einem älteren

Witwer, vermählt. Als Realistin grämte sie sich nicht, im Gegenteil, sie hatte Kinder von ihm, beherrschte den Herrscher, und schon setzte die Intrige ein; denn Lysimachus hatte auch einen Sohn erster Ehe. Der steht ihren Kindern im Wege; sie verleumdet ihn, er plane Böses, und der Vater läßt seinen Sohn hinrichten.

Aber sie hat sich verrechnet. Lysimachus gerät mit dem Syrer Seleukus in Krieg, verliert dabei Land und Leben,[11] und Arsinoe muß fliehen. Aber sie hat nun das Herrschen gelernt und kämpft für ihre Söhne. Eine neue Heirat braucht sie. Vielleicht kann sie Königin Mazedoniens werden; denn in Mazedonien herrscht eben ihr Stiefbruder Ptolemäus Keraunos. Werbend nähert sie sich dem unheimlichen Menschen. Er verspricht ihr alles, und die Hochzeit geschieht. Aber der Arge hat sie planvoll betrogen. Sie sieht ihre Söhne sterben; er ließ sie umbringen, und sie ist wieder selbst bedroht. Abermals muß sie flüchten, hilflos, mittellos sich auf ein Schiff werfen. Aber die Herzen dieser Weiber sind hart, und sie trauerte um die Söhne nicht lange.

Nach Ägypten kehrt sie zurück, woher sie stammte. Da herrscht König Ptolemäus II. Philadelphos, ihr leiblicher Bruder, und sie hatte sich diesmal nicht verrechnet. Rasch führte ihre Energie sie jetzt auf die Höhe des Lebens. Der Bruder ist vermählt. Das war kein Hindernis. Sie bewirkt die Ehescheidung, verdrängt die Frau und heiratet selbst ihren Bruder. König und Königin in Geschwisterehe! Das war allerdings etwas Neues, Unerhörtes; Blutschande im Auge der griechischen Welt. Ein Sohn war da, ein Sohn erster Ehe, der künftige Thronfolger; der aber zeigte sich gefügig, und zum Bruch mit ihm kam es nicht.

Gewiß ist nicht der König selbst der Urheber dieses Handels gewesen, sondern allein der Ehrgeiz Arsinoes. Sie konnte daran erinnern, daß ja auch bei den alten Pharaonen Geschwisterehe gebräuchlich gewesen: wozu herrschen wir in Ägypten? Nachfolger sind wir der Pharaonen. Also halten wir es wie sie.

Und die Sache wurde zum Vorbild. Solche Ehen haben sich im Ptolemäerhause wiederholt.

Kein Zweifel, daß sie, Arsinoe, den Gatten völlig beherrscht hat. Er war feinsinnig, aber kränklich, schwächlich, ganz unsoldatisch. Mochte er seinen ästhetischen und gelehrten Interessen leben, eine Gelehrtenakademie gründen, eine Bibliothek schaffen, die alsbald der Weltruhm seiner Hauptstadt war: Arsinoe regierte, und als Machtfaktor im Orient wäre Ägypten ohne sie damals nichts gewesen. Der Brudergemahl erkannte dies auch öffentlich und in extremster Weise an, indem er sein Weib bei Lebzeiten zur Göttin erhob und ihr Tempel baute. Auch solche Vergöttlichung königlicher Personen war altägyptischer Brauch. Ein Tempelfries ist erhalten, auf dem man sie heut noch so dargestellt sieht: Arsinoe die Gottheit; Ptolemäus der anbetend Huldigende.

Ein starker Geist großen Ausmaßes muß diese Frau gewesen sein. Der absolute Herrscher, der, durch Söldner gesichert, in Palästen wohnt, ist für das Volk der Untertanen der Spender alles Segens und Unsegens. Er ist also ein Mittler der Gottheit; er gleicht der Gottheit; sie stellt sich in ihm dar. Denn auch die Götter geben wie er Gutes und Böses und sind launisch wie das Wetter für den Landmann. Daher also das Gottmenschentum der Könige; ein Wandeln des Göttlichen im Fleische. Die Religiosität des Hellenismus war es, die diese Vorstellungen, die uns in den verschiedensten Formen entgegentreten, ausgebildet hat. Auch Kleopatras Geschichte wird uns das zeigen, und die Göttlichkeit der Kaiser Roms ist davon die Fortsetzung gewesen.

Verblaßter als dies Erinnerungsbild ist leider das der Berenike. Ich meine die Gemahlin des dritten Ptolemäus. Viele Frauen dieser Familie trugen übrigens diesen Namen, der echt mazedonischen Klang hat.

Sie stammte aus Kyrene. Über das Königreich der Kyrenaïka, das Nachbarland Ägyptens, herrschten in diesen Zeiten die Ptolemäer; das Land wahrte aber eine gewisse Unabhängigkeit und wurde von Anverwandten des Hauses selbständig regiert. Von dort also stammte diese Berenike und war die rechte Kusine oder „Schwester" zweiten Grades ihres Mannes.[12] Ihr Name aber hat sublimen Klang; denn er steht sozusagen am Himmel geschrieben, und unseren Astronomen ist er geläufig; denn es gibt ein Sternbild, das die Haarlocke der Berenike heißt.

Ihr Haar hatte die junge Königin abgeschnitten und im Tempel geweiht mit dem Gebet um Rettung und Sieg des Königs, ihres Gatten, der in den Krieg gezogen. Das Gebet fand Erhörung, der Sieg wurde erfochten und die Locke dann durch ein Wunder (so dichtete man) zum Himmel erhoben.

Den energischen Typ, der ihrer Rasse eigen war, trug auch diese Frau, aber, wie es scheint, in gelinderen und weiblicheren Formen. Nur einmal tritt sie uns so charaktervoll entgegen. Der König ließ sich, als er Würfel spielte, eine Liste von Sträflingen vorlesen, über deren Hinrichtung oder Begnadigung er entscheiden sollte. Da riß sie dem Vorleser das Buch mit den Worten aus der Hand: „Beim Spiel entscheidet man nicht über Tod und Leben."[13] Das klingt gewiß lobenswert. Sie selbst aber fand ein blutiges Ende. Als ihr Mann starb, galt es den Nachfolger zu bestimmen. Zwei Söhne hatte sie geboren; der ältere erwies sich ihr als völlig untauglich; da ermordete er sie, der Sohn die Mutter, weil sie dem jüngeren die Nachfolge sichern wollte. So kam zum Unsegen für das Reich Ptolemäus IV. ans Regiment.

Gleichwohl hat dieser Sohn alsdann die Mutter, die er mordete, zur Göttin erhoben. Das war obligat, und es war immerhin für Berenike erfreulicher, tot und Göttin zu sein, als mit solchem Sohn zu leben.

Vergöttlichung auch schon bei Lebzeiten, Inzucht bis zur Geschwisterehe, aber auch der Neid und die Herrschgier, die bis zur Tötung der nächsten Blutsverwandten sich durchsetzt, alles dies hat sich auf die Königin Kleopatra, die letzte ihres Stammes, vererbt. Wir werden es sehen. Sie schlug nicht aus der Art, wenn sie Dinge beging, die den humanen Durchschnittseuropäer mit begreiflichem Entsetzen erfüllen.

So nähern wir uns dem Duell Kleopatras mit Rom. Ihre Biographie wird sich uns zu einem Kapitel der Weltgeschichte gestalten.

KLEOPATRA UND ROM

Der Respekt vor der unablässig sich ausdeh-
nenden römischen Macht, die damals im Zweikampf sogar Karthago niederwarf, war in Alexandrien früh gewaltig; aber man kleidete den
Respekt in vornehme freundschaftliche Gesten
und demonstrative Verehrung und wußte sich
behutsam von Konflikten zurückzuhalten. Aber
auch die Freundschaft Roms war gefährlich, das
sich den ganzen übrigen Osten mit Waffengewalt
eroberte, während ihm in Hinblick auf Ägypten
der andere Weg genügte. Der zweite Ptolemäer
selbst war es schon, der der barbarischen West-
macht die Alliance anbot, ein Bündnis, das dauernd den Frieden herstellen sollte.[1] Damals war
Ägypten eine noch ebenbürtige Macht. Aber
dieser dauernde Friedensbund wurde langsam zur
Fessel und zur Knechtung, eine liebreich freundschaftliche Umarmung, die mit Erdrosselung
endete. Wozu gab es die Testamente? Das Reich
Pergamums fiel durch Testament des letzten
dortigen Königs an Rom; warum sollte es mit
Ägypten nicht ebenso gehen? Geduld, der Prozeß
vollzog sich auch hier langsam, aber sicher; Roms
Gesandte setzen sich in Alexandrien fest, erteilen
den Königen fürsorglich Rat und Warnung und
hemmen so ihre Aktionen mehr und mehr.

Im Jahr 201 v. Chr. ist schon ein Römer Le-

pidus Vormund eines Ptolemäerprinzen. Dann
sehen wir, wie ein Ptolemäer um die Hand einer
römischen Bürgerin wirbt; es war Cornelia, die
Mutter der Gracchen;[2] aber sie lehnte ab. Im
Jahre 184 kommt dann zum ersten Male ein
König nach Rom; es ist Ptolemäus Philometor;
Rom soll ihm, da Familienkonflikte bestehen,
sein ägyptisches Kronrecht sichern, und so werden diese Ptolemäer bald zum kriechenden Gesindel. Roms Hand läßt nicht mehr locker; die
Hand schiebt sie, wie sie will, hilft aber nur,
wenn man sie mit Gold füllt. Als im Jahre 81
v. Chr. Ptolemäus Alexander in gleicher Sache
nach Rom kommt, muß er versprechen, für den
Fall seines Todes Rom testamentarisch zum Erben
seines Reichs zu machen.[3] So weit war es da
schon gekommen, und im Jahre 64 berät der hohe
Senat wirklich, ob es nicht Zeit sei, mit gelinder
Gewalt das schöne Erbe anzutreten. Auf demselben Wege war schon im Jahre 97 die Kyrenaïka durch Testament an Rom gefallen.[4] Warum also zögerte man?

Der Retter war diesmal noch Kleopatras Vater,
Ptolemäus XI., ein Vater, dessen sie sich im übrigen nicht rühmen konnte. Wie späterhin der römische Kaiser Nero als Sänger auftrat, so war
dieser König Virtuose als Holzbläser und wurde
darum Auletes, d. h. der Flötist zubenannt; in
allem andern aber der übelste Musikant und
Erbe der Liederlichkeit und Schwäche, die diese
Dynastie seit dem dritten Ptolemäus (Philopator)
heruntergebracht hatte. Dieser Philopator war der
König, der zuerst die Halunkenherrschaft der

Eunuchen als Hausdiener und Staatsdiener an den Hof gebracht hatte.

Durch Bestechung der hochedlen römischen Senatoren, bei denen er antichambrierte, gelang es dem Auletes, den erwähnten bedrohlichen Senatsbeschluß noch zu hintertreiben, was ihn Unsummen kostete, die er nicht hatte. Es geschah auf Anleihe. Julius Cäsar allein hat ihm damals 17½ Millionen Denare geborgt.[5]

Als die Römer dann rücksichtslos die schöne Insel Zypern wegnahmen (sie waren so freundlich, den Ptolemäern die fernere Verwaltung dieses ihres alten Besitzes zu ersparen) und als Auletes hiergegen nicht protestierte, wurde er vom Stadtvolk aus Alexandrien vertrieben, kommt so im Jahre 57 nach Rom, logiert vorteilhaft beim großen Pompejus, dessen Wohlmeinen er sich demonstrativ erworben. Um jeden Preis will er wieder auf den verlorenen Thron zurück und nimmt in Rom aufs neue große Summen auf, wirbt damit um Kriegshilfe, und es gelingt ihm durch des Pompejus Vermittlung.

In Ägypten herrschte indessen des Auletes älteste Tochter Berenike (die Schwester Kleopatras) mit ihrem Gatten Archelaos. Auletes aber hat endlich mit schwerem Geld den römischen Feldherrn Gabinius für sich gewonnen, der ihm die Heimkehr erkämpft.[6] In diesem Kampf fällt Archelaos. Der König Flötenspieler schaltet wieder als Herr im Land, und sein erstes ist, Berenike, seine Tochter, zu töten.

Dies erlebte Kleopatra, die Schwester, als vierzehnjähriges Mädchen. Aber sie erlebte mehr.

Damals hat sie schon mit wachen Sinnen den Mann ihrer Zukunft, den Mark Anton gesehen, mit dem sie ihre Triumphe feiern und sterben sollte. Er hatte als junger Reiteroffizier mit Gabinius den Sieg erfochten und machte, kühn und jung, wie er war, glänzende Figur. Uns wird bezeugt, daß er das wundersame Königskind damals gesehen und bewundert hat. Also sah sie auch ihn.

Von der weiteren heillosen Finanzwirtschaft des Auletes schweige ich. Uns wird gesagt, daß er das ganze Hausvermögen des Königshauses, das für unermeßlich galt, verschleudert hat.[7] Er starb im Jahre 51, und zwar als Witwer, und Kleopatra, die elternlose, sollte nun regieren. War sie dazu vorbereitet? Von ihren Eltern hat sie schwerlich lernen können. Die Erziehung der Prinzen und Prinzessinnen lag in den Händen der Eunuchen. Wennschon sie ihre Rolle sehr bald in überraschender Sicherheit spielte, war sie doch in allem, was sie tat, auf ihre Begabung, auf ihre rassigen Instinkte angewiesen.

Ihr junges Leben begann mit einer Leidenszeit. Als ältestes der Kinder — neben ihren zwei Brüdern und der Schwester Arsinoe — ist sie jetzt Königin auf Grund des Testaments ihres Vaters. Die Regierung aber führt Potheinos, der Eunuch, ein Mensch des kalten Gehirns, wie die Kastraten sind. Schlau, herrschsüchtig, boshaft und ränkevoll treibt er zwar antirömische Politik, will aber die Königskinder im Palast nach Laune beherrschen.

Zunächst heiratet Kleopatra ihren Bruder Ptolemäus XII., der zehn Jahre alt; auch dies

geschah nach den Bestimmungen des väterlichen
Testaments; denn eine Königin ohne König galt
nicht als regierungsfähig. An Fortpflanzung der
Dynastie ist also vorläufig nicht zu denken. Aber
sie kann jetzt schon selbständig handeln, und ein
politischer Instinkt sagte ihr schon damals, daß
ohne römische Hilfe kein Heil. So war das erste,
daß, als zwei vornehme Römer in Ägypten durch
Mord umkamen, die Mörder von ihr gutwillig
ausgeliefert wurden.

Dann kommt sie zu Pompejus in nähere Beziehung, der der Vormund ihres ihr anvermähl-
ten Bruders war. Zu ihrer Freude gab es im Römerreich wieder einmal zerrüttenden Bürgerkrieg; denn Cäsar brach los gegen den Senat und
Pompejus. Es war ein Kampf der Prinzipien,
der die Welt jetzt umgestalten sollte; denn während Pompejus die alte Republik verteidigt, will
Cäsar die Diktatur im Sinn Alexanders des Großen. Schon steht Pompejus auf der Balkanhalbinsel und schickt seinen Sohn zur Kleopatra; er
will von ihr Getreide für seine Truppen. Der
Sohn war geblendet von der Erscheinung der
jungen Fürstin;[8] sie aber schickt dem Pompejus
wirklich das Getreide auf sechzig Lastschiffen.

Dies schien ihr Pflicht, war aber ein Fehlgriff;
denn Cäsar und nicht Pompejus ist der Sieger,
und nun erfaßt sie der Sturm des Schicksals, um
sie hoch zu tragen, und der erste Akt der zwischen Niederlage, Sieg und Tod auf- und ab-
wogenden Kleopatratragödie beginnt.

Mit städtischen Kabalen fing es an. Kleopatra
scheint dem Kastraten Potheinos, dem Haus-

minister, zu eigenmächtig, und ihr Bruder und Gatte, der jetzt vierzehn Jahre zählt und besser lenkbar ist, soll endlich das Heft in die Hände bekommen. Sie trotzt; da wird sie aus dem Palast, aus der Stadt getrieben, und die blutige Feindschaft ist da. Söldner wirbt sie zum Kampf in Syrien an, und ihr Bruder zieht ihr mit Truppen entgegen. Bei der Grenzfestung Pelusium soll es wirklich zur Schlacht kommen.

Inzwischen aber nähert sich Pompejus der Hauptstadt; auf der Flucht kommt er vom Schlachtfeld bei Pharsalos und will, Rast suchend, im Hafen Alexandriens landen. Potheinos hatte ihm gleißnerisch freundliche Aufnahme zugesagt, aber läßt ihn heimtückisch bei der Landung niederstechen. Der große Römer erlag der Hinterlist des Eunuchen.

Da erscheint auch Cäsar, der Sieger. Kleopatra steht noch fern an der syrischen Grenze; aber ihr Herz schlägt höher. Dieser Römer muß ihr helfen.

Der Herr der Welt hatte beim Einzug in Alexandrien einen üblen Empfang. Er hatte die Streitbarkeit und das leidenschaftliche Nationalgefühl dieser Rom ebenbürtigen Weltstadt unterschätzt und nur etwa 3000 Mann[9] zur Sicherung seiner Person mitgebracht. Murren, Tumult, Geschrei empfing ihn, als er mit dem ganzen Pomp eines römischen Konsuls zum Königspalast zog: „Hier ist Ägypten! Was will der Römer in unserem Land?" Aber Cäsar war kein Mann der Furcht. Den Herrscher spielend, lud er zunächst den Ptolemäus zu sich, der noch bei Pelusium stand; und Ptolemäus kam.

Kleopatra konnte sich in die Hauptstadt nicht wagen; denn Potheinos beherrschte mit seiner Kamarilla die Stadt. Aber sie mußte Cäsar sehen, ihm begegnen — sie war sich ihrer Reize bewußt, die zu gut für ihren Bruder waren — und plötzlich kam auch sie. Heimlich kam sie, wie eine Schlange, verkroch sich in einen Sack oder eine Teppichrolle und ließ sich so auf einer Barke durch den Hafen und in den Palast tragen, ungesehen und gewiß eine schmiegsame und leichte Last. Die Rolle tat sich auf, und sie stand vor Cäsar. Es war ein weltgeschichtliches Ereignis; denn Cäsar war sofort gewonnen, bezaubert, umstrickt. Er zählte jetzt 56 Jahre, war verheiratet (in Rom saß Calpurnia, seine kinderlose Frau), war aber der berüchtigte Weiberfreund. Das wußte sie. Nicht umsonst nannte er Venus die Stammutter seines Geschlechtes.

So stand er vor ihr, der hochgewachsene, mit dem fangenden Blick im schwarzen Auge. War dies der Mann, der alle Menschen durchschaute? Sie tat dasselbe. War er allen Situationen gewachsen? Sie war es auch, ein junges Weib vornehmsten mazedonischen Geblüts, erst 21jährig, lebend in einer Ehe, die keine war, aber reif und fesselnd in ihrer fremdartig reizvollen und schlangenhaft siegreichen Natur: in der Haltung souverän und königlich, aber grenzenlos temperamentvoll, sprühend von Lebenskraft, Willenskraft und Intelligenz. Man kann, was Kleopatra bedeutete, allein schon nach ihrem Sprachtalent ermessen, das dem des Wundermanns Mithridates nahe kam; denn sie sprach oder verstand außer griechisch und mazedonisch auch ägyptisch, äthiopisch, hebräisch,[10] syrisch, persisch und nur nicht Latein. Der stolze Römer mußte sich herablassen und im Gespräch sein gutgelerntes Griechisch üben.

Daß sie zum Pompejus gehalten, trug er ihr nicht nach; er beschloß vielmehr, sie zu rehabilitieren, und verlangte im Namen Roms durch öffentlichen Akt die Anerkennung Kleopatras als der rechtmäßigen Königin. Es war ein Wagnis, und er mußte die Folgen tragen; denn sofort brach der Aufstand los; der üble Potheinos, obschon in Cäsars Gewalt, wußte zu hetzen und durch Zuträger alles zu leiten. So kam das ägyptische Heer des Ptolemäus, das noch bei Pelusium stand, herbei, und Kleopatras ehrgeizige Schwester Arsinoe wurde zur Königin ausgerufen.

Und der Krieg ging los, der Straßenkrieg; er wird der alexandrinische Krieg genannt; Arsinoe gegen Kleopatra die Losung. Cäsar in Not; an 40 000 Bewaffnete gegen ihn, darunter sehr viel römische Leute; denn seit langem lebten hier schon Römer, die sich zu Haus unmöglich gemacht und den ägyptischen Untertan spielten. In der Stadt selbst, vor allem am Hafen, zu Land und zu Wasser wird gekämpft. Cäsar ist bedrängt, weiß sich zu wehren, aber eine Niederlage beim Brückenkampf wird ihm nicht erspart; aus dem Schiff muß er ins Meer springen, um sich zu retten. Eine Erlösung, als endlich von auswärts Verstärkung kommt. Den Potheinos hatte Cäsar endlich töten lassen. Ptolemäus aber kam im Gefecht um. Cäsar hatte den jungen König aus dem Gewahrsam, in dem er ihn festhielt, freigelassen unter der Bedingung, daß er Frieden halte. Der junge Mann hatte dies mit Handschlag versprochen, trotzdem aber neuen Kampf eröffnet. Er ertrank im Nil.

Endlich war es in den Straßen still geworden, Arsinoe geflohen. Sie hatte das Königtum sich angemaßt und rettete sich nach Ephesus; erst im Schutz des Heiligtums der ephesischen Diana hoffte sie dauernd sicher zu sein. Einen schweren Verlust aber hatte Alexandrien zu tragen. Cäsar hatte im Hafen ägyptische Kriegsschiffe mit Feuerbrand vernichten lassen; das Feuer hatte sich über die Schiffswerften ausgebreitet; die Fackeln griffen weiter und wurden von der brutalen Mannschaft auch in die naheliegende königliche Bibliothek geworfen. An 70 000 Rollenbücher sind da verbrannt,[11] eine Schande für Rom und für Cäsar; denn die Bibliothek war der Ruhm der Stadt, war der Schatz gewesen, der von hier aus der ganzen Kulturwelt diente. Wo der Funke sprüht, das Feuer hochschlägt — der ganze Hafen ein Flammenmeer — geht die Zerstörungswut hemmungslos weiter.

Für wen hatte Cäsar gekämpft? Nicht nur für sich und seine Rettung; er hatte für Kleopatra gekämpft. Freilich stand er nun herrisch neben ihr als Eroberer im Land und beendet geschäftsmäßig den Regierungsstreit, indem er sie veranlaßt, nunmehr ihren zweiten Bruder, Ptolemäus XIII., zu heiraten, der, da der ältere Bruder gestorben, schon hiernach und durch Sukzession König Ägyptens war. Solches geschah im Jahre

47. Ägypten bleibt damit zwar ein Königreich, aber ist wie das Judäa des Königs Herodes ein Vasallenstaat und an Rom gebunden. Kleopatra aber konnte das ruhig hinnehmen; denn in Wirklichkeit herrschte sie über den Gewaltigen, den alle fürchteten. Sie fühlte sich stolz als Kronenträgerin, er war nur der Mensch ohne Krone; sie die Erbin alter kultureller Traditionen, er doch nur der Emporkömmling. Sie war mehr als er; das fühlte er, das fühlte sie. Sollte auch er zur Krone greifen?

Die Waffen ruhten. In Unterägypten aber lebt es sich schön, um so schöner mit einer jungen Königin. Geraume Zeit noch blieb Cäsar bei ihr, die Muße auskostend, als stünden seine altrepublikanisch gesinnten Gegner nicht in Syrien, in Tunis kampfbereit. Nicht als ihr Herr blieb er, sondern als ihr Gast. Der Verkehr mit ihr war der intimste.[12] Ihre Convivien erstreckten sich die Nacht durch bis zum Morgen.[13] Freilich wußte er diese Zeit der goldenen Muße auch anderen Interessen dienstbar zu machen und unternahm mit ihr eine Nilfahrt über Memphis und Theben hinaus. Eine Kriegsflotte fuhr zur Sicherheit mit stromaufwärts; denn die Frage nach den unerforschten Nilquellen beschäftigte ihn. Aber er genoß mit dem Weibe zugleich — wer kann es bezweifeln? — die Lichtwunder der Sonnenuntergänge, den Zauber der ägyptischen Nächte, die man auch heute bei der Nilfahrt erlebt. Es waren für Cäsar Liebesnächte — bis er endlich sich seiner Pflichten erinnerte.

Er wußte jetzt, was er wollte. Die letzten Widerstände im Reich galt es niederzuwerfen, aber nicht, um erster Bürger unter Bürgern, sondern um König zu sein, wie Alexander der Große es gewesen war. Ein König ohne Krone? Würde Rom ihm die Krone geben, die die Ptolemäerin an ihm vermißte?

Vier seiner Legionen ließ er ihr zum Schutz zurück, aber nicht nur das, auch einen Sohn, den sie gebären sollte. Noch im selben Jahr 47 v. Chr. genas Kleopatra eines Knaben, den sie Cäsarion, den jungen Cäsar, nannte. Damit endlich hatte der Kinderlose einen Erben, der eine Cäsardynastie sichern konnte. Cäsar erkannte ihn ausdrücklich als seinen Sohn und Erben an.[14] Es war Kleopatras erster großer Triumph; sie hatte den künftigen König Roms geboren, und sogleich ließ sie Geld prägen, auf dem sie selbst als Aphrodite, jedoch in der Gestalt der Isis, der Knabe aber mit Flügeln als Eros gebildet war.[15]

*

Cäsar aber konnte Kleopatra nicht entbehren, und zwei Jahre, nachdem er sie verlassen, kommt sie selbst nach Rom in aller Pracht der Fürstinnen des Morgenlandes, eine Königin in der freien Bürgerstadt. Es war provozierend kühn. War es doch dies Rom, das einst den Tarquinius Superbus vertrieben, wo das Wort r e x verhaßt, verfemt war. Übrigens heißt sie ausdrücklich wie in den alten großen Zeiten die Bundesgenossin Roms. Ihren Gemahl Ptolemäus XIII. hatte sie geziemend mitgebracht, aber auch das Kind und residierte als Gast nicht in der Stadt selbst, sondern vor der Stadtmauer, in Trastevere, in Cäsars Gärten, dort, wo heute die Farnesinische Villa liegt.[16] Dort besuchte sie Cäsar, aber sicher auch andere Herren wie Cicero. Cicero bekennt seinem intimen Freund Atticus, daß er die Königin hasse und seine Gründe dafür habe.[17] Wenn er dies hervorheben zu müssen glaubt, gab es also damals doch auch Männer von Bedeutung, die ihr wohlwollender gegenüberstanden. Ob sie Roms winklige Gassen selbst betreten hat, wissen wir nicht; aber das Republikanervolk bekam gewiß von ihrer exotischen Aufmachung genug zu sehen: Eunuchen, Lakaien und Zofen aller Trachten und Menschenrassen.

Ihren Übermut konnte es nur steigern, daß Cäsar ihr vergoldetes Bildnis als Statue im Tempel der Venus Genetrix aufstellte. Auch diesen Venustempel hatte Cäsar soeben erbaut auf dem neuen julischen Forum. Er war ja der Abkömmling dieser sexuell freisinnigen Göttin und dachte tatsächlich daran, für das Eheleben die Zulassung der Polygamie im Reich gesetzlich zu machen. Lebte er doch in Rom jetzt mit zwei Frauen, also als bigamus. Die eine Ehe schien ihm so gültig wie die andere. Aber es kam nicht dazu; der Gedanke blieb unausgeführt.

Was wollte Kleopatra in Rom? Sie hoffte, dieser Stadt zum Trotz, Cäsars Königtum in Rom zu erleben, und in der Tat geschah es, daß Mark Anton, Cäsars Parteigänger und bester Vorkämpfer im Kriege, ihm auf dem Forum feierlich die Königsbinde antrug. Cäsar merkte bei diesem Akt voll Ärger die Mißstimmung des

Publikums und winkte ab. Die Sache war in Rom schlecht zu inszenieren. Er hätte Alexandrien zu seiner Hauptstadt machen müssen, um wie Alexander als König des Weltreichs dazustehen, und man fürchtete jetzt in Rom in der Tat, daß er dies tun würde. Man fürchtete ihn, man haßte sie; die Verschwörung entstand, und Cäsar wurde ermordet.

Kleopatra war noch zugegen; der Mordschrei scholl gleichsam zu ihr über den Tiber. Ihr großer Zukunftstraum war jählings zertrümmert, und sie war schuld, daß dieser genialste der Männer, die Rom hervorgebracht, den Dolchstößen seiner früheren Verehrer erlag.

Er war allerdings aus der Welt geschafft; aber Cäsar ist trotzdem und über seinen Tod hinaus der Begründer des königlichen Cäsarentums geworden, durch das Rom erst die ewige Stadt geworden ist.

Anderthalb Jahre hat Kleopatra damals in Rom gelebt. Auch jetzt entfernt sie sich nicht gleich. Man verschonte sie. In Cäsars Gärten war sie sicher. Sie will beobachten, was weiter werden wird, und vernimmt die Rufe des Soldatenvolks auf dem Forum! Rache für Cäsars Tod! Mark Anton tritt als der Rächer auf; die Verschwörer fliehen, und Roms Macht droht wieder auseinanderzufallen im Bürgerkrieg des Antonius gegen die Cäsarmörder Brutus und Cassius.

Cicero aber blieb in Rom. An ihn wendet sich Kleopatra: er soll bewirken, daß der Senat den Sohn Cäsarion als König Ägyptens anerkennt. Cicero bat sie bei dieser Gelegenheit für seinen Privatgebrauch um Zuwendung von Büchern und

Kunstgegenständen aus Ägypten. Ihren Wunsch aber lehnte er ab.[18] Erst danach reiste Kleopatra überstürzt und fluchtartig aus Rom ab.[19] Sie war nicht entmutigt; vielleicht konnte sie aus den neuen Wirren Nutzen ziehen.

Was wäre geworden — die Frage drängt sich auf —, wenn der Mordanschlag mißlungen wäre (an Warnungen fehlte es nicht) und Cäsar in seiner Machtstellung ein höheres Alter erreicht hätte? Es ist nicht zu kühn, wenn wir sagen: eine griechisch-römische Weltmonarchie mit Rom oder Alexandrien als Hauptstadt; der Senat dauernd außer Kraft gesetzt; ein absolutistisches Regiment im Stil der Ptolemäer; Cäsar der Erneuerer des Weltreichs Alexanders; der junge Cäsar, damals Cäsarion genannt, der legitime Nachfolger des jetzt Ermordeten, der die Dynastie fortzusetzen bestimmt war; endlich Kleopatra, die Ptolemäerin, Königin der Welt. Es ist dasselbe, was hernach Mark Anton, der Gedankenerbe Cäsars, zu realisieren versucht hat.

Octavian, der Neffe Cäsars, kommt für den, der diese Möglichkeiten erwägt, nicht in Betracht; denn diesen Neffen hat Cäsar in seinem Testament nur für den Fall seines Todes zum Sohn adoptiert. Cäsar hätte noch zwanzig Jahre weiter leben können, und solange er lebte, lag das Testament uneröffnet, hatte er also auch keinen Sohn außer Cäsarion.

*

Kleopatra fand in Ägypten die vier Legionen noch vor, die ihr Cäsar dort zum Schutz zurückgelassen hatte. Ihr Selbstgefühl war hoch gesteigert, ihr Gewissen weit. Sie fühlte sich im Anblick des Sohnes als Cäsars Witwe, und ihr Brudergemahl Ptolemäus XIII., diese Puppe, war ihr lästig. Man darf nicht sagen, daß sie ihn ermordete; es heißt nur, durch ihre Ränke kam es noch im Jahre 44 dahin, daß er Gift erhielt; und nun machte sie selbst ihren Sohn römischen Blutes Cäsarion, das damals dreijährige Bürschchen, offiziell zum König Ägyptens, für den sie als Königin-Mutter die Regierung führte.

So hat sie in seinem Namen die Herrschaft geführt. Während jetzt Rom ohne einheitliche Führung war und die Parteien sich wieder im Reiche rauften, existierte ein Sohn Cäsars und war König. Cäsars Dynastie, so dachte sie, war an Ägypten gebunden.

Die berufenen Heerführer der Senatspartei oder der Partei der Cäsarmörder Brutus und Cassius waren nach Kleinasien ausgewichen und rüsteten dort in gewaltigem Ausmaß Heer und Flotte, um gegen die Rächer Cäsars für die Freiheit, d. h. für das Recht des Senats und der Republik zu kämpfen. In Italien aber hatte sich das diktatorisch herrschende Triumvirat Antonius, Octavian und Lepidus gebildet und mit ungeheuren Blutopfern sich durchgesetzt. Für den bevorstehenden Kampf kam von diesen dreien Lepidus nicht in Betracht, um so mehr Octavian. Dieser Octavian nannte sich nun aber auch, wie Cäsarion, Sohn Cäsars; denn Cäsars Testament war eröffnet worden, und das klang bedrohlich.

Während Antonius und Octavian ihre Legionen, um die Gegner aufzusuchen, auf die Balkanhalbinsel führten, war Kleopatra nicht müßig. Sie hatte ihre Kriegsflotte verstärkt, war aber klug genug, sich zunächst zurückzuhalten. Als Cassius von ihr Kriegsschiffe haben wollte, verweigerte sie ihm ihre Hilfe. Dann aber unternahm sie es sogar, auf See gegen Cassius vorzustoßen; denn ihre Sympathie galt naturgemäß dem Mark Anton. Es war das erstemal, daß sie selbst als Stratege auftrat, und sie ist jetzt ihr eigener Feldherr. Man möchte wissen, wie sie die Schlacht geführt hätte, eine zweite Artemisia auf den Wellen. Aber es kam anders. Ein Sturm warf sie an die Küste Afrikas zurück; sie erkrankte und war gezwungen abzuwarten.[20]

Schon aber ist im Schicksalsjahr 42 bei Philippi in Mazedonien die Entscheidung gefallen. Antonius besiegte die Cäsarmörder in einer Doppelschlacht. Es war die vielbewunderte und eines Julius Cäsar würdige strategische Großtat dieses Führers. Nur er, nicht Octavian war bei Philippi der Sieger, also der Rächer Cäsars, und so ist Antonius jetzt auch Herr der Lage. Mit wachen Augen verfolgte Kleopatra den Hergang; denn sie kannte ihn ja persönlich; kein Zweifel, daß er sie auch in Rom in Cäsars Gärten als Günstling Cäsars besucht hatte.

Vom Lepidus ist im weiteren kaum noch zu reden, um so mehr von Octavian, der nun laut der Erbe Cäsars zu sein beanspruchte. Man verlachte ihn, weil er sich in der Kriegsführung auffallend schwächlich und langsam erwies; aber er war klug und tückisch, an Blut gewöhnt und als Gegner gefährlich.

Mit ihm mußte sich Antonius jetzt in die Weltmacht teilen, und er überließ ihm die Verwaltung und Sanierung Italiens und des Westreichs, während er sich selbst den üppig reichen Orient vorbehielt. Der Orient machte keine Sorgen; er brauchte Italien nicht, um zu florieren; ganz anders lag es umgekehrt. Octavian würde in Italien viel zu kämpfen haben und mit sozialer Arbeit überlastet sein. Antonius gönnte ihm die Mühe. Wie viel bequemer war es im Morgenland zu herrschen, das ein absolutes Regiment seit langem gewohnt war! Es galt nur breite Ellenbogen zu machen. Gleichwohl wollte Antonius aber auch in Italien seinen Einfluß gewahrt wissen und blieb noch in engen Beziehungen zu seinen Freunden im Senat Roms.

Durch Kleinasien zieht er als seelenvergnügter Despot mit seinen Truppen, um überall hohe Kriegssteuern zu erheben. Denn wozu sonst sind hier die Städte so reich? Trotzdem wird ihm vielerorts der lustigste Empfang, als gäbe es Karneval. In Ephesus wird er als der „Neue Gott Dionys" begrüßt (er spielte in der Tat jetzt gern diese Rolle), und Frauen und Männer der Stadt umschwärmen ihn huldigend als Mänaden, Silene und Satyrn ausstaffiert, weinlaubbekränzt und den Thyrsusstab schwingend. Es war der lustige Auftakt zu dem großen Abenteuer, das ihm bevorstand.

Als er endlich in Tarsus, der Hafenstadt Kilikiens, ist, erinnert er sich Ägyptens und fordert durch Gesandtschaft die Königin auf, sich bei ihm einzustellen. Sie war eben Roms Vasallin, und es schien so, daß er von ihr über ihre Beziehungen zu Cassius Rechenschaft wollte.[21] Für Kleopatra aber war es frohe Botschaft. Sie sah in ihm nicht nur Cäsars Rächer, sondern auch Cäsars rechten Erben, dem die Weltmacht zukam; denn er verachtete wie jener alle Demokratie.

Ob er selbst sein Ziel erkannte? und wenn: ob sie ihn fangen, ob sie mit ihm das erringen konnte, was ihr mit Julius Cäsar halb gelungen war? Sie wußte, wie leicht entzündlich, wie schrankenlos sich einsetzend seine starke Natur war.

Sanguiniker war er, ein Mensch, der immer ganz sich gab und nicht mißtraute und nicht rechnete, ein ganzer Kriegsmann voll Wucht und Ausdauer, ließ sich aber gerade darum in der Muße burschikos und sorglos gehen als lustiger Kumpan und toller Landsknecht, zechend und liebend, verschwenderisch ins Grenzenlose, wo es zu schenken galt, auch kein Spaßverderber; er foppte gern und lachte vor Vergnügen, wenn man ihn selber foppte. Jetzt zählte er 40 Jahre; er war beleibt geworden, und sein nobles Äußere hatte gelitten. Ein kantiges Profil, Geiernase und spitzes Kinn: so tritt uns sein Bild entgegen.

Kleopatra aber stand in der Hochblüte des Frauenalters, jetzt 28jährig, verlockend genug für einen genußsüchtigen Menschen, der schon vielerlei Liebe gekostet. Aber, anders als er, war sie in allem planvoll und berechnend, mit der Kunst, in aller Anmut zu verbergen, was sie dachte, von geschärftem Verstande und in allen politischen Dingen versiert.

Lachend empfing sie den Brief des Mark Anton, in dem er sie eigenhändig zu sich lud — Dellius war der Antoniusfreund, der ihr ermutigend den Brief brachte —, lud Wertgeschenke, Geldtribut, Frauenschmuck in Fülle, aber angeblich auch Liebestränke und Zaubermittel, die die abergläubische Frauenwelt damals im Notfall zur Hilfe rief, auf ihr Prunkschiff und schmückte sich selbst als Göttin der Liebe.

Sie war keine weiche Idealschönheit im Stil der Phryne des Praxiteles, weit entfernt. Die Ideallinie hört auf, wo das Charakteristische einsetzt, desto mehr, je komplizierter der Charakter. Die Erlebnisse formen das Gesicht der reifen Menschen, und sie hatte schon viel erlebt.

Ihr Münzbild [22] zeigt den Kopf im Profil: das Haar effektlos heruntergekämmt, mit dem Knoten im Nacken, die Züge straff zusammengenommen, der Umriß in schlichter, edler, aber strenger Führung. In der Geschlossenheit zeigt sich die Entschlossenheit; stille Energie das Ganze. Interessanter ihr groß im Relief hingesetztes, ägyptisch stilisiertes Brustbild an dem von ihr erbauten Tempel von Denderah.[23] Da wird das Profil beredt, und man möchte es erleben, mit solcher Frau zu sprechen: die Nase energisch geschwungen, die Stirn ganz niedrig, die Braue lang gezogen, das Kinn voll und weich, weich auch die Lippen des Mundes, der sich öffnet, als spräche er: „Willst du es mit mir wagen?" Wie nun gar, wenn in solchem Gesicht der Affekt zu spielen beginnt, es sich elektrisch entzündet, die Augen glühen und flackern voll Begehren und Falschheit! Auch der Wohllaut ihrer Sprechstimme half dieser Frau; es war ein Organ, das schön angab in allen Lagen. Daß sie endlich durch Toilettenkünste ihre Wirkung noch zu steigern wußte,[24] versteht sich von selbst. Welche Frau der höheren Gesellschaft tut dies nicht? Daß sie sich etwa schminkte, sagt uns indes niemand; wohl aber verlautet, daß Kleopatra eine Lehrschrift über Kosmetik schrieb.[25] Hat sie sich dazu wirklich herbeigelassen, so tat sie es gewiß zur Verfeinerung des Geschmacks der noch allzu rückständigen Römerinnen.

Kleopatra fuhr zum Mark Anton nach Tarsus. Die ganze Stadt war in Erwartung und schon vorher viel Volkes am Hafenmolo. Der Hafen lag eingebogen in einer Flußmündung.[26] Von weitem schon hörte man die Flötenmusik, die an Deck des Schiffs, als es in den Fluß einbog, den Rhythmus der Ruderer begleitete. Man spürte die Wohlgerüche von verbrannten Spezereien, die der Wind herüber ans Ufer trug. In griechischer Gewandung als der „Neue Gott Dionys" stand Mark Anton, um sie zu empfangen, bereit, als das Schiff, das sein purpurnes Segel zeigte, den Anker senkte; und da sah man sie selbst als Venus phantastisch und anmutig gelagert,[27] von Amoretten umgeben, auf hoher Planke und unter golddurchwirktem Baldachin. Am Steuer sah man ihre Zofen als Nereïden. Der hochgeschwungene Bug des Schiffs blinkte in Vergoldung, die Ruder zeigten Silberbeschlag. Dionys und Aphrodite! Es

war das übliche Spiel und der wollüstige Traum-
gedanke: sind wir nicht wie Götter auf Erden?

Die Aufmachung selbst aber war für jene
Zeiten nichts so Außerordentliches. Sich mit
Wohlgerüchen (εὐωδία) zu umgeben, gehörte zum
asiatischen Königtum.[28] Was das Schiff selbst
anbetrifft, so führten auch die Galeeren der übermütigen Piraten, die dort in Kilikien ansässig
waren, den goldenen Bug und die silberbeschlagenen Ruder,[29] und überhaupt ist der Luxus, den
Kleopatra trieb, bescheiden zu nennen gegen das,
womit ihre Vorfahren, wie z. B. Ptolemäus II., an
Prachtentfaltung in Bauten und Festprozessionen
die Welt in Erstaunen setzten.[30] Ihr Vater, Ptolemäus XI., hatte den altererbten Reichtum des
Hauses, der einst so unermeßlich schien, an die
Römer verschleudert, und Kleopatra war auf die
Einnahmen angewiesen, die die immerhin er-
giebige Steuerschraube und die königlichen Mono-
pole ihr jährlich zuführten.[31] Das erwähnte pur-
purne Segel, das die königliche Standarte ersetzte, war als solches gewiß altes Requisit und
ärgerte die Republikaner nur, weil Purpur die
Monarchie bedeutete.

Auch daran sei erinnert, daß es längst üblich
war, kleine Kinder ballettartig als Amoretten zu
verkleiden. Vornehme Frauen kauften sich damals gern solche Putten (in Ägypten waren sie
geradezu Marktware geworden), um mit ihnen zu
tändeln und sich zu zerstreuen. Man ließ sie nackt
herumlaufen oder verkleidete sie irgendwie nach
Wunsch und Laune.[32] Daß Kleopatra bei ihrer
Einfahrt in Tarsus Venus bedeutete, war schwer-

lich an ihrer Kleidung, sondern nur an den Amoretten zu erkennen.

Kleopatra war da; aber vornehm und souverän war ihr Benehmen. Der Römer lud sie schlankweg zum Mahle; sie nahm es nicht an; er mußte vielmehr bei ihr speisen, und er gehorchte. Dann folgten in Tarsus Feste auf Feste, die sie ihm gab, in Opulenz. Sie hatte den Apparat dazu mitgebracht, und was sie wollte, schien erreicht. Antonius schien ihrem Zauber wie einst Julius Cäsar schon gleich verfallen. Es war, heißt es, eine Liebe „auf den ersten Blick",[33] wie in unserer modernen Opernromantik; natürlich dann nur von seiner Seite. Sie wollte nur geliebt sein; das brauchte sie für ihre hochgegriffenen Ziele, einerlei, ob er ihr zusagte oder nicht. Nur für solche Zwecke war sie bereit, sich hinzugeben. Den Sturm heißer Leidenschaft kannte freilich auch sie; aber es war ein politischer: Ägypten an Rom zu rächen. Rom selbst sollte ihr dazu helfen. Aber des Antonius Herz war nicht frei, und er wahrte in seiner Hingabe an die Sirene, die ihn lockte, oder in der Art, an ihren Vorzügen sich zu freuen, gewisse Grenzen; denn er war Familienvater, war mit Fulvia, der ausgezeichneten Frau, vermählt und ihr, der er so viel zu danken hatte, unbedingt verehrungsvoll ergeben. Auch der Mann einer Fulvia konnte sich gleichwohl zeitweilig etwas gehen lassen. Von Liebesszenen, die sich in Tarsus zugetragen hätten, hören wir jedenfalls kein Wort, nur von dem eigenartig durchdachten Luxus, den Kleopatra als Gastgeberin dort entfaltet hat. Vielleicht hat sie ein besonderes Lastschiff nötig gehabt, um den Apparat, der diesen Zwecken diente, mit herbeizuschaffen.

Mit Purpurtapeten schmückte sie die Wände des Speisesaals. Das Mahl mit anschließendem gemeinsamem Trunk nahm sie nur zu Anfang mit Antonius allein; dann wurden stets dessen Freunde, wohl oft zu vielen Personen, hinzugeladen. Speise und Trank aber genügten nicht. Antonius hatte überdies den Tisch, von dem er speiste, mit allen vergoldeten Gefäßen, die auf ihm aufgestellt waren, als sein Eigentum zu betrachten; denn kein anderer sollte sie wieder nach ihm benutzen. Ebenso erhielten auch die anderen Gäste das benutzte kostbare Trinkgefäß als Gastgeschenk. Gingen abends die Gäste, so stellte sie ihnen zur Heimkehr Sänften oder auch Reitpferde in Silbergeschirr zur Verfügung und gab ihnen überdies junge Neger als Pagen mit.[34] Sie wollte dem neuen römischen Freund durch solchen Aufwand zeigen, daß sie immerhin geldkräftig genug war, um ihm einmal nützlich zu werden.

Was aber war der erste Dienst, den ihr Antonius tat? Daß er Kleopatras Schwester Arsinoe, die sich in den Dianatempel in Ephesus geflüchtet hatte, greifen ließ und hinrichtete; denn diese Arsinoe wagte es, sich auch jetzt noch als Königin Ägyptens anreden zu lassen.[35] Nun durfte Kleopatra glauben, daß ihr Fang gelungen; sie brauchte nur zu winken, und er würde gehorchen.

Sie reist von Tarsus ab; da ist er schon bei ihr in Alexandrien, noch im selben Jahr 41 v. Chr., ja, er verbrachte den ganzen Winter dort als ihr

Gast, seine Fulvia scheinbar ganz vergessend. Er erfuhr nicht, daß Fulvia, die tapfere Frau, indessen in Italien im Kampf mit Octavian für ihn das Schwerste erlitt. Die Schiffsverbindungen waren im Winter so schlecht, daß Antonius hiervon nichts hörte.[36]

Im Winter ruhte nicht nur die Schiffahrt, sondern auch die Kriege, und also gönnte er sich die lange Mußezeit. Wie köstlich klimatisch die Winter in Ägypten sind, wissen wir auch heute; in Assuan holt sich der moderne Europäer die Genesung. Auch dies also diente zu seinem Wohlbefinden, und Kleopatra verstand es, ihn zu unterhalten.

Sie wohnten ohne Frage getrennt auf der ausgedehnten Königsburg, Antonius abgesondert mit seinem eigenen, starken Gefolge, und daß sie sich etwa damals schon ehelich beiwohnten, ist durch nichts angezeigt[37] und der Sache nach ausgeschlossen; denn Fulvia lebte noch, der er Rechenschaft schuldete. Jetzt erst lernte der Römer nun diese Königsburg, jetzt überhaupt erst die Herrlichkeit Alexandriens kennen, diese am blauen Meer grandios weit hingelagerte Weltstadt, die nur edlen Steinbau, von der subtropischen Sonne vergoldet, zeigte, und deren Straßen, alle wie Avenuen mit Raumverschwendung zum Fahren und Reiten breit hingezogen, sich rechtwinklig schnitten, als wäre die Stadt auf ein Schachbrett gestellt. Alles menschendurchströmt; so auch im Hafen das wirbelnde, bunte südländische Treiben. Über die weite Hafenbucht streute bei Nacht das Weltwunder, der Leuchtturm Pharus, der erste seiner Art und das berühmte Vorbild für alle seinesgleichen, sein meilenweit sichtbares Licht über die dunklen Fluten.

Die königliche Residenz aber, die längs des befestigten Hafens lag, konnte man viele Tage lang beschauen, und sie bot immer Abwechslung; denn sie nahm reichlich allein ein Viertel der Stadt ein, mit Palästen, Höfen, Säulengängen, Galerien, Gärten, Palästren, Theater und Raumflächen für Jagd und Tierhetze. Dagegen fielen die Göttertempel der Stadt weniger in die Augen. Ein Ziel der Neugierde aber war der Grabhallenbau Alexanders des Großen, des Erbauers dieser Stadt, dessen mumisierter Leichnam, früher im Goldsarg, jetzt im Glassarg dort noch immer zu sehen war.

Freilich zeigten sich auch empfindliche Spuren des Rückgangs. Das Universitätsleben war schon unter König Ptolemäus VII. schmählich eingegangen,[38] und die besten Gelehrten verzogen sich nach Rom. Nun war aber auch die Bibliothek leergebrannt, Schiffswerften demoliert; seit längerer Zeit schon die Nilkanäle verschwemmt. Der Königin fehlten vorläufig die Gelder, um dem Verfall zu wehren; aber auch ihr Gast mußte fürlieb nehmen.

Von Tierhetzen und kostspieligen Vorführungen im Theater hören wir nichts; aber man verstand auch ohne das lustig zu leben. Dabei war es offenbar Mark Anton, der als reicher Herr und Despot jetzt den Ton angab; Kleopatra tat nur mit. Er gründete mit seinen Freunden einen Männerklub der „Genossen vom unnachahmlichen Le-

ben"; da lud man sich wechselweise zu Schmause-
reien ein[39] im Kreise von etwa zwölf Personen
und überbot und überraschte sich mit Delika-
tessen; daß da auch die Königin beteiligt war,
leidet keinen Zweifel. Wenn er auf Jagd ging,
ritt sie mit hinaus, und ein Mann wie Mark Anton wird da nicht nur auf Hasen Jagd gemacht
haben. Wozu gab es die Raubtiere und Elefan-
ten? Hielt er seine Fechtübungen, so geschah es
unter den Augen der Königin. Am Strand aber
wurde gefischt; die Mittelmeerfauna ist immer
interessant, und da foppte sie ihn, ließ durch
Taucher etwa ein Stück Schinken an seinen
Angelhaken hängen, und man hatte zu lachen,
als er hochzog; er selbst lachte am lautesten; gewiß ein bescheidenes Vergnügen. Beim Würfel-
spiel und beim geselligen Trunk vergingen die
Abendstunden; der Wein kostete nichts; das Land
lieferte ihn gratis an das Königshaus. Trieb sich
Antonius endlich, immer zu tollen Späßen aufgelegt, nachts auf den Straßen herum, um zu
poltern und Leute im Schlaf zu stören, so mußte
sie auch da mittun, als Dienerin verkleidet; er
verlangte es.

Auch wissenschaftliche Unterhaltungen regte
Kleopatra an, um das Niveau zu heben; denn
trotz gewiß recht verwahrloster Kindererziehung
hatte sie auch für mancherlei geistige Materien
Interesse[41] und holte philologisch gebildete Männer dazu heran; aber Antonius scheint da bald
refüsiert zu haben.

Alles dies, und nicht viel mehr, wird uns
glaubhaft erzählt.[40] Übrigens ist klar, daß die

Berichte, die wir hierüber und über alles, was folgt, besitzen, gehässig gemeint sind und aus den Kreisen der Kleopatra-Feinde stammen. Es wäre also töricht, sich hiernach ein Urteil über Kleopatra zu bilden. Wenn an ihrem Hof der Luxus damals oft ins Tolle ging, so ist allein der römische Parvenu der Urheber gewesen, der ohne das nicht leben mochte. Die kostbare Perle, die Kleopatra in Essig verschlungen haben soll, ist die einzige Extravaganz, die man ihr persönlich nachzusagen wußte. Es betraf eine Wette; Antonius wollte nicht glauben, daß derartiges möglich, und wird, da er die Wette verlor, der angebeteten Freundin den Verlust reichlich ersetzt haben.[42] Übrigens trank man nach demselben Bericht damals auch in Rom Perlen in Essig.[43] Antonius schmiß sinnlos mit dem Gelde; die Steuern, mit denen er die Städte Kleinasiens geschröpft hatte, erlaubten das. Noch hundert Jahre später hören wir darüber den Klatsch des Küchenpersonals; vom Großvater her wußte man noch, wie ungeheuerlich es damals in den Küchen- und Servierräumen zugegangen sei; an einem Tag habe Antonius für das Diner am Spieß acht Wildschweine braten lassen, weil es nie sicher war, wann er kam und ging. Wildschwein war nichts besonders Erlesenes, und ein Römer wie Lukull hätte den Bissen vielleicht abgelehnt. Auf einem Anrichttisch, so erzählte man weiter, standen die wertvollsten goldenen Becher in großer Zahl; der erste Kammerdiener des Antonius disponierte darüber, als wäre es sein eigen, und schenkte eines Tages den

Tisch mit all den Gefäßen einem lustigen Bekannten, der eben kam und einen guten Witz machte. Als der erschrickt und nichts nehmen will, sagt jener lachend: „Keine Angst! Ich geb's dir ja, der Diener des Antonius!" Es war dasselbe Schenkverfahren, das, wie wir sahen, Kleopatra dem Antonius gegenüber befolgt hatte.

Vielleicht hätte der Sorglose dies Wohlleben noch länger fortgesetzt, hätte ihn nicht die Nachricht aufgeschreckt von dem, was in Italien inzwischen geschehen war. Zugleich meldete man, daß die ewig kriegerischen Parther überraschend von Osten her in Syrien und Kleinasien eingefallen waren. Die Abwehr der Parther seinem Feldherrn Labienus überlassend, der in Kleinasien stand, eilte Antonius jetzt flugs nach Rom, um seine Differenzen mit Octavian auszugleichen.

Er war also der Kleopatra noch nicht erlegen; er war noch frei, und sie hatte das Nachsehen. Er fühlte sich denn doch als der Lenker der großen Welthändel, der er bisher gewesen, und durchaus imstande, den Liebesrausch oder die charmanten Zerstreuungen abzuschütteln, ganz so, als zählte Kleopatra zu den Hetären, deren Reize man genießt, solange nichts Wichtiges vorliegt. Wie Kleopatra die Enttäuschung ertrug, erfahren wir nicht. Ein Briefwechsel entstand nicht; auch keine Liebesboten gingen hin und her.

Wie anders war es damals, als Cäsar sie liebte! Dem durfte sie nach Rom folgen. Antonius dagegen rief sie nicht nach Rom; denn dazwischen stand jetzt ein dritter, der unheimliche Mann, den sie nicht kannte, den sie fürchtete, Octavian, der sich Sohn Cäsars nannte und der der Herr des Westens war. Auch Kleopatras Sohn war Cäsars Sohn. Würde es zwischen den beiden Söhnen zum Kampfe kommen? Alles kam darauf an, daß dieser Octavian nicht zu Kräften kam.

*

Fulvia, die fanatische Römerin, des Antonius Gattin, hatte sich in jenem Winter im offenen Krieg oder bewaffneten Aufstand gegen Octavian erhoben; sie war besiegt und aus Italien geflohen, erkrankte und starb. Antonius hat wohl ehrlich um sie getrauert, mißbilligte jedoch ihr Verhalten. Octavian aber hätte die martialische Frau schwerlich besiegt, hätte er nicht in Agrippa den Feldherrn gefunden, der ihn hinfort von Sieg zu Sieg führen sollte. Antonius überlegte; er wollte seine ebenbürtige Geltung in Rom nicht preisgeben, und es kam zu einem Ausgleich, zum erneuerten Bündnis der Männer, die doch zur Freundschaft nicht taugten.

Eben damals geschah es in Rom auch, daß Antonius dem Octavian das Leben rettete. Eine schwere Hungersnot brachte ganz Italien in Verzweiflung. Die Schuld daran trug eine Größe, mit der niemand gerechnet hatte, Sextus Pompejus, des großen Pompejus zweiter Sohn, der sich zum Herrn Siziliens gemacht, das neue Regime tödlich haßte und mit seinen Flotten alle Zufuhr hermetisch abschnitt. In den Straßen Roms brach gegen Octavian der wilde Aufruhr los: wir wollen nicht hungern! fort mit diesem! Pompejus soll herrschen! Da warf sich Antonius mit eigener Lebensgefahr in die Menge und entriß Octavian den Fäusten des Janhagels.[44] Warum tat er das? so mochte Kleopatra denken; er hätte uns ohne dies viele Sorge erspart! Aber so war des Antonius Sinnesart; er zeigte sich in allen Fällen „schlicht, großzügig und ohne Falsch".[45]

Das Bündnis der Männer wurde aber durch Heirat, durch Verschwägerung besiegelt. Kleopatra hörte, daß der Mann, der so lange ihr Gast und Freund gewesen, jetzt mit Octavia, der Schwester Octavians, die Ehe einging und vollzog, daß er in Athen mit ihr Residenz nahm und herrlich und auch geistig angeregt (so rühmte man) in der Stadt der Philosophen mit ihr lebte. Diese Octavia zählte nicht etwa zu den vielen anrüchigen Römerinnen jener Zeiten; ihr Charakter war vielmehr edel gerichtet und makellos aufopfernder Liebe fähig. Sie liebte den Antonius ehrlich, so wie er war, und auch er dankte es ihr ehrlich. Ein Jahr um das andere verging. Zwei Töchter gab sie ihm, und er schien für die Ägypterin verloren.

Aber Rom kann nicht ohne Krieg leben; auch Antonius kann es nicht. Im Jahre 37 steht er mit Octavia wieder in Italien, und es wird dort der große Partherkrieg beschlossen, der Vergeltungskrieg, den schon Julius Cäsar geplant hatte. Im Namen Roms sollte Antonius ihn führen, das schwierigste Unternehmen, das einem Römer je auferlegt war. Langwierige Vorbereitung war nötig; denn das Land Persien jenseits Babylons war und ist das verschlossene Land, durch Gebirge verriegelt und in seine Natur gepanzert. Auch unseren modernen Eisenbahnen, Automobilen und Flugzeugen fällt es schwer, es seinen raubsüchtigen Feinden auszuliefern.

Antonius begibt sich nach Syrien, um die Rüstungen zu beginnen, und läßt Octavia in Italien zurück. Er braucht aber auch dringend Ägyptens Hilfe; denn es waren Rüstungen, wie Rom sie kaum je erlebt. Kleopatra weiß es, und sein Schicksal erfaßt ihn. Sie kommt zu ihm nach Antiochien. Ein Blick, ein Hauch von ihr, und er ist ihr jetzt ganz verfallen. Sie brauchte nicht wieder Theater zu machen und als Frau Venus, die die freie Liebe ist, ihn zu betören.

Nicht freie Liebe, jetzt wurde es Bindung. Man muß annehmen, daß sie dies forderte, und der Gedanke an Fulvia hinderte ihn jetzt nicht mehr. Fulvia hätte diese Ehe gewiß verhindert. Octavia war zu sanft, um über ihn wirklich Macht zu gewinnen. Er brauchte Gängelung durch Liebe, das heißt ein willensstarkes Weib, das seiner triebhaft schwanken Seele wie Stahl den festen Halt gab. So hatte es Fulvia getan; Kleopatra versprach dasselbe. Die Heirat mit ihr tritt ein, und so verlebt er den Winter mit ihr in derselben Hauptstadt Syriens (im Jahre 37/36); denn erst nach dem Winter konnte der Feldzug beginnen.

Er lebt zwar jetzt in Doppelehe, noch ausgesprochener als dies einst Julius Cäsar getan; aber die Ehe mit der Nichtrömerin war für Rom ungültig, und Octavia veränderte ihre freundliche Gesinnung nicht.

Anders ihr Bruder Octavian. Man vermerkt

in Rom jetzt übel, daß Antonius als römischer Staatsmann Geld mit Kleopatras Münzbild prägt, und sie tut umgekehrt das nämliche. Man tadelt, daß er griechische Städte ihres Statuenschmuckes beraubt, um Alexandrien damit zu schmücken, als ob er damit nicht täte, was Rom stets getan; in Rom gab es kaum eine Statue, die nicht gestohlen war. Als Ungebühr gilt, daß er auch die namhafte Bibliothek Pergamums nach Alexandrien schaffen will; aber ein Römer war es doch gewesen, der die alexandrinische Bibliothek verbrannt hatte, und es war Ehrensache Roms, sie zu ersetzen. Schlimmer als dies alles war, daß Antonius, ohne den Senat zu fragen, als Despot Ägypten vergrößerte, Teile römischer Provinzländer, darunter Zypern, Küstenstriche von Phönizien, in Judäa das Gebiet um Jericho seiner Königin zuwendete.

Im Sommer wird Kleopatra Mutter; sie gebiert Zwillinge, Sohn und Tochter.[46] Es war der Sommer des Jahres 36, in dem der geplante Feldzug, die letzte heroische Leistung dieses Berufssoldaten im Dienst Roms, vor sich ging. Der Kleopatra war diese Affäre gewiß zuwider; denn was hatte Ägypten davon, wenn der Römer jenseits des Tigris als Sieger stand und an dem Parthervolk für Rom Rache nahm? Ihr Ehrgeiz blickte nach Westen und nicht nach Osten, und nur dem Octavian und der Octavia galt ihre Feindschaft. Ganz anders er; Antonius wollte immer noch das Schwert Roms sein, und Rom sah nun gespannt auf den Ausgang.

Sie zog mit ins Feld; daran mußte er sich gewöhnen; jedoch nur bis zum Euphrat. Dort trennten sie sich, und sie reiste über Damaskus und Jerusalem heim. Herodes, der König Judäas, mußte ihr huldigen und ihr persönlich bis zur ägyptischen Grenze das Geleit geben; er tat es ungern, und es sollte mit ihm noch zu Konflikten kommen. Antonius aber — würde er als Triumphator heimkehren oder in Wüsten umkommen? Kleopatra schnitt sich nicht, wie jene Berenike, das Haar als Weihegabe für die Götter ab mit dem Gebet für den geliebten Mann. Wir hören überhaupt aus ihrem Leben nichts von persönlichem Gottesdienst und frommen Opferhandlungen, die doch sonst alle riskanteren Unternehmungen der Menschen zu begleiten pflegten.

Aber die Götter schienen ihr gleichwohl gnädig; denn sie war ja Mutter, und der Sohn mußte Alexander heißen; der Name, übrigens auch sonst bei den Ptolemäern üblich, sollte ein gutes Omen sein; denn er bedeutete die Unüberwindlichkeit.

Aber das Omen trog, und das Schlimmste geschah. Als ein geschlagener Mann kam Antonius nach Syrien zurück, und die Erschütterung war groß, der Rückzug voll Drangsal, die Verluste gewaltig. Ein Schicksalsschlag war es, der auf einmal eine vollständig neue Situation ergab. Die Hauptschuld an dem Mißlingen trug der Vasallenkönig Artavasdes von Armenien, der heimtückisch da ausblieb, wo Antonius auf ihn rechnete. Ob so oder so, auf alle Fälle hatte Antonius das nahezu Undurchführbare gewollt.[47] Mochte er den schwierigen Rückzug noch so glänzend geführt haben, die Welt fragt nur nach dem Effekt, und er fühlte sich gedemütigt, verkleinert, gebrochen. Sein Prestige war dahin. Um so mächtiger schnellte das Ansehen Octavians empor.

„Nimm dich in acht vor ihm," rief man dem Antonius zu. „Octavian trügt, wenn er freundlich ist, und schließt Verträge nur, um sie zu brechen. So hat er Sextus Pompejus vernichtet, danach den Lepidus; jetzt trifft es dich. Du bist der letzte, der ihm im Wege steht."[48]

Antonius rastete jetzt in Syrien voll Verlangen nach Kleopatra, und er rief nach ihr. Sie zauderte zu kommen. Warum? Zweifelte sie an ihm? Wollte sie irgendwie ihr Steuer umwerfen? Aber sie kam dann doch über See, brachte Hilfe an Geld und Kleidung für die Truppen. Da stieß Octavian mit dem Antrag vor, den Partherkrieg zu erneuern, und Antonius sollte noch einmal führen; sehr klug; denn Octavian verlor hierbei nichts, Antonius aber sollte durch das erneute Abenteuer sich und seinen Ruhm ganz verbrauchen. Octavian bot Subsidien an; Octavia werde zur Verhandlung nach Athen kommen; Antonius solle ihr dort begegnen.

Octavia würde kommen? und neuer Partherkrieg? Antonius schien wirklich darauf einzugehen. Da packte Kleopatra die Agonie, ein Krampf der Wut und der Verzweiflung. Es durfte nicht, keines von beiden durfte geschehen! Jammernd schreit sie es ihm in die Ohren. Dann liegt sie krank, nimmt die Nahrung nicht mehr, redet von Selbstmord. Es war zu viel, was an ihrer Kraft, an ihren Nerven zerrte, über sie

gekommen: das Muttergefühl, die Zwillingsge-
burt, der Schock, als der große Feldzug verloren
war, und jetzt der drohende Verlust des Mannes, ohne den sie nichts bedeutete. Sie war schließlich auch nur ein Mensch, und ihr Zusammen-
bruch ist vollauf verständlich.[49] Antonius aber
packte das Mitleid; er liebte sie eben. Er schrieb
an Octavia, nicht nach Athen zu kommen, und
lehnte des Octavian Anträge ab.

Er mußte wissen, was er tat und daß dieser
Octavian, der in Rom gebot, jetzt sein zunächst
noch verkappter, aber sein unversöhnlicher Gegner
wurde. So war es wirklich, und hiermit begann
der Schlußakt des großen Dramas.

*

Antonius begriff sofort die völlige Veränderung
der politischen Lage und zog daraus entschlossen
die Folgerung. Die Halbheit hörte auf oder das
Doppelspiel, Mitmachthaber in Rom, der dem
Senat Rechenschaft schuldete, und zugleich auto-
nomer Herr des Orients zu sein. Jetzt ist sein
neues Programm — eine Vorahnung der byzan-
tinischen Zeiten —, das viel zu große Römerreich
in zwei Reiche zu zerlegen, Ostreich und Westreich, mit zwei ebenbürtigen Hauptstädten, Alexandrien und Rom; nur durch Bündnis der führenden Personen sollten sie verbunden bleiben. Der
Gedanke, den später Kaiser Diocletian verwirk-
lichte, den Kaiser Mark Aurel zu verwirklichen
beabsichtigt hat, war damit vorweg genommen.
Des Antonius viele Freunde (denn er war immer
noch beliebt) mochten sich nunmehr dauernd

in Alexandrien um ihn sammeln. Einen Senat brauchte er nicht. Seine Finanzlage war immer noch glänzend, und wollte Octavian den Krieg, so mochte er kommen.

Indes läßt sich vermuten, daß dies in Wirklichkeit die Gedanken Kleopatras waren, in die er hineinwuchs. Denn sein sonst so vordringend wuchtiges Wesen hatte in der Tat stark gelitten und verfiel immer haltloser ihren Einflüssen. So ist es denn kein Zufall, daß Kleopatra, die die Jahre ihrer Regierung zählte, mit dem Jahr 36 v. Chr. eine neue Jahreszählung begonnen hat.[50] Eine neue Ära ihrer Großmachtstellung eröffnete sich erst jetzt; sie hoffte noch auf viele Jahre.

Rom merkte sogleich die veränderte Tendenz. Denn den Armenierkönig Artavasdes, der sich im Partherfeldzug so treulos bewiesen, überfiel Antonius jetzt mit einer Strafexpedition, brachte ihn als Gefangenen ein und feierte seinen Triumph in Alexandrien. Rom war beleidigt; es wollte den Armenierkönig sehen. Römische Feldherren hatten ihren Triumphaleinzug in Rom zu halten.

Wenige Tage danach folgte die phantastische Demonstration im Gymnasion der Königsburg, die die Römer nur allzu ernst nahmen. Es war eine Verteilung von Titulaturen. Der Königstitel war für Antonius selbst undenkbar, und er blieb der Protektor und gleichsam Prinzregent am Hof, der er bisher gewesen;[51] denn König Ägyptens war der Knabe Cäsarion, Julius Cäsars Sohn. Kleopatra aber sollte fortan Königin der Könige, Cäsarion König der Könige heißen, der Sohn Alexander, damals dreijährig, König von Armenien, das dritte Kind, das eben erst geborene Söhnchen Ptolemäus, König von Syrien usf.[52] Die heitere Zeremonie ging geradezu ins Possierliche über; denn dem einjährigen jüngsten Kinde wurde da schon ein kleines mazedonisches Reiterhütchen, dem dreijährigen Sohn ein Turban mit Tiara aufgesetzt.

Die Tendenz des Ganzen ist klar. Wer sich aber über das, was da mit den Kindern geschah, wundert, darf vielleicht an Neuzeitiges, an den König von Rom, den Sohn Napoleons, erinnert werden. Von der fremdblütigen österreichischen Prinzessin war dem Kaiser Frankreichs, der sich selbst sein Kaisertum geschaffen, endlich im Jahre 1811 der langersehnte Sohn geboren worden. In der Notre-Dame-Kirche geschah mit größtem Pomp die Taufe. Da hob Napoleon selbst, auf der Estrade thronend, das Kind hoch über seinem Haupt empor und fügte den Taufnamen schon gleich den Titel „König von Rom" hinzu. Solche Titulatur ist ein Programm der Mächtigen auf Erden; die stolze Hoffnung spricht aus ihr, bei jungen Dynastien besonders begreiflich. Der Republikaner aber lächelt verächtlich, wenn er dies sieht, oder blickt finster mit dem drohenden Blick Verrinas.

So war es auch damals. Es schien den Römern schon anstößig, daß Antonius mit der Königin auf einer silberbeschlagenen Estrade und vergoldeten Armstühlen thronte.

In ihrer erhöhten Stellung als Königin der im Ostreich lebenden Könige hätte Kleopatra nun auch den Herodes als ihren Vasallen beherrschen können. Erst vor kurzem war Herodes, und zwar durch Antonius, König Judäas geworden.[53] Kleopatra haßte ihn; Antonius verbot ihr jedoch mit auffälliger Energie, ihn durch Eingriffe zu schädigen.[54] Der Haß aber war gegenseitig; er ist zum Schaden Kleopatras auch noch später zur Wirkung gekommen; aber er beruhte nicht etwa auf kleinlicher persönlicher Abneigung, sondern hatte offenbar tiefere Gründe, die, wenn nicht direkt bezeugt, doch leicht zu erraten sind. Es handelt sich um die reiche und großmächtige Judenkolonie Alexandriens, unter deren renitentem Verhalten, das zur offenen Auflehnung und Empörung weiterging, das Ptolemäerhaus schon seit langem, insbesondere seit der Zeit der Makkabäer, zu leiden hatte.[55] Die Juden der Diaspora pilgerten alljährlich nach Jerusalem, und auch mit dem König Herodes blieben sie gewiß in Konnex, obschon er selbst keiner der Ihren, kein Jude war. Ist doch nichts auffälliger als die Äußerung, die Kleopatra bei ihrem Untergang etwa in dem Sinne tat: „Ich hätte gesiegt, wären nicht die Juden."[56]

In Rom aber brach jetzt die Hetze gegen Kleopatra und Antonius los, und die kleinlichsten Dinge wurden hervorgeholt; ihre goldenen Becher oder gar der goldene Nachttopf, mit dem sie Antonius versah.[57] Vor allem wurde sie frech als Hetäre beschimpft; man hätte sich statt dessen um die Sittlichkeit der Römerinnen bekümmern sollen, die mit ihren Stallknechten oder mit Gladiatoren sich einließen. Nichts derart war der Kleopatra nachzuweisen.

Der Römer Quintus Dellius hatte in Ägypten ihre Gastfreundschaft genossen; in Rom aber suchte er sich interessant zu machen, indem er laszive, an Kleopatra gerichtete Briefe schrieb und sie dort von Hand zu Hand umgehen ließ.[58] Gegen solche Gemeinheit ist eine Frau wehrlos. Von Kleopatra selbst lag offenbar keine einzige anstößige Zeile vor; sonst hätte der Skribent sie natürlich mitgeteilt. Gewiß gab es sittenloses Gesindel in Ägypten genug, auch in Kleopatras nächster Umgebung, und der Freudenort Kanobus konnte es an Anrüchigkeit mit dem Bajä der edlen Römer reichlich aufnehmen; aber Kleopatra war ebensowenig in der Lage, als Sittenpolizei den Betrieb in Kanobus aufzuheben, wie Octavian damals läuternd auf die Zustände in Rom wirkte.[59] War doch auch nichts anstößiger als der Hergang bei der Hochzeit Octavians mit seiner Livia, und ist uns doch die Leporelloliste von Frauenzimmern bekannt, mit denen dieser römische Musterkaiser sonst sich abgab. Und nun gar seine Tochter Julia; gegen sie nimmt Kleopatra sich aus wie eine Heilige.

Das Garstigste war, daß man jetzt von den Mannweibern oder Weichlingen sprach, die wie eine Herde die Königin umgeben hätten; alle Ägypter sollten angeblich widernatürlichem Laster frönen.[60] Das waren Anwürfe, die man sonst nur als üblen Witz betrachtete.[61] Übrigens lese, wer gerecht sein will, den römischen Dichter Catull; ihm zufolge muß es auch in Rom von Leuten dieser Sorte gewimmelt haben; sogar den großen Julius Cäsar selbst beschmutzt Catull mit solchem

Vorwurf. Warum sollten die Römer also jetzt die Umgebung Kleopatras verschonen? Auf die Wahrheit kam es nicht an.

Es fehlt meines Wissens an jedem Nachweis dafür, daß sich Kleopatra mit Männern außer Cäsar und Antonius geschlechtlich eingelassen. Vielmehr hat sie ihre Weiblichkeit mit auffallender Zurückhaltung für ihre großen politischen Zwecke gespart. Da man positiv nichts Ärgeres fand, mutzte man dem Antonius solch unschuldige Galanterien auf, daß er bei Tisch in Gegenwart der Gäste aufstand und der Königin auf ihren Wunsch die Füße frottierte. Das war gewiß geschmacklos, aber doch nicht Anlaß genug, der Kleopatra den Krieg zu erklären.

Die verbürgte Nachricht, daß Antonius im Fall seines Todes in Alexandrien begraben sein wollte, benutzte Octavian als letztes Zugmittel. Der einleuchtenden Kriegsgründe gab es freilich sonst schon genug, und auf sein Betreiben erklärte der Senat ihr, der Königin Kleopatra, nicht etwa dem Antonius, den Krieg. Nur sie sollte als Feind gelten. Um aber dem Senat Mut zu machen, stellte Octavian sich hin und log: Antonius habe durch Liebeszaubermittel, die sie ihm verabreichte, seine Tüchtigkeit verloren, in Ägypten aber herrschte das Gesindel der Eunuchen, dazu Eiras, die Friseurin Kleopatras, und Charion, die Zofe. So lächerlich es war, von Zaubermitteln zu reden, so unwahr, wie auf der Hand liegt, war auch die zweite Behauptung. Der Krieg begann also mit einem Lügenfeldzug.

Das große Raubtier Rom, das nichts kann, als

sich mit fremden Werten mästen, will nun endlich auch den letzten unverzehrten Bissen der verfügbaren Welt, das kleine Ägypterland, das es schon lange benagt, sich einverleiben. Aber es sollte ihm schwer werden. Kleopatra frohlockte und schnellte dämonisch empor zu ihrer ganzen Größe, wie die Schlange sich aufschnellt gegen den Tiger. Rache an Rom! Endlich konnte sie ausholen; endlich soll es zur Tat kommen; hoffentlich ist es nicht zu spät. Sie will sich rächen, Ägypten rächen, als Königin der Könige will sie den ganzen Orient rächen an diesem Rom, das den Orient widerrechtlich geknechtet hält. Rom selbst aber soll ihr zur Rache helfen; denn Mark Anton, der Römer mit seinen römischen Legionen, ist ihr Schwert und Helfer. Darum hat sie ihn sich eingefangen. Was ist denn Rom? Das dumme Rom — so mochte sie denken —, das nichts von Wissenschaft, nichts von Dichtkunst, von Musik nichts weiß, alles nur wie ein Kind uns Griechen nachstammelt und selbst die Götter von uns entlehnt: es ist Zeit, daß eine Griechin in Rom herrscht. Was sie vor zwölf Jahren, als sie sich dort in Rom in ihrer Jugend zeigte, durch Julius Cäsar schon fast erreicht hatte, wollte Kleopatra sich jetzt erkämpfen. „Ich will Recht sprechen auf dem Kapitol!" war ihr Schwur.[62]

In Kleinasien hatte Antonius die Rüstungen begonnen, die Vasallenkönige zur Heeresfolge aufgerufen. Da kommt auch sie an der Spitze von 200 Schiffen dorthin; auf dem Admiralschiff der Kriegsschatz von 20 000 Talenten; dazu Lastschiffe mit Korn für das Heer. Sie selbst spielt die Gebieterin; römische Soldaten ihre Leibwache, auf deren Schilden der Name der Frau. Antonius ist kaum noch ohne sie zu sehen, auch bei seinen Ansprachen an die Truppen. Neben ihm reitet sie,[63] oder es geht in der Sänfte; römische Kriegsstandarten ihr und sein Gefolge. War er zu langsam? Seine Seele gedrückt? Sie mußte treiben und raten.

Begreiflich, daß die römischen Herren im Hauptquartier murrten; was sollte das Weib hier? Sie sollte nach Hause gehen! Und Antonius war bereit, sie zu entfernen. Aber die einsichtsvolle Stimme des Canidius Crassus erinnerte daran, wieviel sie selbst an Schiffen und Mannschaften gestellt und ausgerüstet (denn dieser Krieg galt ihr) und wie klug ihr Rat oft sei. Also blieb sie. Gleichwohl wurde es einigen Freunden schon damals unbehaglich, und sie reisten nach Rom ab. Es ging auch im Hauptquartier zu sparsam her, und bei Tisch gab es nur Krätzer zu trinken. Als einer der leckeren Römer dies der Kleopatra spottend ins Gesicht sagte, war sie in Wut, und er mußte für sein Leben fürchten.[64]

Die Kontingente der Vasallenfürsten rückten wohl nur langsam an; genannt werden (um hier die wichtigsten aufzuzählen) die Könige von Libyen, vom inneren Kilikien, von Kappadozien, von Paphlagonien, von Kommagene und von Thrazien. Auch Malchos, der Araber, schickt seine Leute, sogar das ferne Medien, mit welchem Antonius im Bündnis stand. Als aber auch der Judenkönig Herodes sich zeigen wollte, verhinderte es Kleopatra. Sie traute ihm nicht und zwang ihn, in anderer Richtung seine Kräfte einzusetzen.[65]

Zuerst scheinen die Könige im Hauptquartier auf der Insel Samos sich eingefunden zu haben, während ihre Truppenzüge nur langsam sich zusammenfanden, und so gab es auf Samos viele Tage des Abwartens. Vor einem Parterre von Königen wurden da in den Theatern mit einem Massenaufgebot von Chören und Solokünstlern Musikfeste gegeben, die die Stimmung steigern sollten, auf die indes Rom neidisch blickte; denn die Künstler des Ostens standen dem Westreich jetzt nicht zur Verfügung. Wie üblich, wird das Festprogramm Dithyramben und Päane, Götterhymnen und Heldenlieder geboten haben.[66]

Das nächste Hauptquartier wurde sodann nach Athen verlegt; von hier aus schickte Antonius der Octavia den unerläßlichen Scheidebrief. Die Ehe war jetzt nicht mehr haltbar. Der Brief kam aber einer Kriegserklärung gleich, die er an Octavian, den einstigen Kampfgenossen der Schlacht bei Philippi, richtete.

Endlich stand das Heer in endloser Front gegen Westen auf der Balkanhalbinsel und in der Kyrenaika an Afrikas Küste verteilt. Die erste Entscheidung aber mußte zur See fallen; denn der Krieg sollte ein Angriffskrieg sein; Rom war das Ziel, und es galt zu verhindern, daß die Truppen des Gegners irgendwo an den Küsten des Ostreichs landeten. Daher wurde die Flotte in das adriatische Meer vorgeschoben. Dort sollte eine Seeschlacht die Entscheidung bringen, falls Octavian es wagte, anzugreifen. Wagte er es nicht, so konnte Antonius Italien anlaufen und die Unternehmung gegen Rom selbst richten. Dort wollte sie Recht sprechen, die Königin.

Eine gewaltige Flotte von 500 Kielen hatte sich bei Patras und Korfu gesammelt. Das stolzeste Geschwader waren die hochbordigen ägyptischen Trïeren, darunter solche zu 8—10 Ruderreihen übereinander. An ihrem Bug sah man als Ornament aus Holz geschnitzte Zentauren, die Felsblöcke warfen.[67] Das Admiralsschiff trug das herkömmliche Purpursegel.

Rom hat damals, wie viele Zeugnisse beweisen, vor ihr, der Königin, gezittert, die angeblich mit Eunuchen und Mannweibern daherkam, um Rom in einen Pfuhl der Unsittlichkeit zu stoßen. Je ärger man Kleopatra verunglimpfte, je deutlicher verriet sich diese Angst. Denn noch stand Kleopatras goldene Statue in Rom aufrecht, und es war unvergessen, daß sie schon einmal ungehemmt, ja, hochgeehrt als Cäsars Gast in Rom Hof gehalten hatte, um durch ihn die Königin Roms zu werden.

Kein Zweifel, daß in jenen Tagen auch Kleopatra sich gefürchtet wußte und vom Hochgefühl und dem Glauben an den Sieg getragen war. Aber sie kannte den Gegner nicht. Jählings ging alles in Scherben, kam der Sturz, die große Niederlage, kam die Vernichtung über sie; und völlige Ratlosigkeit blieb übrig.

Sollte man an Omina glauben? Man erzählt, daß unter dem Backbord ihres Schiffes Schwalben nisteten, die immer Gutes bedeuten; aber sie wurden von anderen Vögeln weggebissen, die ihnen das Nest nahmen. Bei derartigem verweilte man im Altertum gern, und es fehlte gewiß nicht an warnenden Stimmen. Die Niederlage, die folgte, erklärte sich allein schon aus den Differenzen im Kriegsrat; die Römer wollten von der Frau, die dazwischensprach, nichts wissen. Die Flotte aber war zwar gewaltig anzusehen, der Schiffe aber zuviel und die Bemannung ungenügend; bedenklich vor allem, daß Antonius versagte. Er war schon lange nicht mehr in Form, verstand sich auch nur auf Feldschlachten, nicht auf das Seegefecht, und das Vorgehen krankte an Verschleppung.

Des Antonius Depression ging so weit, daß er vor Kleopatra selbst in sinnloser Furcht war; der Wahn befiel ihn, sie wolle ihn vergiften, und er wollte, wenn er bei ihr zu Tische ging, die Speise nicht anrühren. Sie hatte Mühe, ihn vom Gegenteil zu überzeugen.[68]

Um so resoluter der Feind. Plötzlich, und früher als erwartet, war Octavian mit seiner Flotte erschienen. Agrippa führte sie, der in Seegefechten erprobte Stratege, und drängte Antonius sogleich in eine Defensivstellung, in die Bucht von Ambrakia. Dort, am Vorgebirge von Actium, verschanzte sich Antonius notgedrungen; Landtruppen sollten ihm den Rücken decken. Aber er sah sich von Agrippa in der Bucht blokkiert, auch zu Land seine Rückzugslinie bedroht. Der große Feldzugsplan war damit endgültig vereitelt, ein Durchbruch aufs offene Meer noch möglich, ein Vorstoß auf Italien ausgeschlossen. Man mußte zurück; es galt jetzt vielmehr, Ägypten zu verteidigen.

Aber nur Kleopatra gelang der Durchbruch. Sie selbst schlug sich geschickt manövrierend oder erfolgreich kämpfend durch den Feind mit 60 Schiffen, auf denen der Kriegsschatz geborgen war, ins Freie und fand rudernd und segelnd den Heimweg unangefochten. Kopflos, als Flüchtling, folgte ihr Antonius wie vom Schlepptau gezogen, mitten aus der noch währenden Schlacht. Hinter ihm ging seine Flotte in Flammen auf. Scholl es nicht wie Hohnlachen über die See? Der Hohn galt ihr, der besiegten Königin. Ein Schlag hatte genügt, und Verzweiflung fuhr wie ein Dolch durch ihre Seele.

Ägypten jetzt retten? Aber womit? Sämtliche Vasallenkönige huldigten alsbald dem Sieger, in dem allein sich jetzt Rom verkörperte. Herodes war der erste, der dies tat. Aber auch seine Legionen verließen den Antonius, eine nach der anderen.

Er war in Kyrene gelandet, während sie mit ihrer immer noch stolzen Flotte in den Hafen ihrer Hauptstadt einlief. Aber sie bangte um den Empfang und ließ, um zu täuschen, bei der Einfahrt Siegesmelodien blasen;[69] sonst hätte man sie nicht landen, nicht in ihre Stadt gelassen. Dann wird alles offenbar, und der Aufruhr bricht los; sie hat alles falsch gemacht, und mit ihr kommt das Verderben! Ist sie nicht Herrin mehr im eigenen Hause? Mit Hinrichtungen muß sie um sich fahren. Sie möchte rasen, denkt schon an Selbstmord, aber muß Blut sehen, und läßt den König von Armenien, Artavasdes, den Verräter, köpfen, der noch immer in Alexandrien gefangen saß. Wozu ihn noch füttern?

Sie selbst aber? Nach Spanien will sie durchbrechen, um dort Aufruhr zu stiften gegen Rom (denn sie weiß, wie aufsässig gegen Rom dort die Cantabrer sind), dann wieder ihre Person in Arabien sichern und übers Rote Meer nach Osten fliehen. Ihre Schiffe lagen dazu schon im Roten Meer bereit. Aber die Schiffe wurden von den Arabern verbrannt, und es geschah auf des bösen Herodes Betreiben.

So galt es in Alexandrien das Schicksal zu erwarten, das unerbittlich nahte. Antonius kommt aus Kyrene zu ihr. Er bringt keine Hilfe mit. Sie aber muß handeln. Um im Land die Thronfolge zu sichern, erklärt sie Cäsarion, den Sohn Julius Cäsars, der inzwischen 14 Jahre zählte und den sie hochfahrend den König der Könige genannt hatte, für majorenn,[70] was auf ihre eigene Abdankung deutete, und läßt ihn ins innere Ostafrika und weiter nach Indien retten; es gab regelmäßige Schiffsverbindung mit Indien, und der Knabe, fast schon Jüngling, gelangte dort auch ans Ziel. Von den Tränen, die beim Abschied flossen, hören wir nichts. Vielleicht kannte Kleopatra die Träne nicht.

Dann naht Octavian. Drohend kommt er mit Heeresmacht von Syrien her. Während sich Antonius, um sich zu betäuben, kopflos den Trinkgelagen ergibt — der Trinkerklub der Leute vom unnachahmlichen Leben hieß jetzt der Verein der Sterbebereiten —, probiert Kleopatra schon Giftmittel. Zum Tod verurteilte Verbrecher dienen ihr dabei zum Versuch; es galt so die sanfteste Giftwirkung herauszufinden.

Octavian hat vor dem kanobischen Tor sein Kriegslager aufgeschlagen und beginnt durch Abgesandte die Unterhandlung. Nur mit Kleopatra unterhandelt er. Unterwürfig leistet sie Tributzahlung und schickt ihm als Zeichen der Abdankung Zepter und Krone. Er antwortet: „Keine Ursache! Du magst herrschen bleiben, wenn du Antonius ermordest."[71]

Den Antonius töten? Dieser, ihr Gemahl, war freilich nur ihr Werkzeug gewesen, und die echte Liebe, mit der sonst Frauen lieben, war Kleopatras männlicher Natur fremd. Auch hatte er im Verlauf des Krieges und der Schlacht selbst sie schwer enttäuscht. Aber das Ansinnen des Siegers war zu gemein. Lieber wollte sie den Gatten, wenn keine Rettung sonst, zum Selbstmord treiben, oder Octavian mochte ihn selber töten. Dieser zielbewußte Mann hatte sich ja im Männermord schon früh geübt. Ob man ihm die Köpfe der hingerichteten Römer in Säcken brachte, es hatte ihn kalt gelassen. Daß Antonius dem Octavian vormals im Tumult der Gasse in Rom das Leben gerettet hatte, war jetzt ganz vergessen.

Und so folgt nun das Ende der Tragödie, der Abschluß der Handlung, sowie ihn Shakespeare von Szene zu Szene dramatisch gestaltet hat und der uns anmutet, als gehörte er zu den Fabeln aus 1001 Nacht. Aber die Wirklichkeit war diesmal phantastisch erregender als jede Dichtung. Ein Auf und Ab von Hoffen und Verzweiflung war es, wie eine Flamme, die hundertmal aufflackert, ehe sie zuckend erlischt, und in der Not und Angst um die Erhaltung des armen Lebens, vor allem des Lebens ihrer Kinder, brechen in diesem Weibe so außerordentlicher Stellung und Begabung auch die häßlichsten Triebe durch.

Beim Tempel der Isis hatte Kleopatra einen monumentalen Grabbau für sich halbfertig stehen. Dahin brachte sie die ganzen königlichen Schätze, füllte den Bau aber auch mit Kienholz und Werg, um im Notfall mitsamt ihren Schätzen hier in Flammen unterzugehen. Octavian aber wollte das teuere Geld und all die Kostbarkeiten haben, wollte aber auch sie selbst lebend fangen und schickte ihr hinterlistig die freundlichsten Ausrichtungen. Da faßt sie Hoffnung, sie könne ihn noch für sich und die Rettung ihrer Dynastie gewinnen, wenn sie den Antonius preisgäbe, der ohnehin nicht mehr zu retten war. Ihre drei kleinen Kinder Alexander, Selene und Ptolemäus, hatte sie noch bei sich.

Antonius hatte sich indes ermannt. Er forderte Octavian zum Zweikampf, ein unerhörtes Ansinnen; denn das Duell war in der Antike unbekannt; Zweikämpfe gab es auch in der römischen Kriegsgeschichte seit langem nicht mehr, und Octavian lehnte es höhnend ab. Er selbst hat auch wohl kaum je ein Schwert im Kampf gezogen. Gleichwohl will Antonius jetzt bis zum letzten kämpfen, wie der verwundete Löwe, der sich umstellt sieht, zum Sprung ansetzt. Er hatte noch Mannschaften, an tausend Leute, die ihm treu schienen; auch hatte sich die Grenzfestung Pelusium noch gehalten. Aber Pelusium öffnet dem Gegner die Tore, und es hieß gleich, was unerwiesen, Kleopatra sei daran schuld. Noch einmal liefert Antonius ein Gefecht, aus dem Tor vorbrechend, und siegt, kehrt stolz und froh in die Stadt zurück, trifft beim Palast Kleopatra, küßt sie und bittet sie für einen seiner tapferen Leute um Belohnung. Mit einem Panzer schmückt sie den Mann und mit einem goldenen Helme. Aber derselbe Mann geht darauf zum Gegner über.

Es war kein Verlaß. Der Mensch dachte: der Kampf ist doch vergebens, und ich will wenigstens die schöne Rüstung retten. Am nächsten Morgen aber folgen, als ein ernsterer Kampf beginnt, alle letzten Streitkräfte seinem Beispiel, auch die Schiffe im Hafen, und jetzt heißt es: Verrat. Wer war schuld? Auf die Juden der Vorstadt fiel der Verdacht.[72] Aber dies scheint unerwiesen, und es genügt vielleicht zum Verständnis, anzunehmen, daß die Truppe selbst nicht weiter schlagen und vergeblich sich opfern wollte.

Aber auch gegen Kleopatra erhob sich der Verdacht; er erhob sich in der Seele des Antonius selber. Trieb sie katzenhaft mit ihm ihr Spiel? Schon früher litt er an Furcht vor ihr und glaubte in seinem Wahn, sie könne ihn vergiften. Hatte sie selbst ihn jetzt so wehrlos gemacht? „Ich bin verraten," ruft er, „verraten von ihr, für die ich kämpfte!" Sie hört es, fürchtet seine Rache, flüchtet in das Grabgewölbe und läßt von dort an ihn die Nachricht gelangen, sie habe sich selbst getötet.

Es war für ihn die Mahnung. Gewiß hatten sie beide für den Augenblick der letzten Not schon miteinander den Selbstmord erwogen; Cato, der in Utika sich tötete, als Julius Cäsar Rom knechtete, auch Brutus und Cassius waren das Vorbild, und der Augenblick schien gekommen.

Antonius hört: Kleopatra ging im Tod voran, zaudert nicht und stürzt sich selbst in sein Schwert. Aber der Tod trat nicht ein; er fällt auf eine Bank, liegt kraftlos und fleht die Umstehenden an, mit ihm ein Ende zu machen. Alle laufen entsetzt davon, bis Kleopatra davon hört. Einen Hofbeamten schickt sie; der bringt Antonius noch lebend zu ihr ins Grab. Durch ein Fenster wird er in das obere Gewölbe zu ihr hinaufgeschafft. Kleopatra selbst mit ihren Dienerinnen zieht das Seil, das ihn trägt. Blutüberströmt reckte er jammervoll sehnsüchtig die Hände nach ihr. Da versuchte sie ihm zu helfen, ihm Erleichterung zu verschaffen, und nannte ihn in zärtlichem Ton ihren Herrn und König. Sterbend riet er ihr, ihren Frieden mit Octavian zu machen und ihn selbst nicht zu beweinen; denn er sei groß und glücklich gewesen wie wenige, und es sei nicht unehrenhaft, daß ihn ein Römer besiegt habe.

So hatte sie ihn davor gerettet, daß er schmachvoll das Opfer dessen wurde, der seine Ermordung gefordert hatte.

Sie läßt dem Octavian den Tod melden. Der will, daß sie endlich das Grabgewölbe verläßt, und sendet Boten, die an der Falltür erscheinen, mit allerlei Zusicherungen. Sie traut nicht. Da greift ein Römer — er hieß Proculejus — zu einer Leiter und steigt von oben zu ihr in den Raum.

Blitzschnell greift sie zum Dolch, um sich zu erstechen; er aber entreißt ihr die Waffe. Es war ein Ringen zwischen Mann und Weib, ein Kampf über des Antonius Leiche.

Sie ist endlich besiegt, und die Handlung geht weiter. Antonius wird zur Beisetzung hinweggeholt. Es soll mit hohen Ehren geschehen, und sie selbst darf die Bestattung ausrichten. Aber sie wird jetzt gewaltsam in den Palast gebracht und tritt aufs neue in den Kampf mit den Lebendigen. Sie hat diesen Octavian, der jetzt das Schicksal ist, noch nie gesehen, sorgt sich um ihre Kinder. Da hört sie, daß er sie selbst im Triumph nach Rom schleppen will. Eher den Hungertod! Aber wenn sie sich tötet, bedroht er ihre Kinder; die Kinder sollen dafür büßen. So verlangt sie endlich, ihn selbst zu sehen, und Octavian entschließt sich und kommt zu ihr. Es war das einzige Mal, daß sie sich sahen, daß sein kaltes Auge auf ihr ruhte, der Frosthauch seiner Rede sie traf.

Er fand keine Venus, er fand keine Circe. Fiebernd auf einem Strohsack und im schlichten Chiton wie die Sklavinnen lag sie da mit ganz entstelltem Antlitz; denn bei der Totenklage um Mark Anton hatte sie sich das Gesicht zerkratzt. Nun wirft sie sich ihm zu Füßen: „Du wirst mich nicht töten?" Es klang flehend und so, als hinge sie am Leben.

Er aber hört kaum hin und verlangt als Geldmann von Beruf und Herkunft Nachweis über den Staatsschatz. Sie hat ein Verzeichnis bereit; aber es ist nicht vollständig. Wozu auch soll sie gegen diesen Mann, den Todfeind, ehrlich sein? Zum Unglück ist ihr Verwalter Seleukos zugegen und ruft: „Das ist nicht alles!" Der Mensch suchte sich bei dem großen Herrn einzuheben. Da wallt sie noch einmal in Wut auf, faßt ihn an den Haaren und schlägt ihn ins Gesicht mit dem Schrei: „Es fehlt nichts!"

Dann treibt sie ihr letztes Gaukelspiel; um den Tod suchen zu können, tut sie so, als ob ihr alles daran liege zu leben. Da versichert ihr Octavian, sie werde in dem Glanz, den sie verlangte, weiter leben können.

Das lockt sie nicht. Sie weiß überdies, dieser Mensch pflegt seine Versprechen nicht zu halten, und das Ende naht. In drei Tagen soll sie aufs Schiff als Trophäe nach Rom verladen werden. Sie hört es. Die Tage vergehen. Ihr wird noch erlaubt, dem Mark Anton zum letzten Abschied Totenehren und Grabesspenden darzubringen. Dabei wird sie unausgesetzt von Spitzeln bewacht.

Als sie vom Grab des Mannes, den sie beglückt und in den Tod getrieben, in den Palast zurückgekehrt ist, nimmt sie ein Bad, läßt sich ein Mahl auftragen und beginnt, von königlichem Hausgesinde umgeben, zu speisen. Ein Bauer tritt ein mit einem Korb voll Früchte. Den römischen Wächter hat sie zu entfernen gewußt, indem sie ihm einen Brief an Octavian mitgab, den sie zuvor geschrieben. Jetzt winkt sie; auch das dienende Personal muß sich entfernen, und sie schließt die Tür des Gemaches ab. Nur ihre zwei liebsten Zofen, Eiras und Charion, sind bei ihr geblieben, und „sie tat die Tat, die alle Taten endet".

Octavian las den Brief. Darin stand nur die Bitte, bei Antonius beigesetzt zu werden. Sie hat den Feind überlistet. Eiligst gibt er Befehl, das Schlimme zu verhindern. Das Gemach wird aufgebrochen; da lag sie tot, königlich angetan, auf goldener Kline. Aber auch Eiras war tot, Charion lag noch im Sterben. Keine von beiden konnte etwas aussagen, und es ist bis heute das große Geheimnis, wie die Königin den Tod gefunden.

Zwei leichte Stiche fand man an einem der Arme, die von einer vergifteten Nadel, die auch vom Biß von Schlangen herrühren konnten. Auch schienen Spuren auf dem Fußboden zu verraten, daß da Schlangen entlanggeglitten waren.[73] Octavian berief sofort afrikanische Schlangenbeschwörer zur Stelle; die mußten das Gift aus der Wunde saugen. Es war aber zu spät. Kleopatra kehrte nicht ins Leben zurück.

Die glaublichste Vermutung schien, daß der erwähnte Bauer im Fruchtkorb die Schlangen gebracht hatte.

Kleopatras letzte Bitte erfüllte Octavian, und sie wurde neben Antonius königlich beigesetzt. Als im folgenden Jahr der große Sieger in Rom seinen Triumphzug hielt, mußten Kleopatras Kinder als Beutestücke im Zuge einherschreiten. Aber auch Kleopatras Bild ist da, plakatartig groß gemalt und weithin sichtbar, zur Schau für alle Römer die Appische Straße entlang und übers Forum einhergetragen worden, wo man sie auf der Kline im Verscheiden liegen sah, die Viper am Arme. Das war Kleopatras Einzug in

Rom. Der Dichter Properz bezeugt uns frohlockend, daß er dabei war; er hat sie selbst so im Bilde gesehen.[74]

Ein beispielloser Jubel war es und ein Prahlen: Rom hatte eine Frau besiegt. Sie glich dem Hannibal, dem gräßlichen: auch der hatte einst Rom selbst bedroht und auf dem Kapitol speisen wollen. Sie hatte Recht sprechen wollen an derselben Stelle, auf der Burg des unüberwindlichen Jupiter, und die Schlacht bei Actium galt als eine Rettung vor dem Erbfeind, mehr als die Schlacht bei Zama, in der einst Hannibal erlag. Kein Sieg ist in Rom so gefeiert und besungen worden. Horaz und Properz wetteiferten darin.[75] Ja, in jedem 5. Jahr wurden bei Actium selbst zur ewigen Erinnerung Festspiele mit Wettkämpfen gefeiert, die in der Tat bis in die späte Kaiserzeit fortbestanden.[76]

Vor dem, der des Properz Verse liest, wächst Kleopatra wie ein Schreckgespenst empor ins Große, das Gespenst der Isis, die in den Schall der römischen Drommeten hinein das rasselnde ägyptische Sistrum schwingt. Um sie nicht bewundern zu müssen, beschimpft man sie als Buhlerin und von Weichlingen umgebene Hetäre, und wir glauben noch aus ihrem Grabe den Schrei zu hören, den sie in Shakespeares Tragödie gegen die Römlinge erhebt: „Verdorre die Zunge meiner Lästerer."

Wer einer Kleopatra begegnet, erwarte keine Heilige, auch keine Penelope zu sehen. Sie war eine von den Starken, in deren Hand die alltägliche Tugend zerbricht, und aus den Abgründen der List und der Leidenschaft holte sie sich die Stärke, da sie mit Tod und Leben zu spielen hatte: ein echtes Geschöpf ihrer Zeit, ihrer Heimat und ihrer Familientradition, die gleichfalls von Größe wußte und die ihr die großen Pflichten gab. Bedauerlich für uns ist, daß weder sie noch Mark Anton versucht hat, in der Geschichtsschreibung ihr Leben mit Sorgfalt buchen zu lassen, und so wäre es, wie bereits gesagt ist, eine Torheit, die einseitigen Berichte, die uns vorliegen, kritiklos weiterzugeben und das viele, was ihre Feinde zusammenlogen oder tendenziös entstellten, ernst zu nehmen. Es wäre dies geradeso, als wollte man ein Bild des deutschen Volkscharakters nach den Darstellungen geben, die, als der Weltkrieg über Deutschland kam, in der Lügenpresse Englands und Frankreichs zu lesen standen.

Gerechter als Properz versuchte der Dichter Horaz zu sein, der gleich nach dem Eintreffen der Nachricht von Kleopatras Tod seine Siegesode schrieb,[77] in der er die vornehme römische Priestergenossenschaft der Salier zum Festtrunk auffordert und den Octavian feiert, den er nach dem Herkommen „Cäsar" nennt. Es lohnt, wie ich denke, zum Abschluß hier auch noch seine Verse mitzuteilen. Auch für ihn ist Kleopatra zwar das übermütige asiatische Weib, und auch er redet pflichtgemäß von dem anrüchigen Personal an ihrem Hofe; aber er zeigt uns deutlich den Schrecken, der entstand, als sie sich der Küste Italiens näherte, und er empfindet trotz allem staunend die Größe ihrer fürstlichen Seele und das Ergreifende ihres Lebensendes, so daß uns das Gedicht eine Hilfe ist zur Charakteristik der Frau, der sich diese meine Darstellung gewidmet hat.[78] Die Ode lautet:

> Jetzt, Salier, sollt ihr trinken, mit freiem Schritt
> Im Tanz die Erde stampfen; es wäre recht,
> Wenn ihr den Göttern auch das Lager
> Könntet zu festlichem Schmaus bereiten.[79]
>
> So lang' war's euch verboten, den Cäcuber
> Aus eurer Ahnen Keller zu holen, als
> Die tolle Kön'gin unsren Tempeln
> Einsturz, dem Reiche Vernichtuug drohte,
>
> Die mit der schmachvoll eklen Cinädenschar
> Unziemlich sich umgab und dabei hirnverbrannt,
> Von süßem Glück berauscht, die kühnsten
> Hoffnungen nährte. Doch schwand ihr Wahnsinn,
>
> Als ihre Flotte brannte und kaum ein Schiff
> Entkam und Cäsar das von Ägypterwein
> Wie trunk'ne Weib in Angst und Furcht warf,
> Bis sie entfloh aus Italiens Nähe.
>
> Zu Schiff setzt' er ihr nach, wie der Habicht stößt
> Auf scheue Tauben oder der Jäger rasch
> Den Hasen jagt auf nord'schem Schneefeld.
> Ketten gedacht' er ihr anzulegen,
>
> Dem Unheilsdämon. Aber sie dachte nur
> An heldenhaften Tod, nicht nach Weiberart,
> Und floh, gewöhnt an Blut und Eisen,
> Nicht mit den Schiffen an fremde Küsten.
>
> Gefaßten Sinnes sah sie ihr Königshaus
> Zerstört und griff beherzt sich mit starkem Griff
> Die bösen Nattern, um ihr tödlich
> Wirkendes Gift mit dem Leib zu trinken,
>
> Durch ihren Freitod furchtbarer als bisher.
> Sie wollte nicht entthront und als nied'res Weib
> Auf den verhaßten Kahn geladen
> Prunkstück des Römertriumphes werden.

Das Land Ägypten wurde nach den weltbewegenden Ereignissen, die ich vorgeführt, endgültig zum Römerreich geschlagen. Cäsarion, Julius Cäsars Sohn, der sich König Ägyptens nannte,
hatte nach einiger Zeit gewagt, sich wieder zu
zeigen; er war aus Indien in seine Heimat zurückgekehrt. Octavian ließ ihn töten. Die Kinder dagegen, die Kleopatra dem Antonius gegeben hatte,
wurden von Octavia freundlich aufgenommen und
mit ihren eigenen Kindern erzogen. Octavia bewährte sich auch damit als die edelste der Frauen
und trauerte ehrlich um den Mann, der sie so
treulos verlassen hatte, um in sein Verderben
zu gehen.

ZEHNTES KAPITEL

RÖMISCHE KAISERINNEN

Die Weltgeschichte geht weiter, und wir suchen jetzt die Frauen Roms. Sie werden uns indes nicht viel Neues bringen. Die Weltzentrale hatte sich nur aus dem Osten nach Westen verschoben; Rom aber, das neue Weltzentrum, war längst hellenistisch, alexandrinisch stark beeinflußt, und was folgt, ist nichts weiter als die Fortsetzung des schon Gegebenen, eine Fortsetzung mit Variationen.

Mit der Republik war es zu Ende, und das Königtum nach dem Vorbild der Ptolemäer setzte sich fest in Rom. Octavian, den die Geschichte Augustus nennt, hat es zunächst in liberale Formen zu verkleiden gesucht, und das Wort „Freiheit" sollte noch gelten. Aber das Wort hatte hohlen Klang, und die Verkleidung war vergebens. Nur das Wort „König" wurde vermieden; an seine Stelle trat Cäsars Eigenname in dauernder Vererbung; er wurde zum Titel, der alle Zeit überdauert hat und großmächtig im Russischen als Zar, bei uns Deutschen als Kaiser weiterlebt.

Kleopatras ehrgeizig phantastischer Wunsch hatte sich also überraschend in anderer Weise erfüllt; denn jenen Cäsar hatte sie einst beherrscht, hatte selbst sein Königtum gewollt, hatte als seine Königin seine Dynastie begründen wollen. Aber noch mehr: die Zeit sollte kommen, wo ihre kühnste Forderung sich erfüllte und ein hochfahrendes Griechenweib, gleichsam sie selbst in verwandelter Gestalt, als Herrscherin in Rom einzog; eine Schmach für Rom. Die Angst vor ihr war nicht umsonst gewesen.

Der Prozeß dauerte eineinhalb Jahrhunderte, und Rom wehrte sich lange. Es ist spannend, den Hergang zu verfolgen, und dies gibt uns Anlaß, nach den römischen Kaiserinnen uns umzusehen und die Geschichte des Kaisertums im Fluge zu durchblättern.

Das julische Kaiserhaus, das von Augustus ausging, starb schon mit Nero aus; kurzlebiger noch war die flavische Kaiserfamilie. Die Dynastien degenerierten noch schneller in Rom als in den hellenistischen Reichen. So erblicken wir den Höhepunkt des römischen Kaisertums erst in den Herrschern von Trajan bis Mark Aurel, Männern, die unter sich nicht blutsverwandt, durch freie Wahl ihres Vorgängers auf den Thron berufen wurden. In all diesen Zeiten aber war Rom betont römisch, so römisch es damals noch sein konnte; die Herrscher selbst suchten die alten nationalen Werte nach Möglichkeit noch zu retten und zu steigern; schon Augustus ging damit voran.

Nur Caligula, der verrückte, des Tiberius Nachfolger, hat eine seltsame Ausnahme gemacht. Er war von Ägyptomanie ergriffen, als stünde Kleopatras Geist hinter ihm, machte den Isisdienst zur kaiserlichen Religion, verbot die Erinnerungsfeiern an die Schlacht bei Actium und heiratete gar nach ägyptischem Vorbild seine

Schwester Drusilla, die unselige, die von Grauen erschüttert alsbald schwer erkrankte und wegstarb.

Diese Episode blieb vorläufig ohne Nachwirkung, und so vollendete sich die klassische römische Dichtkunst, um nur sie zu nennen, die auch noch die nächste Zeit ausfüllte, von Vergil bis hin zum Tacitus. Denn auch Tacitus, den Historiker, müssen wir zu den großen römischen Dichtern zählen. Was wäre Rom ohne diese klassische Dichtkunst? Die Kaiserinnen aber hatten bei alledem nicht viel zu bedeuten; zum Teil außerordentliche Frauengestalten, gewiß; aber ohne erhebliche politische Begabung, machten sie nur in der Hofgeschichte, nicht in der Weltgeschichte Figur.

Da ist Livia, die vielgepriesene, scheelsüchtige Gattin des Augustus, einst eine Modellschönheit. Sie war zuvor Gattin eines Claudiers gewesen und trat in schwangerem Zustand mit Augustus in die Ehe. Diesem selbst gebar sie einen Knaben, der schon in den Windeln starb.[1] Dabei blieb es, obschon sie sehr gesund war.[2] Wozu noch Söhne? Sie hatte ja aus ihrer ersten Ehe den Tiberius und Drusus; sie schonte sich also und überlebte klug und zähe den so langlebigen kaiserlichen Gatten noch erheblich. Eine Verbrecherin unter der Maske der Tugend, trieb sie zeitlebens nur Familienpolitik, saß im Palast fleißig als Musterfrau und spann und webte mit ihrem Gesinde, beaufsichtigte dabei aufmerksam die römische Gesellschaft und den eigenen Gatten, und ihre einzige Großtat war, daß es ihr gelang, ihren Erstling, den Sohn Tiberius, der dem Blute nach gar nicht zur Kaiserfamilie gehörte, auf den Thron zu bringen. Tiberius wurde Kaiser durch sie. Ohne ein planvolles und fortgesetztes Sterben der sonstigen nächsten Verwandten war dies nicht möglich. Livia aber verstand es, sich völlig im Dunkeln zu halten.[3] Der Zufall hatte das alles getan, und vor den Augen der Welt stand sie unschuldig da und unantastbar. Steinalt noch empfing sie in ihrem Palasthof thronend die Angeber und Horcher; es gab unter Tiberius die Majestätsprozesse, und ihr Einfluß darauf war gefürchtet.

Berühmter noch Messalinas Name, der wollüstig Schönen; aber für das Staatsleben hat sie nichts bedeutet. Die Gattin war sie des närrischen Kaisers Claudius; aber wir hören fast nur von den Abenteuern ihres Schlafgemachs. Ihre Großtat war, daß sie das noch nicht Dagewesene, daß sie als Weib die Doppelehe wagte. Bei Lebzeiten des Kaisers ging sie eine zweite Heirat ein. Der Kaiser war ratlos; der erste seiner Hausdiener aber half und sandte die Mörder aus, die in den Lukullischen Gärten die Schutzlose überfielen und niederstachen. Der Staat verlor nichts mit ihr.

Ganz anders Agrippina, die Mutter Neros, ein außerordentliches Weib großen Ausmaßes, skrupellos, herrschsüchtig, machthungrig und mit dem unbeugsamen Willen, sich durchzusetzen; kein Mittel zu arg, um zum Ziel zu gelangen. Es war, als würde das Leben am Hof der Ptolemäer in Rom fortgesetzt. Sie war des Kaisers Claudius Nichte, des viel gehänselten Kaisers mit dem Wackelkopf, drängte sich ihm zur Ehe auf, war so als Kaiserin Nachfolgerin Messalinas und zwang den Schwachköpfigen nun, sie offiziell vor der Welt als seine Mitregentin anzuerkennen. Als *socia imperii*[4] hatte sie ihre eigene Leibwache, eine Person, hart wie Granit, kalt wie eine Eisscholle.

Erhebliches ist von ihrem politischen Wirken gleichwohl nicht zu melden; denn ihr fehlten die großen Ziele, und der griechische Hausminister Narziß ist es vielmehr gewesen, der damals die Reichsverwaltung in der Hand behielt. Jedenfalls wußte sie glänzend zu repräsentieren und thronte auf einer besonderen Tribüne, in Goldstoff gekleidet wie eine schillernde Schlange, wenn es galt, Gesandte oder einen kriegsgefangenen Barbarenhäuptling zu empfangen oder eine Truppenschau abzunehmen.[5]

Denkwürdig immerhin, daß diese Agrippina die Gründung unserer Stadt Köln am Rhein persönlich veranlaßt hat; sie wollte dort ein dauerndes Denkmal haben, wo sie im Heerlager, als ihr Vater Germanicus gegen die Germanen im Felde stand, geboren war. Die Stadt hieß also nach ihr die Colonia Agrippinensium. Übrigens hören wir, daß sie gönnerhaft nahe Beziehungen zu den Königen Judäas unterhielt; sie scheint sich auch zugunsten der Judenschaft der Stadt Alexandrien in die Verhandlungen eingemischt zu haben, als die Alexandriner vor dem Kaiser in Rom ihre Beschwerde über die Juden erhoben.[6]

Schließlich kam es zum Gattenmord; sie vergiftete den Claudius beim Essen. Auch den Narziß ließ sie töten, um ihren Sohn Nero auf den Thron zu bringen, und wollte nun erst recht als

Mitregentin die Führung im Reich neben dem Sohn behalten, der erst siebzehn Jahre zählte. Aber sie ging an diesem Sohn zugrunde. Nero lebte in Angst vor ihr, bis er sie umbrachte. Gattenmord, Muttermord. Es war der Dank des Nero, der feiger und darum noch fürchterlicher als seine Mutter war. Grauenvolle Instinkte offenbarten sich da; man kann sagen: das vererbte Böse schlägt nach seinem Ursprung.

Es war genug. Die Ereignisse unter Claudius und Nero hatten mehr als abschreckend gewirkt, und die Kaiser wurden klüger. Sie machten Schicht, und die Kaiserfrauen verschwinden nahezu für uns durch ein volles Jahrhundert. Es herrschte die Messalinen- und Agrippinenfurcht. Vespasian war zum Glück Witwer, als er zur Herrschaft kam, und liebte sein frisches, freies und fröhliches Witwertum; aber auch seine Söhne lebten im Palast nahezu wie die Junggesellen. Des Trajan Weib blieb kinderlos; Kinder wurden freundlichst verbeten. Dabei war diese Frau Philosophin und lebte zufrieden als eine der Stillen im Lande.[7] Kinderlos auch die Sabina des Hadrian, aber nicht nur ohne Kinder, sondern auch scheinbar ohne Eigenschaften und die ödeste der Öden, eine saure Gurke (mit Verlaub zu sagen), die allmählich austrocknete und die in dem feinfühligen Eheherrn, dem Mann mit der immer suchenden Seele, den Geschmack am Ewigweiblichen oder auch nur am zeitlich Weiblichen früh ertötet hat.[8]

Da war es eine Wohltat, daß durch Mark Aurel wieder frisches Leben einzog in den morosen Kaiserpalast; denn er heiratete die muntere und liebreizende Faustina in früher Jugendehe, und gleich stellten sich auch Kinder ein, ein ganzes zwitscherndes „Kindernest".[9] Für das Stadtvolk in Rom, das auf dem Forum herumstand und zum Palatin, dem Palastberg hinaufsah, war das ein Ereignis; denn unter keinem der fünfzehn voraufgehenden Kaiser hatte man dort Ähnliches erlebt und die Ammen so oft ein- und ausgehen sehen. Noch heut steht am Forum der Faustinatempel mit den mächtigen sechs Granitsäulen. Er sichert auch heut noch für den Römer den Namen der Kaiserin.

Hernach hat die liebe Frau den ernsten Mann, als er Kaiser geworden, mit Lieblichkeit und Lebenslust umgeben; sie hat ihm sein Leben, so flatterhaft ihr reges Herz auch sein mochte (auf der Theaterbühne in Rom hörte man allerlei Anspielungen), gleichwohl mit weicher Hand hegend und pflegend bis an ihr Lebensende verschönt. Während Mark Aurel seine Kriege im Böhmerland bis hinein nach Schlesien führte, hielt sie, ob Sommer, ob Winter, wacker mit ihm im wechselnden Quartier aus, war auch bei der Truppe selbst beliebt und hieß die Mutter der Heerlager. Aber mit Politik gab sie sich nicht ab; dazu war sie zu sehr Weib und dachte: wozu ward dem Mann die Weisheit? Was er tut, das ist wohlgetan!

In der Tat sind die Zustände im weiten Reiche nie glücklicher als unter den zuletzt genannten Kaisern gewesen, und es floß auch immer noch gut römisches Blut in diesen Männern und in ihren Frauen. Es war immer noch ein Stolz, Römer zu sein.

Aber schon hatte der Orient gedroht, ich meine das Griechentum Asiens, und der Schatten Kleopatras regte sich zum zweiten Male. Es war unter Titus, der i. J. 70 nach Chr., als er noch nicht Kaiser war, Jerusalem belagerte. Da war es die Prinzessin Berenike, die ihn in seinem Feldlager besuchte. Sie war die Schwester des Judenkönigs Agrippa, älter als Titus, aber eine reife Schönheit und routiniert. Sie kam von ihrem Landsitz aus den Zedernwäldern des Libanon und bestrickte den simplen jungen Feldherrn völlig, indem sie die Königin von Saba spielte und ihn mit ihrem Zauber und dem berauschenden Luxus der morgenländischen Sultaninnen umgab.

Jerusalem fiel. Als Sieger zog Titus ohne Berenike in Rom ein und wurde Kaiser als Sozius oder Mitregent seines Vaters Vespasian. Da kam sie ihm nach; sie kam nach Rom (die Weiber sind vordringlicher als die Männer, so meinten schon die Alten[10]), gewiß schimmernd in Edelsteinen und klirrenden Ketten und mit dem üblichen bunten Gefolge von Pagen und Kastraten. Es war just so, wie einst auch Kleopatra in Rom einzog, um Cäsar zu suchen. Sie wollte ihren Fang nicht lassen. War es nicht des Werbens wert, durch Titus Kaiserin Roms zu werden? Und sie siegte; er gab sich ihrem Verkehr ganz hin, und es schien der Bürgerschaft ein ausschweifendes Leben. Man hörte davon, daß er der Berenike die Ehe versprochen. Die römische Gesellschaft war ehrlich entsetzt und fürchtete das Schlimmste: die Asiatin, die nur griechisch sprach,

Kaiserin? Eine Beleidigung für die Frauen Roms! und wie würde mit ihr das Regiment sich gestalten? Da kam die Rettung. Titus hörte auf die warnenden Stimmen, die zu ihm drangen, bezwang sich endlich (es war gewiß kein leichter Kampf) und hieß die Frau ziehen (invitus invitam). Daß Titus Jerusalem eroberte, war nicht genug; Jerusalem gelang es nicht, ihn zu erobern, und kein Zweifel: man hat ihm auch dies gedankt.

Berenike war längst vergessen, als Kaiser Mark Aurel i. J. 180 n. Chr. in Wien starb. Eine neue Dynastie zu gründen, war diesem trefflichsten der Monarchen nicht beschieden.[11] Da kam das Schicksal wirklich über Rom; es erfüllte sich endlich, was Kleopatra gewollt hatte, und griechische Weiber setzten sich fest im Kaiserpalast und beherrschten die Stadt und das Reich. Kleopatra vervielfältigte sich in ihnen. Es waren die syrischen Kaiserinnen, die Zeit 200—235 n. Chr.

Rom verlor sich, verwandelte sich. Es wurde damals orientalisiert von oben her und von unten. Den Isisdienst hatte schon Kaiser Caligula in Rom sanktioniert mit dem Tempel auf dem Campus; dann kam das griechische Christentum: aus dem Judenviertel drang es vor und hatte schon breite Kreise gezogen bis ins kaiserliche Hofgesinde hinein. Der Bibeltext sprach griechisch, die römischen Bischöfe auch; also stand es mit der Gemeinde nicht anders. Nun war auch am Hofe das Latein zur Fremdsprache geworden.

Es war die große Wendung. Septimius Severus, der Afrikaner, usurpierte gewaltsam die

Herrschaft (i. J. 193); er überzog dabei das so friedliche Reich mit dem blutigsten Krieg und suchte nach einer Kaiserin, und siehe: aus Syrien kam Julia Domna zu ihm, die Basianustochter, aber nicht sie allein; sie brachte gleich ihre Schwester und ihre zwei Nichten mit; diese hießen Mäsa, Soämias und Mamäa. Sie stammten aus üppigem Hause, vom Hohenpriester des Sonnendienstes in Emesa, und religiöse Interessen waren ihnen anerzogen, vollsemitisch, breitspurig, agil, durch grenzenlosen Reichtum verwöhnt und so scheinbar zu allem fähig. Aber sie versprachen Gutes, vor allem Julia Domna selbst, und nur Soämias steckte wie in einer Wolke des Lasters. Sie war die liederliche Mutter des Heliogabalus. Dieser Buhlknabe im Purpur, schön wie die aufgehende Sonne, und sein Kaisertum war die größte Schändung, die der Palast der Cäsaren und das einst so tugendstolze Rom je erlebt hat.

Geistig interessiert waren diese Damen, aber nur für das Modernste. Das Klassische galt als abgestanden und gehörte in die Rumpelkammer, die Götterpuppen Homers nur noch gut für die Kinderstube. Eine neue, flott geschriebene Geschichte Roms schien nötig; der Senator Cassius Dio schrieb sie, gewaltigen Umfangs, von der Gründung Roms bis zur herrlichen Gegenwart, aber natürlich griechisch; das Werk war bestimmt, den alten lateinischen Livius tot zu machen.

Übrigens wollte man Vertiefung, religiöse Aufklärung, eine Neubegründung der Tugendlehre, und es gab unter den wortreichen Griechen eine Fülle von Wohlrednern, die über solche Themen klangvoll und mit Eleganz sprachen und schrieben. Das liebten diese geistigen Frauen; besonders Philostrat war am Hof freundlichst zugelassen und verfaßte in ihrem Dienst u. a. das Leben des Appollonius von Tyana, des frommen orientalischen Sonderlings, die letzte große Neuheit auf dem Büchermarkt des Heidentums. Die christlichen Evangelien schienen schlecht lesbar, ihre Sprache zu lokal gefärbt und ungepflegt. So etwas konnte man nicht lesen. Hochfein war dagegen das Religionsbuch des Philostrat und dazu so inhaltreich und staunenswert; denn Apollonius tat wie Christus Wunder, und er predigte auch den reinen Gott, der nur einer ist und der keine Brandopfer will. Wer das las, stand auf der Höhe der Zeit. Es galt, die Welt damit auf ein neues Niveau zu heben, und diese Frauen waren dazu berufen. Der Apollonius führte freilich auch allerlei Sonderbares, ja Albernes im Munde; aber das störte nicht; es wirkte erholend bei all der Heiligkeit, und man muß auch einmal lachen können. Aber die Frauen meinten es ernst, verbreiteten eine Atmosphäre bequemer und heiterer Religiosität um sich und glaubten ohne die vulgäre Agitation, wie die Christen sie trieben, allein schon durch die Macht ihrer erhabenen Stellung in den maßgebenden Kreisen hinlänglich für die nötige Aufklärung wirken zu können.[12]

Frauen in Macht, ja, in Allmacht: sie dünkten sich vor allen Sterblichen zur Freude geboren. Aber ihr Schicksalsgang war erschreckend und ein Schauspiel von unheimlicher Tragik. Nur Mäsa starb natürlichen Todes, und das Unglück dieser Frauen waren ihre Söhne. Die Söhne von Kaiserinnen mißraten; dies lehrt die römische Geschichte; es traf auch hier zu, und am Hof ist die Erziehung von Kindern, ihre Vorbildung zum Leben doppelt schwer.

Mit Julia Domna begann es. Sie hatte zwei Söhne, Caracalla und Geta; aber die Söhne haßten sich tödlich. Woher diese gräßlichen Instinkte? Als sie Witwe geworden, mordete Caracalla den jüngeren Bruder; er schickte die Mörder; es geschah in Gegenwart der Mutter. Das Blut Geta's spritzte an ihr hoch; ja, der Hieb traf auch sie mit, und sie trug die Wunde durch ihr Leben.

Caracalla aber als Kaiser Roms zeigte sich blutgierig und feige zugleich, indem er den Kriegsfürsten und den Tyrannen spielte, und erntete den Haß und die Verachtung seiner Truppen. Einer seiner Offiziere schlug ihn nieder auf offenem Felde. Was sollte die Mutter noch? Beide Söhne ihr durch Mord entrissen! Sie beschloß denselben Weg zu gehen, aber tapferer; sie tötete sich selber.

Die Dynastie schien damit erledigt, und das Heer erhob den Macrinus zum Kaiser. Aber nein! Da waren noch zwei Knaben, die Söhne der Soämias und der Mamäa, Elagabal und Alexander. Warum verzichten? Es galt zu handeln. Die Frauen, Mäsa voran, fürchteten sich nicht vor Schlacht, Waffenlärm und Kriegsgeschrei. Sie standen in Syrien, in Emesa, und begannen für die Knaben die laute Propaganda mit klingendem Gelde. Ein Heerlager war in der Nähe; das Militär war rasch gewonnen. Auch des Macrinus

Legionen gingen zu den Frauen über. Das Spiel war gelungen, und der 15jährige Laffe Elagabal, gemeinhin Heliogabalus genannt, zog prangend als Kaiser in Rom ein; Eunuchen und jene Mannweiber sein Gefolge, mit denen angeblich schon Kleopatra Rom bedroht hatte. Er selbst war der gelehrige Schüler dieser Leute, ging als Asiat in weiten purpurnen Hosen einher, den Goldreif mit Juwelen um die Stirne, und begann gleich sein freches, cinädisch sündiges Gebaren. Vier Jahre nur, da war es genug, und er wurde massakriert von der Kaisergarde der Prätorianer. Soämias, seine Mutter, hatte gewagt, sich mit ihm zu zeigen; sie wurde mit ihm umgebracht — es war e i n Aufräumen — und beide Leichen mit Hallo durch die Straßen geschleift, damit auch der Janhagel seine Freude habe.

Mäsa, die alte, tröstete sich; denn der Knabe Alexander war noch übrig. Dieser wurde jetzt mit Zustimmung der Soldateska zum Kaiser gemacht und hieß als solcher Alexander Severus. Er war durchaus gutartig und strebsam, und man war gewiß, es werde nun alles gut gehen. Mamäa, seine Mutter, hütete ihn in strenger Zucht, und er parierte und blieb zahm gefügig wie ein Kind; dabei eine nach Büchern hungernde Gelehrtennatur und überfüttert von Ethik und platonischer Tugendlehre. Vergebens suchte ihn die Mutter zu körperlichen Übungen anzuhalten. Ihre Erziehungsart aber war falsch; ihre Bevormundung, die nicht nachließ, zerbrach ihm völlig das Rückgrat der eigenen Willenskraft, und das sollte sich rächen.

Denn Mamäa war herrschsüchtig, aber auch herrschfähig; ja, sie steht in der Galerie der Kaiserinnen, die wir durchschreiten, einzig groß da. Die Zeit ihrer Regierung wird uns mit Jubel gepriesen; es waltete die sichere Hand einer Friedensfürstin, und Rom fühlte sich glücklich. Eine Majestät, scheinbar in schlichtester Aufmachung, war sie energisch, entschlußfähig und grenzenlos fleißig, als Finanzgröße und Vorsteherin aller Büros rechnend und disponierend, und hätte heut spielend ein Großwarenhaus mit hundert Filialen oder ein Dutzend Petroleumkonzerne geleitet.

War sie also mehr als Kleopatra? und hätte Kleopatra als Herrscherin Roms dasselbe geleistet?

Auch die religiösen Interessen ruhten in Mamäa nicht, und die Christen der Stadt nahmen das wahr. Zwei Bischöfe standen in Rom in Hader und bestritten sich ihr Amt, Papst und Gegenpapst; vertrauensvoll wandte der eine sich an die Kaiserin, und sie wußte sein Vertrauen zu schätzen, aber verhielt sich zurückhaltend. Denn sie war der reinen Lichtreligion und dem Sonnendienst treu, den sie aus Emesa überkommen hatte.

Gleichwohl gab sie acht und beschied, um sich ein Urteil zu bilden, als sie im Orient reiste, den größten christlichen Dogmatiker jener Zeit, den Origenes, aus Alexandrien zu sich, der ihr die seltsame Glaubenslehre von Christus, über die er die vielen Bücher schrieb, mündlich darlegen und begründen mußte. Es war ein Religionsgespräch der weltlichen Macht mit dem ersten Führer der jungen Kirche, eine erste bedeutsame Fühlungnahme beider heterogener Instanzen, die freilich ergebnislos und ohne Folgen blieb. Das war begreiflich. Die zentrale Kaisermacht des Reichs mußte erst völlig zerbrochen werden, damit das Christentum in der Rüstung der Kirche politisch erstarken und fordernd auftreten konnte.

Schon aber zerbrach sie, die Kaisermacht. Denn Mamäa starb — es kam überraschend schnell — und ihr Untergang ist dazu die Ursache gewesen.

Der Krieg kam; das Heer aber war wenig kriegsbereit. Alexander, der Sohn, wußte vom Militärwesen nichts; er hatte sich auch aus der Stadt nie in die Provinzen, wo ein schärferer Wind wehte, hinausgewagt.

Von den Persern her kam der Angriff, dann von den Germanen. Die Mutter, die fleißige Frau, raffte sich zur Abwehr; aber sie war kein Stratege. Sie sammelte ein Heer, schleppte ihren Sohn mit vor die Front. Es war am Rhein. Gegen die Germanen wollte sie es wagen. Aber der Sohn war eine Memme; er weinte, als seine Soldaten murrten. Das Heer wollte einen besseren Kaiser, und Maximinus, von den Truppen erwählt, zog schon als Gegenkaiser heran. Mamäa war wehrlos; sie wurde in ihrem Kaiserzelt überfallen, sah, wie man den Alexander niederschlug, und wurde selbst von der wilden Horde zu Tode gebracht; es ging ihr nicht besser als ihrer Schwester Soämias. Das Hohngelächter der eigenen Truppen und der Todesschrei ihres Sohnes war das letzte, was sie hörte.

Das war das Ende der syrischen Kaiserinnen. Mamäa war die bedeutendste unter ihnen. Wohl ließ sich manches an ihr bemängeln wie ihr Geiz und ihre Habsucht. Welcher Mensch wäre tadellos? Aber man hätte ihr ein freundlicheres Lebensende gegönnt. Ihr Weiterleben wäre ein Segen gewesen, hätte sie einen echten Cäsar zum Sohn gehabt. Ihr Verschwinden wirkte verhängnisvoll; es brachte endgültig die Wende, es brachte den Knick in die Geschichte des römischen Weltreichs, dessen Auseinanderfall und Zerbröckelung sofort begann, wie wenn eine Rieseneisscholle, die Ozeane bedeckt hatte, plötzlich zerkracht und auseinanderbirst. Denn die letzte Kaiserdynastie war nun aufgebraucht, und es folgen die Reichswirren, die Soldatenkaiser, die unzähligen, die immer nur in Teilen des Reiches zur Geltung kamen. Das Griechische aber, das aus dem Orient sich vorgedrängt, weicht jetzt wieder und für immer aus Rom zurück; auch das Christentum Roms lernt jetzt die lateinische Sprache, und das lateinische Westeuropa löst sich dauernd vom griechischen Osten, von der östlichen Reichshälfte, die sich gleichfalls auf sich selbst besinnt.

Und schon tauchen vor mir Karawanen auf und Palmenwälder, Palmyra, die Wüstenstadt, und noch ein Frauenname. Ich wollte abbrechen; denn man kann auch an Kaiserinnen ermüden. Aber der Name springt von selbst aufs Papier: Zenobia mein' ich, die phantastische Frau, nicht Kaiserin, aber doch Königin.

Eigentlich Großhändlerstochter. Palmyra war die reiche Stadt, die den Transit der Waren Indiens zum Mittelmeer allein in Händen hatte, und alle Palmyrener waren wie die Fürsten. Sie aber ist es gewesen, die damals einen neuen Freiheitskampf des Orients brachte: los von Rom! Asien den Asiaten! Es war noch dasselbe 3. Jahrhundert, in dem Mamäa ihr Ende fand und in dem die nun folgende Episode spielt. In Zenobia regte sich wieder die Tendenz des Mithridates und der Kleopatra.

Sie war Witwe, wie es einst Semiramis gewesen, leitete auch kühn ihr Geschlecht von Semiramis her und schuf rasch ausgreifend[13] für ihren Sohn ein selbständiges Königreich, das Syrien, Nordarabien, Palästina, Mesopotamien umfaßte. Es war bestürzend und wie ein Wunder, sie selbst ein Phänomen, Philosophin, die den Plato las, aber Reiterin und im Gefecht ihr eigener Feldherr.

Es war indes eine kurze Herrlichkeit, wie ein prasselndes Feuerwerk, das plötzlich erlischt. Als sie sich auch in Kleinasien auszubreiten wagte, da regte es sich in Rom. Die Legionen Westeuropas waren den Asiaten immer noch überlegen. Kaiser Aurelian fing das schöne Weib, als sie auf dem Kamel durch die Wüste floh, und schleppte sie nach Rom als sehenswerte Beute. Ihr Werk war mißlungen. Sie nahm es demütig hin. Rom aber war immer noch Siegerin geblieben.

Dann aber geschah durch Kaiser Diocletian die erste planvolle Teilung des Römerreichs, die sich bewährte. Es war die Teilung, die einst schon, wie wir uns erinnern, das Ziel der Politik des Mark Anton gewesen war: Ein zweites Rom, ein Rom griechischer Zunge entstand in Byzanz, das sich Konstantinopel nannte, und die Trennung in Orient und Okzident war endgültig. Im alten Rom am Tiber thronte nun auch kein Kaiser mehr, sondern der Papst, der nach ehrwürdigem Ritus von den Frommen den Fußkuß entgegennahm. Dazu gab Konstantinopel ein übles Gegenbild; denn dort thronte im 6. Jahrhundert Theodora, die Kaiserin. Es war die Theaterperson, Kurtisane und Nacktänzerin, die Justinian zur Kaiserin gemacht hatte. Sie war seitdem sittsam und fromm geworden, dazu die allmächtige Patronin der orthodoxen Kirche, und streckte, wenn sie Audienz gab, ihre beiden Füße hin (so überbot sie das katholische Kirchenhaupt), um sich die Pantoffeln küssen zu lassen.

Aber genug des fremden Blutes. Kehren wir endlich zu den Römerinnen zurück und in das Leben, das sie schufen.

ELFTES KAPITEL

DIE RÖMERIN

Wir werden freilich auch jetzt nicht viel Neues hören; denn von den echten Römerinnen lateinischen oder sabinischen Stammes besitzen wir so gut wie kein Zeugnis, und wer weiß, wie viel Eigenfarbe die gräzisierten Römerinnen verloren haben? Unsere Kenntnis setzt knapp erst mit dem 3. Jahrhundert v. Chr. ein, und da sind die städtischen Gesellschaftskreise eben schon stark griechisch dressiert. Um so kürzer können wir uns fassen.

Folgendes dürfen wir voraussetzen: der römische Soldat war standfester und stärker als der Grieche. Man nannte die Männerkraft *robur;* die Römer waren „robust". So war auch ohne Zweifel die Natur der Weiber animalisch mächtiger, im tierisch Gesunden sicherer verwurzelt und unnervös, dabei aber ihr Denkkreis enger, ihre Phantasie gestaltlos arm und unergiebig. Auch über alles Grübeln um Probleme jeder Art lebten diese Frauen triebhaft hinweg und taugten also auch von Hause aus wenig zur Beschäftigung mit Dingen der Staatskunst und Führung in politischen Aktionen. Patriotismus gewiß; die Freude an Kampf und Sieg der Männer war selbstverständlich; das gründete sich auf ein starkes Rassengefühl. Sie waren Wölfinnen und die eherne Lupa, das Wappentier Roms, das den Romulus säugte, gleichsam ihre Ahne. Daher die Raublust, die Rauflust dieses Volkes.

Aber nur die Sage zeigt uns wirkliche Heldinnen wie die Cloelia, die, vom Etruskerkönig Porsenna als Geisel entführt, auf dem Roß den Tiberfluß durchschwimmend, sich nach Rom rettete. In Wirklichkeit hat diese Heldin nie existiert, und die spätere Zeit schuf solche Gestalten, ein Wunschbild dessen, was die triviale Gegenwart vermißte.[1] Dahin gehört auch die großartige Fabel von der Veturia, die die Vaterstadt vor ihrem eigenen Sohn rettet, der zum Landesfeind überging und Rom mit Kriegsmacht bedrängte. Sie opfert ihn, auf daß Rom lebe. In Shakespeares Drama „Coriolan" ist diese antike Dichtung verewigt.

Seit im zweiten punischen Krieg Hannibal niedergeworfen war und niemand mehr Roms Tore bedrohte, war zu solchen Leistungen der Bravour und des Edelmutes kein Anlaß. Roms dominierende Stellung befestigt sich immer mehr; es gürtet sich in Allmacht; seine Familiensöhne schleppen alljährlich nach Rom aus allen Provinzen Beute herbei. Wofür sollten die lieben Frauen sich da noch opfern? Das Wertvollste, die Pflicht, für das Gemeinwohl sich einzusetzen, war völlig überflüssig geworden, und was übrig blieb, um das Leben auszufüllen, war die Genußsucht, der klotzige Familienstolz und die Intrige, wenn ein Haus das andere beneidete.

Das klingt abschreckend, aber es gilt nur für die Häuser der Bevorzugten, der Kriegs- und Staatsgewinnler, so viele es auch waren, und es gab damals noch Familien anspruchsloserer Art genug, an deren Hausmütter und Haustöchter wir unvoreingenommen und in Freundlichkeit gedenken können. Dürften wir uns nur von ihnen nach den heutigen Römerinnen eine Vorstellung machen! Dann wäre alles gut! War ihnen auch damals der starke Blick, der festlich wiegende Gang schon eigen, das stolze Sich-fremd-zeigen und rasche Sich-entzünden, die lachende Lebenslust und der Schrei der Wut? schmeichelnd und giftsprühend in prachtvoller Natürlichkeit? Der Frage fehlt die Antwort. Vorsicht im Urteil ist geboten; denn allzuviel fremde Menschenwellen haben seit der Zeit der Völkerwanderung und schon vorher Italien überspült. Gleichwohl ist man immer versucht, mit Mussolini, der die fasces der alten Konsuln auferweckte, das neue Rom als echte Tochter des alten zu lieben. Um so näher tritt uns das längst vergangene Leben.

Der römisch-italische Menschenschlag ist dem griechischen ohne Frage sehr ähnlich gewesen; denn von einem Gegensatz im Körperlichen hören wir nie;[2] es sollte sogar das Latein nichts als ein Dialekt des Griechischen sein. Immerhin war im Römer alles brutaler, das Schönheitssüchtige, Feinfühlige fehlte; man war selbstsicherer, überlegen und derb, gewiß sehr unmusikalisch, aber tanzlustig wie heute zur simplen Holzmusik, Zupfmusik und Kastagnette. Daß jedoch in Rom und im lateinischen Land keine originale Dichtkunst entstand (einer Salzwüste gleich, auf der kein Halm wächst), daran trägt das weibliche Geschlecht ein gutes Teil der Schuld. Die Mutter oder die Amme konnte *lala lala* singen; das wird uns ausdrücklich gemeldet; aber das ist wenig. Es geschah, damit das Kind schlafe oder die Brust nehme.[3] Wenn man an den ländlichen Festen wie bei uns auf der Kirmes in Buden und Zelten zechte und dazu sang unter Beteiligung der Weiber, so mag das ein nettes Geplärre gewesen sein; jedenfalls hören wir nie, daß jemand daran seine Freude hatte. Man wußte auch nichts von Musen; die Camenen waren nur Wassergeister,[4] und die gottesdienstliche Dichtung der Römer bestand eigentlich nicht in Worten, sondern in ritualen Handlungen, zu denen gewisse Formeln gesprochen wurden. Unter dem Wort *canere* (singen) wurde nur das laute, getragene Rezitieren eines Textes verstanden. An Wohllaut wurde dabei nicht gedacht; denn auch das Krähen des Hahns hieß Gesang, *cantus;* und so haben auch die frommen Vestalinnen, die am Forum auf dem heiligen Herd der Vesta annähernd durch ein Jahrtausend das Feuer in Brand hielten, sich damit begnügt, das Feuer zu schüren und kein Wort zu ihrer Göttin Ehren gefunden.

Aber es gibt noch mehr, was wir vermissen. Man sollte meinen, daß Frauen Blumen lieben, und gewiß taten dies auch die jungen Römerinnen; aber sie gaben ihnen keine Namen; Blume war Blume; ob Veilchen oder Rose, war einerlei. Es genügte zu wissen, was Rüben, Gurken und Zwiebeln sind, und erst von den Griechen hat das Römervolk die Blumennamen gelernt.[5] Solche unscheinbare Tatsache ist bezeichnend.

Aber ich vermisse noch mehr. War es ein Mangel an Gemüt? Ich weiß von keiner Römerin, die sich einen Hund gehalten, nicht Wächterhund, nicht Schoßhund.[6] Wie anders wiederum die Griechinnen! Nur die Männer Roms hatten Kontakt mit der Seele des Haustiers und dressierten und hätschelten die Hunde, gewiß aber nur Hündinnen, wie das Tierchen Issa des Publius bei Martial. Wer erklärt mir diesen Zwiespalt der Geschlechter? Hat jene Aversion sich deshalb ausgebildet, weil im Wortgefecht für die Weiber das Schimpfwort „du Hündin" üblich war?[7] Nur zu begreiflich, scheint mir hiernach, daß die Römerin für Hunde kein Herz hatte.

Alles bisher Festgestellte war leider stark negativ. Beruhigend aber ist es zugleich, daß die jungen Mädchen nach des Horaz Zeugnis süß wie Lalage lächelten. Eine rassige Schönheit ersten Grades war das Mädchen von Tibur mit dem Feuerblick, den Fackeln des Auges, die dem Dichter Properz das Herz versengten. Und Tanzen, das war Sache der Frauen und ihre Passion, nicht Chortanz,[8] auch nicht die Tarantella der heutigen Italiener zu zweien, Bursch und Dirne, sondern Solotanz. Einen Männertanz zum Dreischritt gab es nur bei den Bauern; sonst war er unter der Würde des Römers.[9] In der eleganten Gesellschaft tanzte dagegen die Frau des Hauses kühn und heiter zur Freude der Gäste;[10] nicht anders das Mädchen aus bescheidenen Bürgerkreisen im engen Hof des Mietshauses mit derselben Freude und Hingabe,[11] wild wie der Wirbelwind und doch gewiß nicht ohne Grazie, die dem Südländer eigen.

Keiner freigeborenen Bürgertochter aber war es gestattet zum Ballet auf die Bühne zu gehen. Im Theater agierten nur Sklaven oder Leute des Freigelassenenstandes wie Eucharis. Die kleine Eucharis, deren Grabstein in Rom gefunden ist,[12] war im Haus einer vornehmen Frau als Sklavenkind geboren. Auf deren Veranlassung wurde sie, da sie so talentvoll und reizend, für das Ballet ausgebildet, zugleich auch aus dem Sklavenstand freigegeben und hatte sich schon im Theater des Publikums Gunst erobert, als sie 14jährig jählings starb. Ihr junger Ruhm stieg mit ihr in den Orkus hinab. Leichenverbrennung wurde ihr zuteil und der Grabstein mit einem Gedicht darauf von zwanzig hübschen Versen als Nachruf. Solche Talente aus den Kreisen der Dienerschaft groß zu ziehen ist oft Sache des Ehrgeizes der Vornehmen gewesen.

Aber der Mensch tanzt nicht immer. Wie spielte sich sonst damals in den Familien das Leben ab? Nur zeitgenössische Autoren könnten uns das verraten. Deren aber sind wenige, und Lucilius, der Satirendichter des 2. Jahrhunderts v. Chr., der in 30 Büchern das Leben, das ihn in Rom umgab, so lebendig geschildert hat, ignoriert dabei die Frauen in unerhörter Weise.[13] War es aus Höflichkeit oder Furcht, daß er sie nicht verspottete?

Aber eine andere Hilfe ist da, und sie soll uns willkommen sein, so dürftig sie ist. Im Theater kam damals ein bürgerliches Schauspiel und Lustspiel zur Blüte, eine Umbildung der griechischen Palliatkomödie des Plautus, die Togatkomödie, darin sich in erfreulichster Weise das echte römische Volksleben mit den nötigen Frauenrollen abgespielt hat: Ort der Handlung nicht immer nur Rom selbst, sondern auch die umliegenden Kleinstädte. Wären uns diese Dramen erhalten, der Gewinn wäre enorm, ein Anschauungsunterricht erster Güte, und ich gäbe den ganzen Terenz dafür hin oder den halben Plautus. Die Togatkomödie nannte sich nach der Toga, dem Römerkleid, das da endlich auf die Bühne kam (auch das Frauenkleid hieß damals noch *toga*).[14]

Die Stücke sind zwar sämtlich verloren, aber durch Zitate der Späteren haben wir daraus doch einige kurze Gesprächsüberreste erhalten, und wir ahnen: es war ein prachtvoll energisches Leben.

Einige Proben müssen genügen, um das klarzustellen.

Die Dramen spielten immer im Familienhaus, im Atrium, wo die Frauen webten, oder vielleicht auch im Gartenhof,[15] und es handelt sich um das ewige A und O, um Geld und um Liebe. Aber anders als bei den Griechen und bei Plautus spielen die Hetären hier gar keine Rolle, kaum daß sie erwähnt werden.[16] Solche käuflichen Weiber mochten in der Großstadt bleiben; „will er“, wird gefragt, „mit so einer zu mir aufs Land? Dann schließ' ich das Tor ab, und ins Landhaus kommt sie mir nicht."[17] Aber auch die Sklavenrollen fehlen; denn die dreisten Intrigen der griechischen Sklaven und ihre Redefreiheit, wie Plautus sie uns zeigt, duldete eben kein Römer im Haus. Dafür hatten die Frauen die Hauptrollen inne, aber nur Hausmütter, Haustöchter und Bräute; dazu die Magd. Leider fehlen dabei die Namen, römische Frauennamen.

So sitzen sie beisammen und spinnen für den Hausbedarf und weben Gewänder, auch Togen mit Purpurfäden, diese vielleicht für den Herrn des Hauses, der ein höherer Beamter ist,[18] und die eine beschimpft die andere: „Du bist so faul; in zehn Jahren hast du nicht eine einzige kleine Kindertoga fertig gebracht.[19]

Wenn Festtag ist, muß die Tochter sich dazu schon gleich bei Tagesanbruch festlich ankleiden.[20] Wirklich kommt ein frommes Frauenfest zur Darstellung, und der Gottesdienst soll beginnen; da ist uns der befehlende Ruf erhalten: „wascht euch anjetzt die Hände und verschleiert euch, ihr Frauen!"[21] Der Ritus wurde also auf der Bühne nachgeahmt. Sonst aber ging es nicht sehr feierlich her; fromme Töne fehlen, und kaum ein Gott wird angerufen. Das Alltäglich-Menschliche spielt sich ab.

Die Frau beklagt sich beim Vater über ihren Mann, den Verschwender: „er verzehrt die Mitgift"![22] Das war schlimm; denn die Mitgift sollte dem Haushalt als Hilfe dienen. Aber auch dem Mann sagt sie ins Gesicht, wenn sie sich in der Ehe unglücklich fühlt: „Du hast dich ohne Verstand in mich verliebt; das merk' ich zu spät."[23]

Erst recht aber klagen die Männer: „heut aber, da hat mir die Freundin bitterböse Worte gegeben";[24] ebenso der junge Ehemann, der die ersten Erfahrungen sammelt: „sie kommandiert aber doch zu überheblich"![25] Da haben wir die Allmacht der Frau, die auch der alte Cato feststellte mit dem Wort: „Der Römer beherrscht die Welt, die Frau den Römer." So heißt es auch in diesen Dramen: „sie (die Ehemänner) sind wie die Magd zu ihren Frauen; die Mitgift hat sie so sanft gemacht".[26] In der Tat erweist sich uns das Naturell der Römerinnen hier als triebkräftig aktiv weit mehr als das der Männer; denn es setzt Hiebe, gewiß zum besonderen Vergnügen des Publikums. Vater und Mutter schlagen sich, d. h. genauer besehen schlägt die Mutter den Vater, und das Töchterchen bittet die Mutter: „tu das, Süße, wenigstens nicht, wenn ich dabei bin".[27]

Durch solche Szene wird uns auch die sonderbare römische Redensart verständlich: „laß dich prügeln, Papiria". Die Papiria muß ein Exemplar von besonderer Bosheit gewesen sein. Wenn also auch sonst ein Weib sich arg bösartig zeigte, sprang man ihm mit dem „laß dich prügeln, Papiria!" ins Gesicht.[28] Im Volksstück des sogenannten Mimus, den der Dichter Laberius aufbrachte, ging es aber noch toller zu; denn da erzählt jemand von seiner zornigen Geliebten: „kaum kam ich ihr unter die Zähne, da biß sie mich zwei-, dreimal,"[29] natürlich aus Eifersucht. Da haben wir das Rasen der Leidenschaft; Spitzenleistung.[30]

Solche Konflikte führten zur Ehescheidung, und so war denn auch eins der Dramen „Divortium" betitelt. Lebhaft wird uns einmal eine Situation geschildert; aber es ist oft schwer, solch

Fragment zu deuten. Anscheinend handelt es sich um eine Frau, die von ihrem Mann geschieden ist und jetzt mit ihren zwei Kindern bei ihrem Vater wohnt. Es waren Differenzen zwischen Vater und Schwiegersohn, vielleicht den Mißbrauch der Mitgift betreffend. Sie will zum Gatten dringend zurück, findet den Vater allein; „die Gelegenheit benutzt sie, fliegt ihm an den Hals, weint und fleht; und da kommt auch ihr Sohn, sein Enkel, dazu, und auch die Enkelin quietscht aus ihrem Bett heraus.“[31] Wie anschaulich gegeben! Hoffentlich gab nun der Alte auch nach.

Aber auch an dem üblichen Fehltritt der Mädchen fehlt es nicht, und es gab Stücke mit dem Motiv, das Hebbel in seiner Maria Magdalena nur allzu peinlich behandelt hat. In dem antiken Volksstück kam es jedoch nicht zur Tragödie; es wird bemerkt,[32] daß die Tochter schwanger ist; aber das Mädchen wird nicht vom Vater verstoßen, fällt auch nicht in die Hände der Mädchenhändler, sondern der Jüngling, dem sie sich hingab, zeigt sich edel und in löblicher Weise bereit, sie zu heiraten. So gab es auch ein Drama „Die Tanten“[33] mit dem gleichen Thema: eine der Töchter des Hauses ist niedergekommen und danach vielleicht vom Vater verstoßen oder gar im Kindbett gestorben. Wohin mit dem Fallkind? Dem Vater zum Trotz nehmen sich die zwei Schwestern des Kindes an und werden als liebreiche Tanten tapfer im weiteren Verlauf alle Widerstände besiegt haben.

So viel aus dieser Theaterdichtung. Sogar die

Tanten sind darin zu Ehren gekommen. Allerlei aber ist noch als auffällig zu notieren; erstlich, daß in diesen Stücken zwar die Versmaße wechselten, gleichwohl aber dem Anschein nach nicht gesungen wurde, keine Rezitative und kein Couplet; eine singende Römerin war wohl undenkbar und ein singender Römer erst recht. Sodann das Ethos: die Heiterkeit fehlt; kein Spaß, keine Wortwitze; belustigend höchstens, daß Männer bisweilen die Frauenstimme nachahmten,[34] und, wenn man will, die Prügelszenen. Es gab sonst doch gewiß auch Liebreizendes, Schelmisches im Frauenleben und spielende Anmut, wie beim Stelldichein. Es dämmert; der Bursche sucht seinen Schatz. Das junge Ding hat sich neckisch in einen Winkel versteckt. Verzweifelt sucht er, wagt aber nicht zu rufen; denn die Nachbarschaft darf nichts merken. Da muß sie lachen, hat sich verraten und läuft davon. Er fängt sie und streift ihr vom Arm die Spange als Pfand, das sie mit Küssen einlösen muß. Sie sträubt sich nicht und wird es einlösen. Von derartigem weiß der muntere Horaz zu erzählen.[35] In jenen Bühnenstücken dagegen ist fast alles merkwürdig ernsthaft und herbe; leidenschaftlicher Wortwechsel waltet vor, der schlagfertig ist, bis es wirklich zu Schlägen kommt.

Endlich aber und vor allem fehlt in ihnen jede politische Anspielung, und das muß unter römischen Bürgern besonders auffallen und befremden. Die Politik scheint diesen Leuten meilenfern zu liegen. Nicht einmal auf die aufregenden Beamtenwahlen, die doch alljährlich stattfanden und jeden angingen, mit Agitation, Stimmfang und Bestechungen, wird irgendwie angespielt. Die Familien, wie wir sie hier vorgeführt sehen, waren ganz nur mit sich selbst beschäftigt, und das ist lehrreich. In der Masse des Volkes war der Sinn für politische Betätigung gering, zumal bei den Frauen. Der Staat ist, wie er ist, und wie er war, so mochte er für sich selber sorgen.

Anders freilich bis zu einem gewissen Grade die Kapitalistinnen, die Frauen aus der Nobilität Roms. Da gibt es Zusammenhalt, und sie rotten sich zu Haufen, aber nur, wo es um ihre eigensten Angelegenheiten geht; sogar ein bestimmtes Versammlungslokal hat es anscheinend gegeben,[35] wo sie sich fanden. Das Gesagte aber wird damit, wie man sieht, nur wenig eingeschränkt.[36]

ZWÖLFTES KAPITEL

CORNELIA UND FULVIA

Eben dies aber führt uns zu einer berühmten Figur der römischen Geschichte, zur Mutter der Gracchen weiter; denn diese Frau gehörte demselben 2. Jahrhundert v. Chr. an, das uns jene Sittenbilder gegeben hat: auch sie alter Typus. Durch ihren Vater, ihre Söhne stand sie den politischen Dingen nahe, sie mochte wollen oder nicht. Sehen wir, wie zurückhaltend sie sich trotzdem verhalten hat.

Schon als junges Mädchen stand sie groß da in der Frauenwelt der Stadt als des größten Römers Tochter, und alle Augen, auch die des Auslands, waren auf sie gerichtet. Denn sie war des berühmten Scipio Tochter, des Hannibalbesiegers, der unter den Senatoren mit Alexandergebärden wie ein Fürst dastand und in Asien mit den Königen des Ostens, als wäre er ihresgleichen, verkehrte. Begreiflich, daß auch noch späterhin, als sie schon Witwe war, ein Ptolemäer (der achte) nach ihrer Hand verlangte; sie sollte Königin Ägyptens sein. Aber sie wollte nicht; sie war im innersten Wesen unpolitisch und hatte in echt weiblicher Natur nur für das reiche Innenleben auf heimischem Boden Sinn, das ihr die Familie bot und das sie selbst geschaffen.

Ihr Vater starb im Jahre 183; da trat sie mit einem Gracchus, Tiberius Sempronius Gracchus in die Ehe und schwelgte im Mutterglück. Zwölf Kinder gab sie ihm, eine Gracchenbrut; immer abwechselnd waren es Knabe und Mädchen.

Aber das Glück währte nicht; sie wurde der Niobe gleich; der Tod griff in ihr Haus, und die Kinder starben, neun Kinder, und ihr blieben nur noch zwei Knaben und ein Mädchen. Im Jahre 153 starb auch ihr Gatte. Der Schmerz, der über sie gekommen, machte sie groß im Auge der Welt; denn sie besiegte ihre zehnfältige Trauer, wie ihr Vater den karthagischen Feind besiegt, in stahlharter Energie, und in ihren drei Kindern, die noch lebten, und ihrer Erziehung bestand ihr Leben.

Es war dies aber eine Erziehung im Sinn der griechischen Sittenlehre; denn Cornelia war nicht, wie damals noch so viele, nur äußerlich griechisch lackiert, sondern durchdrungen von griechischem Wesen und eine Säule des echten Hellenismus in Rom. Dies wurde dadurch ermöglicht, daß eben damals viele hochgebildete Griechen, wie Polybius, der Historiker, nach Rom übergesiedelt waren. Besonders aber warb der Philosoph Panätius in den höheren Kreisen Roms mit größter Wirkung für das, was die stoische Philosophie dem Leben gab.

Ihre Tochter Sempronia gab Cornelia dem Scipio Aemilianus, der schon durch Adoption in ihre Familie aufgenommen war, zur Frau; leider war die Sempronia häßlich und suchte es auch sonst nicht der Mutter gleichzutun; denn ihre Ehe blieb kinderlos. Cornelia aber erlebte nicht ohne Befriedigung des Schwiegersohnes militärisch-politische Erfolge und seinen Triumphzug in Rom; denn dieser Scipio war es, der im Jahre 146 Karthago zerstörte, und er wurde alsbald im Senat eine führende Größe. Sollte sie auf ihn nicht stolz sein? Auch war dieser Scipio, wie Cornelias Kinder, ganz eingetaucht in griechisches Denken, Panätius sein Berater und Seelsorger, und er sann nun und plante auf Grund griechischer Theorien zum Heil Roms eine neue Staatsverfassung. Es waren Gedanken, die hernach nicht zur Ruhe kamen, das Problem einer gemäßigten Monarchie. Aber der Mann zeigte sich in solch innerpolitischer Sache langsam und unschlüssig und schien die Schwüle der Volksstimmung nicht zu verspüren, die unheimlich und wie Gewitter verkündend damals über Stadt und Land gebreitet lag.

Anders die Gracchen, die zwei Söhne Cornelias. Wozu Staatstheorien? Es galt zu handeln. Sah Scipio das drohende Proletariat nicht, die Not der arbeitslosen Volksmassen in Rom, die gänzlich verfahrenen agrarischen Verhältnisse im Umland, die schmählich gedrückte Lage der kleinen Städte, denen ein ebenbürtiges Bürgerrecht fehlte? Da tat der Eingriff not, darin lag die Aufgabe der Zeit. Worauf noch warten? War der legale Weg im Kampf mit dem Senat verschlossen, dann Umsturz, die gebieterische Pflicht zur Revolution.

Und die Ereignisse überstürzten sich. Der ältere der Söhne, Tiberius, ließ sich zum Volkstribunen wählen. Die gracchischen Unruhen setzten ein, im Jahre 133. Der Senat aber brauchte Gewalt, und Tiberius kam um. Er wurde auf dem Kapitol erschlagen, sein Leichnam in den Tiber geworfen. Bürger gegen Bürger. Das Unheil war da. Die Mutter erlebte das Schreckliche in Rom mit. Sie konnte den Leib ihres Tiberius, des edlen, der der Schmuck ihres Lebens gewesen, nicht einmal auf den Scheiterhaufen legen.

Und sie wich aus Rom. Für das, was Tiberius gewollt, die sozialen Probleme, hatte sie ohne Frage wenig Verständnis; nur auf eins war sie eingeschworen, auf Rom selbst und den sicheren Bestand seiner Weltmacht. Aber ein feindliches Gefühl gegen die Herren des Senats muß damals tief Wurzel geschlagen haben in ihrem Herzen. Das traf auch Scipio, den Schwiegersohn, der auch jetzt noch treu zum Senat stand, und sie war damit in den schwersten Konflikt geworfen. So zog sie sich in die Stille auf ihren Landsitz über dem Meeresufer des Neapler Golfs am Kap Misen zurück.

Der Konflikt aber sollte sich noch steigern; denn sie hatte noch den letzten, den zweiten Sohn Gajus Gracchus, und er war der begabtere, die mächtigere Natur, genial und ungestüm, ein geborener Kämpfer, und er drohte Rache zu nehmen für seinen Bruder. Umsonst suchte ihn die Regierung außerhalb Roms zu beschäftigen. Er fühlte sich reif zum Handeln und erschien in Rom.

Da schrieb die Mutter ihm nach Rom in dringendem Ton abmahnende Briefe, und was sie da schrieb, ist uns wie durch ein Wunder erhalten: Briefreste der Cornelia, die allein schon im Dienst der Philologen — und das ist das äußerliche — als ältestes Dokument für die Handhabung der lateinischen Sprache, wie sie sich ausnahm, wenn man in Prosa schrieb, von unschätzbarem Wert sind.[1] Und nun gar das Persönliche: wir hören hier und belauschen, wie eine Mutter zum Sohne sprach. Es sind überhaupt die einzigen Originalbriefe einer Frau, die wir aus der Antike besitzen.[1]

Es ist das Jahr 124. Ihr Sohn steht auf dem Sprung, um die Pläne des Bruders Tiberius wieder aufzunehmen und großartig zu erweitern. Cornelia, die Greisin, will es verhindern, und ein ernstes Wort von ihr soll dazu genügen. Andringend ist der Ton; es ist der Ton der herrschgewohnten Mutter, der Satzbau auffallend beschwerlich; er drückt die Schwere der Gedanken aus. Wir lesen:

„Mit Eidesformeln möchte ich den hohen Schwur tun, daß außer denen, die den Tiberius Gracchus getötet haben, kein Gegner mir in dieser Sache so viel Sorge und Last wie du bereitet hast.

„Du, der fähigste meiner Kinder,[2] die ich vordem hatte, solltest ihre Partei (nämlich die Partei derer, die den Tiberius töteten) dulden und nur darauf acht geben, daß ich in meinem Greisenalter möglichst wenig Kummer habe, nur sorgen, darauf bedacht zu sein, daß alles, was du betreibst, mir vornehmlich gefalle, daß du es für Missetat hältst, irgend etwas Wichtigeres in Widerspruch zu meinen Ansichten zu tun, zu mir, der nur noch so kurze Lebensfrist gegeben ist.“

So also schreibt eine Römerin. Der strenge Ton

aber läßt nach; der Appell an das Gemüt setzt ein, und es klingt wie Flehen:

„Kann nicht einmal diese kurze Frist mir zur Hilfe kommen, daß du mir nichts zuwider tust und nicht den Staat vernichtest?"

Und nun quillt in der Schreibenden die angeborene Beredsamkeit auf, und die Fragen, die alle dasselbe meinen, häufen sich:

„Kurz, wann kommt Ruhe über mich? Wann wird in unserer Familie einmal der Unverstand aufhören? Wird die Sache einmal ein Maß finden? Werden wir einmal, ob leidend, ob handelnd, aufhören, uns mit so peinigenden Dingen abzugeben? Wird nie die Scheu davor, den Staat zu verwirren und in Aufruhr zu bringen, sich einstellen?"

Der Fragen genug. Die Greisin begnügt sich schließlich damit, um Aufschub zu bitten:

„Wenn es aber nicht anders sein kann, so bewirb du dich erst, wenn ich tot bin, um das Amt des Tribunen. Tu meinetwegen, was dir beliebt, wenn ich es nicht mehr erlebe. Wenn ich tot bin, wirst du mir Totenopfer bringen und den göttlichen Schutz der Mutter anrufen. Hast du dann nicht Scheu, nach der Fürbitte der Manen derer zu verlangen, die du bei ihren Lebzeiten mit denen gleich geachtet hast, die man untreu verläßt und aufgibt?"

Die Feder der Schreiberin ruht aus. Sollte sie schließen mit der Drohung, als Tote und abgeschiedener Geist kein Schutzgeist für den Sohn zu sein? Sie fügt vielmehr das Gebet hinzu: „Möge Er, der Gott Juppiter, dich dabei nicht beharren lassen noch zulassen, daß dich solcher Unverstand befällt! Denn beharrst du, so fürchte ich, daß du durch eigene Schuld für dein ganzes Leben solche Drangsal auf dich lädst, daß du nie und nimmer wirst dir selbst gefallen können."

Herbe der Schluß wie der Anfang. Man hatte im Altertum noch mehr solche Briefe der Frau, und ein Bruchstück eines solchen besitzen wir noch.[6] Aber auch da ist der Sprechton der nämliche. Warum schrieb sie nicht, was wirklich ihr Herz bewegte: „ich zittre, Gajus, für dein Leben. Es wird dir wie Tiberius gehen. Wohin dann alle meine Kinder? Ich will nicht auch noch dich verlieren!" Sie schrieb dies nicht, weil sie wußte, solch weichliche Töne hätten ihre Wirkung verfehlt; Sentimentalität ist vom Übel, und einen Gajus konnte man mit dem Tod nicht schrecken. Daher redet sie also nur von Rom. Um Rom allein sorgt sie sich. Aber auch damit konnte sie des Gajus Sinn nicht ändern.

Die Leute, die den Tiberius töteten, sind zwar auch Cornelias Gegner wie die seinen;[7] aber sie weiß selbst keine andre Auskunft als das Bequeme: nur keine Neuerung! keinen Aufruhr, um die rohen Volksmassen zu befriedigen. Der Staat ist, wie er ist, und muß so bleiben, und du wirst es zu bereuen haben, wenn du an ihn rührst; schonender ausgedrückt: du wirst dir selbst mißfallen.[8]

Der Verlauf des Weiteren ist bekannt. Gajus kam nicht dazu, die Manen der Mutter anzurufen; denn er sah sie nicht sterben; er starb vor ihr.

Zwei Jahre hat er als Tribun den Senat lahm-
gesetzt und, gestützt auf die Volksabstimmungen,
die Stadt und das Reich beherrscht, und zwar
nicht wie später Julius Cäsar an der Spitze einer
Armee, sondern allein kraft seiner hinreißenden
Beredsamkeit und seiner rastlosen sozialen Arbeit, der es gelang, das hungernde Volk gratis
zu sättigen und Arbeit zu schaffen für die Masse
der Arbeitslosen. Der Senat war seiner Macht
beraubt, das Volk selbst, das in den Comitien
abstimmte, souverän; beim Tribunen aber war
die Exekutive und das Amt der Gesetzesfindung.
Dies System schien sich zu bewähren. Als Gajus
jedoch vom Volk das Wichtigste, für die Italiener
außer Rom eine Hebung der Existenz, gleiches
Bürgerrecht verlangte, hatte er verspielt. Der
übermütige Pöbel der Hauptstadt pfiff auf die
dumme Landbevölkerung und ihre Wünsche.
Gleich setzte die tödliche Intrige des Senats ein,
und auf der Flucht aus Rom tötete Gajus sich
selbst. Auch seinen Leichnam stieß man in den
Tiber wie den seines Bruders; aber es war ein
geköpfter Leichnam. Man glaubte damit auch
die Revolution geköpft zu haben.

Hatte Gajus bereut, als er sich tötete? Hatte
er sich selbst mißfallen, wie ihm die Mutter
weissagte? Gewiß nicht. Sie verstand ihn nicht.
Es ist verzeihlich, wenn Frauen irren, wo die
das Leben ewig umgestaltende Weltgeschichte,
Männer verschlingend, über die Erde geht.

Übrigens hat Gajus, als er in Macht war, der
Mutter nachweislich doch im Einzelfall Gehör
geschenkt; er schonte einen Gegenkämpfer sei-

ner Sache und brach das gerichtliche Verfahren gegen ihn ab auf Fürbitte Cornelias.[9]

Wie die Mutter das Übermaß des Leidvollen ertrug? Sie konnte den Anblick Roms nicht mehr ertragen, wo zum erstenmal Bürgerblut, das Blut ihrer Söhne, geflossen, und zog sich für immer auf ihre stolze Villa am Meer zurück. Aber man wunderte sich; denn sie zog nach wie vor, als wäre nichts geschehen, großen Verkehr in ihr Haus und lebte in dem Stil, den sie gewohnt war, weiter. Sie schien nicht zu trauern, als wäre sie völliger Indolenz, der Stumpfheit des Alters, verfallen oder als hätte das schwere Leid mit seinen Schlägen ihr Herz verhärtet und sie wäre wie Niobe langsam zu Stein geworden. Aber dem war nicht so.

Der Mensch hat angeborene Eigenschaften; er ist zugleich ein Produkt äußerer Einflüsse, nicht nur des Milieus, in dem er gestanden, sondern mehr noch des Schicksals oder der Erlebnisse, durch die er hindurchgeht. So war diese Frau, die Scipionentochter, die exklusive Natur geworden, die ihre Gefühle verhehlt und nicht preisgibt, und hüllte sich jetzt tief ein in Gelassenheit, um dem Schmerz nicht zu erliegen, der kein Mitleid vertrug. Zugleich aber war sie als große Dame gewohnt zu repräsentieren und blieb im Schema, wenn sie auch jetzt täglich großen Empfang im Atrium hielt und Leute ihrer Klientel, dazu Griechen und wieder Griechen, Gelehrte und Künstler, auch Gesandte der auswärtigen Höfe als Gäste bei sich sah. Sie mag oft mit leerem Blick in dies rege Leben, das sie rief, geschaut haben, als wäre eine Glasscheibe geschoben zwischen sie und die Gegenwart. Die Würde ihrer Persönlichkeit war dieselbe geblieben, der auch das Ausland huldigte, und der Kummer, den sie in der Stille trug, erhöhte den Adel ihres Wesens. Dabei war sie Schülerin der Stoa, die alle Schicksalsstöße mit Fassung zu ertragen lehrte und dem Heimgesuchten den Wert des Leidens predigte. Diese Philosophie gab ihr, was sie brauchte; denn die da hoch stehen, sind es, die der Sturm oft am grausamsten faßt.

Nicht ihre Abstammung, nicht ihre Klugheit, der Mutterschmerz war Cornelies Ruhm. Darum hat Rom das Andenken dieser Cornelia dauernd hochgehalten; sie ist die erste Frau gewesen, der Rom ein Denkmal setzte, um sie unvergeßlich zu machen. Ihre Statue wurde öffentlich aufgestellt. Sie selbst aber legte Wert darauf, als wäre es ein Ehrentitel, die Mutter der Gracchen zu heißen (auch unter ihrem Sitzbild stand das zu lesen), und dies verrät, daß sie, so verwerflich ihr auch das politische Treiben der Söhne schien, doch das Großartige ihres Selbstopfers empfunden, daß sie das Epochemachende ihres Auftretens geahnt hat.

Denn das Auftreten der Gracchen ist in der Tat epochemachend gewesen, ganz so, wie einst die Vertreibung der Könige und die Herstellung der Republik Rom. Denn was sie revolutionär begonnen hatten, endete in der Diktatur Julius Cäsars und der Entstehung einer neuen Monarchie, dem Weltkaisertum. Die außenpolitischen Belange Roms waren zu Cornelias Zeit saturiert; mit den Gracchen begann mit Macht die innerpolitische Umwandlung, der Kampf um die Staatsverfassung.

Der Tribun blieb auch jetzt Führer des Volks als Zerstörer der Macht der Senatoren, und so wie Gajus Gracchus für jene zwei Jahre als Tribun die monarchische Stellung gewann, so war auch die Regierungsgewalt der römischen Kaiser auf das Tribunat, das sie innehatten, gegründet.

Das Tribunat hat dann aber auch eine Frau, sie hat nicht nur Männer zur Politik, zum Ständekampf, zum Bürgerkrieg erzogen, und diese Tatsache zeigt uns überraschend den Gegensatz der Zeiten, hier Cornelia in ihrer Passivität, dort, noch nicht hundert Jahre später, die Fulvia, die wir schon kennen, die Gattin des Mark Anton, die dreimal mit einem Volkstribunen verheiratet war und so sich selbst als Frau aktiv in den Ständekampf warf und einen Bürgerkrieg entfachte.

In erster Jugend heiratete sie jenen Clodius, der, als Tribun der wüste Gegner Ciceros, die Stadt mit seinen Söldnern terrorisierte; er wurde im Jahre 52 ermordet. Kürzer war ihr Ehestand mit Curio, dem gewaltsamen Freunde Julius Cäsars, der in gleicher Tendenz das Tribunat innehatte, aber schon im Jahre 49 den Tod fand.[10] Schon durch diese Ehen war Fulvia in die Hetze der Parteien eingelebt und gewohnt geworden, Blut zu sehen. Da verfiel sie, die nun gereifte Frau, in Bewunderung für den jungen Mark Anton, und die Ehe mit ihm war der Gipfel ihres Lebens. Auch Mark Antons politische Bedeutung begann mit seinem Tribunat; als Tribun brüskierte er den Senat, als wilder Vorfechter Julius Cäsars, und trieb Cäsar selbst an, im Kampf um die Diktatur, die die Monarchie bedeutete, den Rubikon zu überschreiten.

Nach Cäsars Ermordung ist Fulvia des Antonius gewaltige Mitkämpferin gewesen, zeitweilig allmächtig in Rom, kühn, streitbar und machthungrig. Beiläufig galt sie auch als Schönheit; nur hatte sie eine zu dicke Backe, als wäre die Backe angeschwollen und eine Biene hätte sie gestochen; aber man scherzte, sie selbst sei schuld, und vielmehr ihr Metallgriffel, mit dem sie ihre Befehle schrieb und den sie zu wild handhabte, sei der Bienenstachel gewesen.[11]

Auch selbständig wußte sie zu handeln. Die Triumvirn belasteten im Jahr 43 v. Chr. die reichen Frauen Roms, an Zahl 1400, mit schwerer Vermögenssteuer; Mark Anton aber war in Rom nicht anwesend. Da kam ein Zug von ihnen, um Schonung zu erflehen, vor Fulvias Haus. Es war vergebens; denn Fulvia ließ sie nicht vor.[12] Und so hat sie endlich, als der Ringkampf Octavians mit Antonius zu beginnen drohte, selbständig und ohne des Antonius Wissen in Italien im Jahre 40 gegen den verhaßten Tyrannen, der in Rom saß, den Volksaufruhr entfesselt, der im Krieg um Perusia zum Austrag kam. Mit dem Schwert umgürtet führte da Fulvia selbst das Kommando der Truppe, die sie anwarb; ihr Ziel die Beseitigung Octavians; Antonius allein sollte herrschen, und sie wollte herrschen mit ihm, ein Weib zum Fürchten, aber nicht ohne

Großartigkeit. Sie opferte sich für den Mann, an den sie sich gebunden, erkrankte und starb.

Und so hatte also auch Rom zum wenigsten einmal eine Frau erlebt, die Mutter war und doch mit voller Seele im politischen Wirken aufging. Ihr Beispiel zeigt, wie in verwilderten Zeiten auch die Frau verwildert, daß aber auch mit den Konflikten, in die sie gerissen wird, in der Römerin die Geschäftskenntnis und Tatkraft, die Fähigkeit zur politischen Zielsetzung und der Opfermut für eine Idee in dem Grade wachsen kann, daß wir schon nicht mehr glauben, mit einer Römerin zu tun zu haben.

DREIZEHNTES KAPITEL

DIE RÖMERIN UND DIE EHE

„Wie selten ist reines Glück zu Haus zu finden", klagt Seneca.[1] In der Tat, tausend Häuser stehen in den Städten nebeneinander, und jedes hofft, daß das Glück heimisch sei in ihm, und wie häufig ist die Enttäuschung und das Verfehlen, da die Kunst fehlt, eine Ehe recht zu führen! In der römischen Antike ging es nicht besser zu als in unserer problemreichen Gegenwart. Die griechische Hausfrau konnte allerdings mit einigem Neid auf die römische blicken; denn die Matrone in Rom stand freier als sie da und mächtiger. Die Zeit war längst vergessen, als die Frau dort noch wie eine Sache als Eigentum des Mannes galt. Man erzählte davon, daß einst der Mann die Gattin schon verstieß, wenn sie mit unverhülltem Haupt über die Gasse ging,[2] oder von einem andern, der wie rasend seine Frau, weil sie Trinkerin war, mit dem Knüttel erschlug; denn das Weintrinken war den Römerinnen in alter Zeit verboten.[3]

Derartiges war längst unmöglich. Vielmehr stand die Frau schon seit langem wirtschaftlich selbständig und ebenbürtig mit eigenem Vermögen neben dem Gatten, hatte als Vermögensverwalter ihren eigenen Prokurator und war imstande, vor Gericht zu klagen, ja, auch die Scheidung im Ehekonflikt zu bewirken.

Trotzdem herrschte dabei nachweislich vielfach Achtung und Liebe und nützliches Gemeingefühl. Der Römer teilte seinen Tag in Pflichtstunden und Ruhestunden *(negotium* und *otium)*, war mithin häuslicher als der Athener, und es ergab sich daraus ein wirklich familiäres Zusammenleben. Auch der Verkehr von Haus zu Haus war in Rom freier, und zu Gastereien bei Bekannten, aber auch in die Wirtshäuser nahm der Mann seine Frau unbedenklich mit.[4]

Die Mutter hütet und erzieht die Töchter, aber auch die Söhne; bis in ihr 17. Jahr stehen auch die Söhne unter „der Hut der Mutter".[5] Und der Ehrgeiz der Mütter, die Söhne hochzubringen, war groß; die Söhne sind ihr Ruhm, und sie kämpfen darum. So ging die Kaiserin Agrippina durch List und Verbrechen, um ihren einzigen Sohn Nero, den 17jährigen, zum Kaiser zu machen. Vespasia war eine schlichte Landfrau aus den sabinischen Bergen; aber sie trieb ihre Knaben, bis der eine, Sabinus genannt, Stadtpräfekt der Hauptstadt, der andere, Vespasianus, Kaiser Roms und des Nero besserer Nachfolger war.

Heiratete in der Familie der Sohn, so blieb er mit seiner jungen Frau im Haus seiner Eltern, und bei wachsender Familie lebten so Eltern, Kinder und Enkel dauernd in häuslicher Vereinigung; die Großmutter gab allmählich die Führung des Hauses an die Schwiegertochter ab, war aber Gegenstand geziemender Ehrfurcht und hatte Zeit, die Enkel mit zu hüten und zu erziehen. So wurde durch sie der stark ausgeprägte

Familiensinn gesichert, der stolze Geist des Hauses an den Nachwuchs mit mahnenden Worten weitergegeben.[6]

Indessen lag der Frau vornehmlich ob, für das Behagen und Wohlbefinden des Mannes zu sorgen. Ein Beispiel ist uns die Terentia des Cicero. Während Cicero von Rom abwesend, ist in den Bürgerwirren sein schönes Wohnhaus auf dem Palatin schmählich demoliert worden. Terentia ist es, die allein das Schreckliche erlebt und nun für ein neues Hauswesen sorgen muß. Als Cicero alsdann heimkommen will, schreibt er an sie auf einem kurzen Anmeldezettel als Hausherr nur die Anweisung: „sorge, daß im Badezimmer eine Wanne nicht fehlt, aber auch, daß ich etwas zu essen bekomme und was ich sonst zum Wohlbefinden brauche; und bleibe mir gesund".[7] Der letztere Wunsch fehlt in seinen Briefen an sie nie; das warme Bad aber war das erste, was man nach der Reise brauchte.

So fehlt denn bei den Römern auch gänzlich der giftige Hohn, mit dem die griechische Männerwelt über das weibliche Geschlecht herfiel. Der Unterschied ist groß. Auch daß die beste Frau die sei, über die man schweigt, sprach der Römer dem Perikles nicht nach. So kritisch veranlagt und zu sarkastischem Spott aufgelegt er sonst auch war, so haben doch die Satiren des Lucilius, Horaz und Persius bemerkenswerterweise keine Frau aus der Gesellschaft verhöhnt. Nur freilich den alten Vetteln, die noch verliebt tun, und den bösen Zauberinnen, die im Liebesleben der Jugend eine unheimliche Rolle spielten, ging es übel. Die Hexe sagt zu Horaz: „Da du mein Todfeind, werde ich auf deinem Rücken reiten und die Erde wird unter mir versinken, wenn ich so im Übermut hochgehe."[8] Denn die Zauberinnen der Antike konnten auch fliegen.[9] Ebenso bringt die Dichtkunst von den Altweibern uns Karikaturen, wie Martial sie liebt, wie wenn er schreibt:[10]

> Vier Zähne hattest du, Aelia, wie ich glaube.
> Der Husten kam; ihm fielen sie zum Raube.
> Zwei warf der erste Anfall heraus; beim zweiten
> Sah'n wir die letzten deinem Mund entgleiten.
> Jetzt brauchst du dich nicht weiter zu bezähmen.
> Ein dritter Husten kann dir nichts mehr nehmen.

Das ist noch zahm, so schnöde es ist, und man kann lachen. Gräßlich dagegen, wenn jemand bei Horaz[11] auf eine vornehme Matrone losfährt, die schwer reich ist, viele Ahnenbilder und dazu Perlen im Ohr wie keine andere aufzuweisen hat. Aber ihre Zähne sind schwarz, ihr Busen verdorrt, ihre Hüften zu schmal, ihre Waden zu dick, und sie verlangt noch, daß ich sie liebe? Ein abgebrühtes Publikum muß es gewesen sein, das sich an solchen Poesien freute. Aber der Name der Frau fehlt zum Glück. Man vermied die Namen oder setzte nur Pseudonyme.

Jedes Geschlecht hat seine Tugend, der Mann die Mannhaftigkeit, lateinisch *virtus;* denn *vir* ist der Mann; das Weib kann also keine *virtus* haben; ihr gebührt statt dessen die Keuschheit; die *pudicitia* ist also das Äquivalent, und durch sie ist das Weib dem Manne gleichwertig. Dies sagt uns Livius, ebenso Seneca;[12] denn auch zu dieser Tugend gehört Tapferkeit, innerer Kampf und Selbstüberwindung, die jedes Ruhmes wert schien. Sind doch die Reize, die Verlockungen groß, wo Schönheit blüht und Jugend.

Der Familienstolz war eben allmächtig; allein schon die Ahnenbilder, die im Vorhaus, im Atrium, standen und bei jedem Familienbegräbnis mit im Zuge zur Schau getragen wurden, redeten prahlend von dem ununterbrochenen Blühen und Gedeihen des Hauses von Geschlecht zu Geschlecht, und das war das Verdienst der Mütter, die in der Ehe von ihren Eltern sich lösten, ihr eigenes Stammhaus, ihre eigene Herkunft preisgaben, um in Treue die Fortpflanzung des Namens ihres Gatten zu sichern.

Der Gott Amor aber, der bei der Eheschließung der Griechen fehlt, zeigt sich doch oft als freundlicher Vermittler im römischen Leben. Denn die Bewegung der Jugend und ihr Verkehr war freier; man fand sich schon im Schulunterricht zusammen; die Koedukation war zugelassen,[13] und die Mädchen auch aus besseren Familien gingen in die Knabenschulen.[14] Da war es wohl für die Eltern und den im Haus angestellten Erzieher, den Pädagogen, oft schwer, Liebeleien zu verhüten.

Nichts liebelustiger als die Jugend Pompejis, der Nachbarstadt Neapels. Da reden in den ausgegrabenen Häusern die Wandanschriften zu uns, und heißeres Blut rinnt da in den Adern. „Heil dem, der liebt,“ steht an einer der Wände,[15] „doch Unheil dem, der niemals geliebt hat. Doppeltes Unheil dem, der uns zu lieben verwehrt.“ Hübscher noch die Verse, die ein junges Mädchen während einer Wagenfahrt selbst gedichtet und danach im Hof ihres Hauses mit dem Griffel eingekritzelt hat.[16] Sie war auf der Reise, will jetzt nach der Stadt zurück und ermahnt den Kutscher, dem sie gleichwohl auch einen Trunk gönnt, schnell loszufahren:

> Du Kutscher kennst nicht Amors Glut; sonst würdest du
> Mehr eilen, eilen, daß du deine Venus säh'st.
> Ich lieb' den wonnigen Jüngling. — Trink erst. Nun voran!
> Den Stachel nimm, die Zügel auch und schüttle sie.
> Süß in Pompeji ist die Liebe. Bring' mich hin.

Von Römern, die, wenn die Frau stirbt, sich töten, hören wir freilich nur aus alter Zeit; die Wonne der Honigmonde in der Ehe dagegen blieb denn doch auch in den Zeiten der schlimmsten Sitten nicht unbekannt. Keine Stunde kann er, der beglückte junge Ehemann, ohne sein süßes Frauchen sein. Sie trinken immer nur aus demselben Becher und setzen die Lippe da an, wo der andere getrunken, und er nimmt ihr gar das Busenband, das noch warm ist, weg und schlingt es sich selbst um.[17]

Solche Zärtlichkeit währt freilich nicht lange; der Mann springt leicht ab; die Jahre vergehen, und stirbt die Frau, so mischen sich jetzt in seine Trauer oft doch ganz andere Gefühle. Denn er beerbt sie, kann nun ganz anders leben, neue Pläne machen, und so scherzt der Dichter Martial, der in seiner Komik immer alles übertreibt:[18]

> Es ist fast übertrieben:
> Der Reichen Frauen sieben
> Hat Phileros bis jetzt
> Im Erdreich beigesetzt.
> Gewiß ein harter Schlag.

Allein der Ärmste kann sich sagen:
Das Erdreich bringt Ertrag.
Die Saat wird siebenfältig Früchte tragen.

Fragen wir die Grabsteine, die der Römer seiner Hausfrau setzte, so reden sie natürlich immer freundlich. Wir machen es heut nicht anders. Zahlreiche solche Steine konnte man sehen, wenn man die Gräberstraße, die aus der Stadt führte, entlang ging, und als Lob stand da immer zu lesen, wie fleißig zu Haus sitzend *(domiseda)* und wie treu und keusch die geliebte Frau gewesen. Daß die Treue besonders erwähnt werden mußte, mutet uns freilich bedenklich an. Dafür aber, daß die Witwer, die solche Inschriften setzen ließen, auch ihrerseits die Treue hielten, fehlt leider jede Garantie; denn die Steine schweigen.

Beruhigend wirkt, daß uns von einigen vornehmen Frauen die Vortrefflichkeit des Gatten denn doch ausdrücklich bezeugt wird, und man sammelte sorgsam ihre Äußerungen. Die eine Witwe antwortet auf Befragen: „ich finde keinen Mann wieder, der wie der Verstorbene nur mich und nicht mein Vermögen wünschte." Die zweite, die sich gegen eine Wiedervermählung sträubt: „fände ich wieder einen zweiten so guten Mann, so würde ich auch noch zittern müssen um sein Leben; fände ich einen schlimmeren, wozu noch solches Übel?" Die dritte aber, Valeria, aus dem Hause der Messalae, sagte kurz, als sie ihren Mann Servius verlor: „Servius lebt mir immer!"[19] Solche „Einmännerfrau", *univira* genannt, stand hoch in Ansehen. Die rechte Hausmutter heiratet nicht zum zweiten Male.

Lebendiger wird uns dieses Gefühlsleben vergegenwärtigt, wenn uns der Dichter Properz[20] die Sehnsucht der jungen Ehefrau schildert nach dem Gatten, dem sie noch keine Kinder gegeben, der schon öfter im Krieg war und nun als junger Offizier weit weg ins Feld gegen die Parther gezogen ist. Einen Brief schreibt sie an ihn und netzt das Blatt mit ihren Tränen: „Schon das viertemal mußte ich dir den Kriegsrock weben und weiß, daß du zart bist. Der harte Riemen wird dich drücken; die Lanze zerreibt die Haut deiner zarten Hand. Auch berichtet man, dein Gesicht sei eingefallen: hoffentlich nicht durch Darben, sondern nur aus Sehnsucht nach mir! Einsam lieg' ich, und du vergißt mich vielleicht. Die Waffenstücke, die du bei mir zurückgelassen, küsse ich nachts umwandelnd im Haus. Die Landkarte nehme ich, um zu sehen, wo der Parther wohnt und der Araxes fließt. Meine Schwester sitzt bei mir, auch die alte Amme, und doch alles so still im Haus! Auch kein Gottesdienst; nur am Anfang jedes Monats wird das Schränkchen, darin die Hauslaren stehen, geöffnet, und dann schmücke ich draußen den Altar mit Blumen. Deine Hündin jault; denn auch sie denkt an dich. Ich höre es gern, und das Tier schläft auf dem Pfühl an deiner Stelle. Dürften wir römischen Frauen nur mit hinaus ins Feldlager! Ich käme zu dir. Alle Liebe ist groß, größer als alle die Liebe zum Gatten! Venus selbst schwingt unsere Hochzeitsfackel, so daß sie noch heute glüht. So kehre du mir wieder, doch nur, wenn du mir treu geblieben."

Aber auch die letzten Gedanken einer sterbenden jungen Matrone enthüllt uns eine Elegie desselben Dichters, und sie sind rührsam, vornehm, edel und herzgewinnend. Diese Frau, Cornelia genannt, hat sich darein gefunden, daß Paulus, ihr Gatte, damit den Kindern die Obhut nicht fehle, vielleicht noch einmal heiraten wird, und so sind die Worte, die sie spricht, an ihn und auch an die Kinder gerichtet:

„Du, Paulus, mußt nun, da ich von euch gehe, an Zärtlichkeit mich vertreten und, wenn du die Söhne und Töchter küßt, zu deinen Küssen die meinen hinzufügen. Ihr Kinder aber sollt zur Stiefmutter lieb und freundlich sein und mich nicht offen vor ihr loben; denn es könnte sie kränken. Bleibt aber der Vater unvermählt, so lindert ihm das kommende Alter und laßt ihn keine Sorgfalt vermissen. So viele Lebensjahre mir geraubt sind, um so viel länger möget ihr unter der Sonne wandeln, und wenn er auf euch blickt, soll Paulus Freude daran haben, alt zu werden.[21]

*

Es ist wertvoll, sich solcher Eindrücke zu vergewissern; denn nur zu laut sind die Stimmen, die uns verraten, wie sich die Eheverhältnisse, und zwar schon seit langem, verschlechtert hatten. „Die alte Tugend findet man kaum noch in Büchern," klagt Cicero,[22] und die Klagen enden nicht. Schon das ist verräterisch, daß es seit des Kaisers Augustus Zeit[23] Mode wurde, die Ehefrau *domina* zu nennen, aber nicht nur sie; auch die Hetären beanspruchten dieselbe Anrede, und sie verrät uns das Dominierende, die freie Herrscherstellung, die die Frau jetzt endgültig neben dem Mann inne hatte oder beanspruchte; und darin steht sie der Hetäre gleich. Es ist die Anrede,[24] von der sich die „donna" der Italiener und unsere „Dame" herleitet. Eine galante Unterwürfigkeit steckt deshalb noch immer in dem Worte.

Wer als Jüngling in die Ehe nur aus sexuellem Triebe geht und auch als Ehemann den Liebhaber seiner Frau spielt, so predigt Seneca,[25] der hat nur zu oft verspielt; wer heiratet, soll nur „mit Urteil lieben". Das lehrt die Erfahrung, und so hörten wir denn schon, wie im alten Volksstück, der Togata, die enttäuschte Frau dem Gatten vorwarf, daß er sie nicht mit Verständigkeit geliebt.[26] Die Scheidung ist dann nur zu leicht das Ergebnis. In diese ältere Zeit ist auch die Anekdote, die die Römerinnen arg belastet, verlegt, wo zum Scherz die Frage aufgeworfen wird, ob es besser sei, daß der Mann zwei Frauen habe oder die Frau zwei Männer. Die Frauen nahmen die Frage ernst und wollten den hohen Senat der Stadt einhellig bestürmen, für das letztere, das ihnen so sympathisch, einzutreten.[27]

Die Scheidung war nach den Ehekontrakten nur zu leicht durchzusetzen, noch leichter, als dies heute der Fall. Schon das ganze erste Jahrhundert v. Chr. gibt davon eine erstaunliche Fülle von Beispielen aus den Kreisen der Aristokratie: Pompejus heiratete fünfmal, Ciceros Tochter Tullia, obwohl sie so jung starb, dreimal. Man verlange keine weitere Aufzählung. Nicht nur Überdruß war der Anlaß; rein geschäftliche, auch parteipolitische Gründe waren, so oft es opportun schien, in eine andere Familie hineinzuheiraten, entscheidend.

Sogar Cicero selbst mußte, anscheinend wegen geldgeschäftlicher Differenzen, seine alte Terentia, die mit ihm brav alle Schicksale geteilt, preisgeben. In den Briefen redete er sie „du mein Leben" an oder: „ich möchte ersterben in deiner Umarmung." Jetzt war die klägliche Abkühlung da und dazu seine Geldnot groß. Während die Frau ihm nur alle Schlüssel des Hauses herauszugeben brauchte,[28] mußte er ihr dagegen die ganze Mitgift wieder auszahlen. Da heiratete er als Dreiundsechzigjähriger noch die etwa siebzehnjährige Publilia, deren Vormund er war. Sie war vermögend, und nun konnte er zahlen. Als man ihn tadelte, daß er in so hohem Alter keine Witwe, sondern eine unerfahrene Jungfrau heimführe, sagte er seelenruhig: „keine Sorge! Morgen schon ist sie ja Frau."[29] Auch Terentia aber wußte sich zu trösten; sie war immer noch flott und rüstig genug, um zweimal wieder zu heiraten.[30]

Nicht nur die Männer trugen an alledem die Schuld, sondern auch das Herz der Frauen ist leider wandelbar; es ist *mobile,* wie es nicht nur in Verdis Oper „Rigoletto" heißt; just dasselbe *mobile* galt von den Frauenherzen auch schon im Mund der Römer.[31] Sprichwörtlich sagte man übrigens auch hübsch anschaulich: „Den Weibern entfällt ein Versprechen so leicht, wie der Apfel ihnen aus dem Schoß fällt, wenn sie vom Stuhl aufstehen."[32]

Je häufiger nun also die Ehescheidungen wurden und je unsicherer sich die Frau darum in dem Hause, in das sie geheiratet hatte, fühlen mußte, je freier und unternehmungslustiger wurde sie in ihrem eigenen Verhalten, indem sie nicht nur selbst die Scheidung veranlaßte.[33] Es gab noch die andere, interessantere Möglichkeit: der Freund kam zu ihr ins Haus, und der Ehebruch war da; der Freund oder die Freunde; denn auch Abwechslung war erwünscht, und man konnte mehr als einen brauchen. Die Damen verstanden zu werben. Kein Zufall ist es wohl, daß sich in des Cicero Zeit in Rom eine Malerin etablierte, die Frauenporträts auf Elfenbein lieferte und sich auf diese Aufgabe beschränkte. Sie machte Fortune; ihr Erfolg war erstaunlich; so viele Damen ließen sich malen;[34] offenbar verschönte ihre Kunst noch die Schönen, und die Auftraggeberinnen werden gewußt haben, wozu diese handlichen Porträts dienen sollten. Das Bild als werbender Liebesbote hat oft seinen Zweck erfüllt.

Berechtigt muß nun doch wohl die furchtbare Anklage gewesen sein, die Horaz erhob[35]: „Nicht nur unsere Weiber sind käuflich; der Gatte selbst verhandelt sie heut sogar an den ersten besten, der zahlen kann, sei es auch nur ein Kapitän, der eben aus Spanien kommt und Gold zeigt. Welche Schande! Absturz von Generation zu Generation! Unsere Nachkommen werden noch tiefer stehen."

In der männlichen Jugend aber nahm gleichzeitig rapide das Junggesellentum zu. Wozu noch heiraten? Die Eheflucht, die längst bei den Griechen Mode geworden, drang jetzt auch in Roms Aristokratie durch, und es gab auch für sie zwei Wege: man ging im Hetärendienst unter, oder man schlich sich in den Häusern als der begehrte Hausfreund ein. Das letztere aber wurde mehr und mehr Sache des Ehrgeizes. Es gehörte zum großen Leben.

Und der Eheherr? Es kam wohl kaum noch vor, daß er dem ehebrecherischen Eindringling eigenhändig zu Leibe ging, ihn totschlug oder kastrierte.[36] Man lernte vielmehr Nachsicht und hielt es für praktisch, beide Augen zuzudrücken.

Die Vorsicht aber ist besser als die Nachsicht; so dachten andere. Es galt das Anknüpfen von verbotenen Beziehungen zu erschweren, und es ist hübsch zu sehen, daß dies sogar in den Verkehrslokalen geschah, wohin die Ehepaare zum Speisen gingen. Der Gastwirt wollte jedem Skandal vorbeugen. In einer Kneipenwirtschaft Pompejis[37] hat sich an der Wand die warnende Anschrift gefunden: „Fixiere die Frau nicht eines anderen."[38] Man suche heut nach etwas Ähnlichem.

Umsonst erließ Kaiser Augustus, um der Eheflucht zu steuern — denn es galt die Fortpflanzung der alten Familien zu retten — seine rigorosen Ehegesetze. Man wußte die Vorschriften hundertfach zu umgehen, und der Bruch der ehelichen Treue wurde vielmehr im ganzen ersten Jahrhundert der Kaiserzeit Sache des Ehrgeizes und geradezu Ehrenpflicht für jede Dame, die

für etwas gelten wollte, und so auch ein Lieb-
lingsthema der Literatur, in der sich das Leben
spiegelt. Armselig die Frau, die nicht mitmachte.

Der Vermögensverwalter, den sie sich wählt,
ist gemeinhin ihr Cicisbeo, oft auch der Arzt,[39]
der sich, wenn sie krank oder scheinkrank, teil-
nahmsvoll an ihr Bett setzt, um den Puls zu
fühlen. Aber auch ein Tänzer von der Bühne,
ein Gladiator konnte es sein. Schon die Tochter
des großen Sulla dachte so; sie trieb Liebschaft
mit einem Kleiderreiniger und zugleich mit einem
jungen Mann, der „Fleck" hieß (lateinisch Ma-
cula), was natürlich Anlaß zu Witzen gab; ihr
Bruder sagte: „Wie kann man zugleich einen
Kleiderreiniger und einen Fleck haben?"[40]
Schließlich galt der Liebhaber, der wie eine
Klette dauernd sich festsetzt, geradezu als zweiter
Ehemann, und es schien dem Hausherrn dann
doch lieber, wenn die Frau mit den Freunden
wechselte, als wenn es immer derselbe war.[41] So
kam es dahin, daß Martial, der Freund der
Scherze, zu einem seiner wohlhabenden Freunde
ernstlich und annähernd ohne Übertreibung sagen
konnte[42]:

> Den Geist und den Verstand
> Und sonst noch allerhand,
> Dein Geld und deine Weine
> Hast du für dich alleine.
> Eins will mir nicht gefallen:
> Dein Weib teilst du mit allen!

Und der Betrogene selber nährt böse Gedanken. Er hört, daß da eine Dame ist; sie
heißt Lykoris; die trauert, weil sie alle ihre
Freundinnen durch den Tod verloren hat, und

er seufzt: „schlösse sie doch auch Freundschaft mit meiner Frau!"[43] Man muß ergänzen: das Trauern um sie würde ich der Lykoris gerne überlassen.

Martial konnte wohl seine Späße machen, die höhnenden Randglossen zum Gesellschaftsleben in Rom; er selbst hatte keine Frau und stand im großen Ehekrieg außer Schußweite.

VIERZEHNTES KAPITEL

CYNTHIA

Von Ehe und Ehescheidung war bisher genug, von Liebe nur allzuwenig die Rede, und von den Dichtern Roms kamen fast nur die Spötter zu Worte. Es berührt uns wie Frost. Auf Martial folgt gar Juvenal, der gallenbittere Junggesell, der ein ganzes Buch zur Diskreditierung der Frauen schrieb. Da steht das Wort vom „raren Vogel"; es ist die seltene Frau, die ihrem Mann nicht davonfliegt. Da steht auch das „ich will's, ich befehl's" *(hoc volo, sic jubeo);* so herrscht die Frau den Mann an; „statt des Grundes genügt mein Wille". Da erscheint auch das gelehrte Weib, das die Männer tot redet, die Dame, die für die Boxer in der Arena schwärmt, die andere, die zum Helm und Rapier greift und Fechtstunde nimmt, usw.[1]

Genug hiervon! Gibt es nicht auch andere Töne, nicht auch Liebesdichter in Rom? Jawohl! Wer wüßte nicht von ihnen? Sie klingen uns entgegen, jugendliche Stimmen von Troubadouren, die im Frauendienst sich verzehren, im Vers sich ausleben und der Welt bekennen, was sie fühlen. Sie sollen uns, bevor wir uns von der Römerin trennen und die Antike vor uns versinkt, das Herz erwärmen. Es gab auch in Rom Frauenverklärung, die Frau, die aufblüht im Liede. Wir wollen sie schauen und versuchen, sie zu verstehen.

Der herzgewinnendste, aber auch der unglücklichste dieser Erotiker, Catull, lebte in der Ära der Bürgerwirren als Zeitgenosse des Cäsar, Cicero und Catilina und wurde so der urwüchsige Dichter vielmehr des Hasses als der Liebe. Jubelnd zwar hebt er mit den Verslein an von den Küssen, den unzähligen — „laß uns leben, Lesbia, laß uns lieben" — und plaudert uns vom Spätzchen, das seiner Liebsten Entzücken ist, das sie im Busen trägt und zum Beißen anreizt, wenn sie den Geliebten reizen möchte. Aber der Jubel und Scherz verklingt rasch, und wir hören fast nur von grausamer Enttäuschung. Denn diese Lesbia war eine vermählte Frau, vornehm, aber übelsten Rufes (Cicero redet von ihr; er kannte sie genau), für deren Männergier der Dichter nur einer unter den vielen war. Mit heißem Weh reißt sich Catull von ihr los, und die Gedichte des Verzichtes sind es, durch die dieser Dichter uns nahetritt wie wenige. Ihr wahrer und reiner Herzenston muß jeden Leser erschüttern. Man trauert mit ihm. Es ist die entblätterte Liebe.

Die große Liebespoesie Roms aber erblühte erst im Frieden der augusteischen Epoche, und Hetären sind es, die sie verherrlicht. Die Bohème tut sich uns auf, und der Junggesell hat das Wort, der keine Fesseln will, wenn er liebt. Nur in diesen Kreisen war die Liebespoesie möglich, und sie ist die einzige Dichtungsart, in der Rom die Griechen überboten hat. Das liegt nicht an der Kunst, es liegt an den Menschen, um die es sich handelt.

Das griechische Hetärenwesen hatte sich in Rom festgesetzt, und zwar schon seit langem; das Personal war zugewandert, wie so vieles andere, was vom Osten kam. Aber die Italienerinnen lernten den Griechinnen ihre Kunst ab, und wir empfinden ihre Überlegenheit. Ihre Rasse war stärker an Vollblut, an Heißblut, und eine römische Mätresse, menschlich gewogen, mehr als eine griechische. Das zeigt uns Properz, der nahezu seine ganze Dichtung dem einen Weibe widmete und den dies eine Weib, und sie allein, zum Dichter machte. Es war das Mädchen aus Tibur, die er seine Cynthia nennt. Sie hieß in Wirklichkeit Hostia, wie uns bezeugt wird.

Der Dichter gibt uns viel Detail, und sie selbst taucht sichtbar auf hinter dem Gitter seiner Verse. Wir machen ihre persönliche Bekanntschaft, hoffentlich nicht zum Schrecken meiner Leser.

Sie war anscheinend von vornehmer Abstammung,[2] dazu blendend schön, hochbegabt und im Vollbesitz der Bildung jener Zeiten, brach aber mit ihrer Verwandtschaft, um in Rom siegreich ihre Netze zu werfen, und es gelang ihr, die große Rolle zu spielen, die sie wollte. Properz, der vornehme Junge, vom Ritterstande, erst 17jährig, als er ihr nahte, war nur einer der vielen, denen sie Zutritt gab. Sie hält Hof in Bajä, dem üppigen Badeort, schmückt in Rom die Promenade da, wo durch die Säulengänge die Menschen strömen, im Schleppkleid einherstolzierend: Hetärentracht, ohne Überwurf, von zart durchsichtiger Seide, die weich am Körper lag. Auch über Land kutschiert sie im eigenen Wagen, plant Reisen mit reichen Lebemännern über See, und viele Verehrer sind's, die, wenn sie einmal krank ist, an ihr Bett kommen.

Der junge Fant erlebt dies alles zum erstenmal. Mag er die Nacht vor ihrer Tür verbringen, sie duldet nicht einmal, daß er ein Wort der Klage erhebt, und so irrt er durch die Einsamkeit auf Waldwegen, und schreibt Cynthias Namen in die Rinden ein.

Er muß sich an den Vielmännerbetrieb, die Polyandrie, erst gewöhnen, bis der Tag der Erhörung kommt, und er jauchzt: „Währe, du Wonne von heut, bis daß die Locke mir bleicht!" Orgiastischer Taumel, wenn sie ihm zum erstenmal die Nacht gewährt. Der Leib enthüllt sich, die Nacktheit siegt. „Was ist alle Kleiderpracht gegen des Leibes eigenste Schönheit?" Auch Tizian hat dies wie Properz in seiner „Irdischen und himmlischen Liebe" gepredigt. Aber wir hören doch, daß Cynthia zum wenigsten eine purpurfarbige Nachthaube trug.

Der junge Dichter gewinnt Macht über sie, wird bald der Begünstigte; das haben, wie er selbst jubelnd sagt, seine schönen Gedichte bewirkt, und so verliert er allmählich die Schüchternheit und scheint auch einmal ungetreu. Da schickt sie nachts nach ihm ihre Amoretten aus, die durch die dunkle Gasse kleine Fackeln tragen, um ihn zu suchen mit der Weisung: „lerne hinfort mir häuslich zu sein." Diese Flügel-

knaben überraschen uns nicht; es sind jene Spiel-
kinder, die reiche Damen sich hielten und als
Amoretten aufputzten, wie es auch Kleopatra,
die Königin, getan.

Dann aber wird er immer kühner. Es entzückt
ihn, sie zu reizen. „Meinem Feind," sagt er,
„wünsch' ich ein phlegmatisches Weib", und freut
sich, wenn sie entrüstet in ihrer Eifersucht den
Tisch umwirft; die Trinkschale fliegt ihr aus
den Händen vor Zorn.

Das ist Drama. Die Figur bewegt, belebt sich
vor uns. Wir sehen sie immer deutlicher vor
Augen, und dies steigert sich noch. Denn der
Dichter erzählt uns nun gar ein Erlebnis in
Ausführlichkeit.

Mit einem Gladiator ist Cynthia morgens mit
strudelnden Rädern über die Appische Straße aus
der Stadt gefahren, selbst kutschierend. Der Wagen hat ein Schutzdach aus Seidenstoff; zwei
stutzmähnige Ponys sind vorgespannt; zwei
Doggen jagen nebenher. In Lanuvium wollen die
beiden die Schlangenfütterung sehen. Wird sie
den ganzen Tag da mit dem gefährlichen Menschen verbringen, der im Wagen sitzt? Properz
macht ihn aus Eifersucht möglichst schlecht, den
Fechter der Arena.

Einsam fühlt er sich, will sich rächen und läßt
sich zum Abendtrunk in sein Haus zwei muntere
Dirnen holen. Im offenen Peristyl (denn es ist
Sommer) lagern sie zu dreien, er zwischen den
beiden. Der Wein fließt. Musik wird gemacht;
ein Ägypter spielt die Flöte, ein Zwerg muß
die Trommel rühren; aber die Stimmung bleibt

öde. Mögen die Weiber süße Töne singen, ihre Reize enthüllen; er ist taub und blind, seine Gedanken abwesend; sie suchen Cynthia in Lanuvium.

Da, plötzlich, Lärm! Von der Vorhalle kommt's. Eilige Schritte, und Cynthia steht vor ihm, sie selbst, vorwurfsvoll, ja, rachedurstig, mit aufgelöstem Haar, aber im Rasen noch schön. Er soll merken, daß sie ihm treu und daß sie die Herrin ist, und es folgt das Groteske: mit Kratzen und Schlagen jagt sie die Dirnen aus dem Haus: ein Lärmen, daß die Nachbarn aus den Betten fahren. Dann geht es über den Dichter her, den sündigen, in volkstümlicher Wildheit. Wir kennen dies handgreifliche Vorgehen schon aus den Volksstücken der Togata. Ein Backenstreich erfolgt, nicht gelinde; in den Hals beißt sie ihn vor Zorn und Zärtlichkeit, rabiat, aber wundervoll in der Leidenschaft, bis er ihr zu Füßen sinkt. Wie Blitzschlag war's, und wie rollendes Gewitter folgt ihr Strafsermon: auch er soll treu sein, auf der Straße keine Sänften anhalten, in denen anmutige Frauen sitzen usw. Dann aber wird Friede gemacht. Mit Schwefel berührt sie abergläubisch das Haupt des Dichters, um es von den Küssen der schlechten Weiber zu reinigen. Er aber muß froh sein, daß sie ihm gezürnt hat, und doppelt froh, daß sie nun ihm gut ist. Er hat dies Erlebnis nie vergessen.[3]

So aber blieb es nicht. Ihre Verhältnisse gingen augenscheinlich zurück. Gleichwohl sehen wir, daß sie doch noch ein behagliches Heim bewohnt. Ihre Amme ist ihr aus der Kinderzeit treugeblieben; auch die Latris, die kleine Dienerin, die ihr beim Frisieren den Spiegel hält, liebt sie zärtlich, und so führt sie einen kleinen Haushalt, spinnt und webt mit ein paar Mägden für den Hausbedarf, und der Dichter erfährt durch seinen Diener, den er als Boten schickt, wie sie den Mägden bei der Arbeit ihr Herz ausschüttet, wenn sie sich grämt und schmollt.

Sie muß aber auch in schlimmere Lage gekommen sein, ja, zeitweilig unter unliebsamer Aufsicht gelebt haben; denn es kam vor, daß sie sich nachts heimlich am Strick zu dem Liebhaber aus dem Fenster herabließ, und es muß dies öfter geschehen sein; denn die Holzbrüstung des Fensters war abgerieben vom Seil.[4] Es war die Dekadenz, die solche Frauen nur zu oft ereilte.

Drei Jahre hat so der Dichter mit ihr verkehrt.[5] Dann kam der übliche Überdruß, oder er hatte andere Ziele, die die Trennung bewirkten. Aber er vergaß sie nie, hörte von ihr zu dichten nicht auf, und ein Büchlein nach dem andern, das von ihr redete, entstand.

Properz dichtete nicht im Stil der kurzatmigen, nach Pointen suchenden griechischen Liebesdichter der hellenistischen Zeit. Auch fehlte ihm die lachende olympische Laune, die uns wohl andre beglückte Menschen zeigen. Auch Horaz zeigt uns, wo er sich seine Freundinnen holt, nicht viel mehr als ein schmunzelndes Behagen. Dieser berühmte Poet ist schon 35 Jahre alt, als er anfängt, jene Freundinnen zu besingen, war in Hofkreisen gut akkreditiert und ist daher die Dezenz selber. Die harmlose Lustigkeit, wie sie uns der alte Komödiendichter Plautus zeigt, war damals versiegt; sie schien in diesen Zeiten zu plebejisch. Bei Properz ist alles ernsthaft und strömend pathetisch. Die Beredsamkeit dichtet, aber sie kommt aus der Seele, eine heiße Wonne.

Man muß sie lesen, die ersten flammenden Frühgedichte, die er, kaum der Hut der Mutter entwachsen, dichtete — ein Jüngling im Alter des heutigen Primaners oder angehenden Studenten —, man muß sie lesen, um sich das Herz zu wärmen, wenn man den fiebernden Pulsschlag der ersten knabenhaften Sehnsucht mitfühlen, die Macht des Weibes über die erwachenden Sinne des werdenden Mannes mit erleben will.

Da sehen wir endlich das Mädchen von Tibur so, wie er sie als junger Schwärmer sah, das Weib, das unvergleichliche; fleckenrein; kein Tadel reicht an sie heran. Göttin ist sie ihm und wert, dem Zeus selbst beizuwohnen, ist der Helena gleich, um deren Besitz Troja zugrunde ging, junonisch schön, dunkelblond; schwebender Gang; schmale Hände; das Auge Flammen werfend; der Teint, als schwämmen auf Milch Blätter der Rose verstreut. Entzückender aber das Geistige; denn sie tanzt den wirbelnden Solotanz herrlich beim Gelage und dichtet sogar bewundernswert wie die Korinna der Griechen. So ist sie auch die feinste Richterin, wenn der junge Poet ihr hingebend seine Verse liest.

Tausendförmig ist das Sterben der Sterblichen; so denkt er; aber was soll mir der Tod? „Mag der Orkus sich auftun und Charon mir winken am stygischen Strom: ruft mich mein Mädchen, kehre ich von den Toten wieder, aus der Hölle ins Leben wieder, zu ihr!"[6] Auferstehung durch die Allmacht der lockenden Liebe des Weibes: das ist der Gipfel der Phantastik. Himmlische Torheit. Von ewiger Liebe träumt das junge Blut und kann kein Sterben begreifen.

Cynthia aber starb jung. Sie ist von der Rivalin beim Trunk vergiftet worden. Es war der Giftmord, der damals so vielen drohte. Im Traum aber erscheint sie als Gestorbene dem erregten Dichter wieder, reißt ihn als Schatten noch einmal in ihre Umarmungen und findet Worte, beteuernd, daß sie auch im Tod ihm treu. „Ich harre auf dich. Die Zeit verrinnt und auch du wirst sterben; da schmiegt sich mein Totengebein an das deine, und du bist mein, bist mein allein!"

So liebt ein römischer Jüngling; so träumt er; so dichtet er hingerissen und hinreißend, und es soll mich nicht reuen, obschon noch manches andere sich vortragen ließe, hier die Feder abzusetzen und dies Frauenbuch zu schließen. Vielmehr scheint es mir das schönste, was der Rückblick in die Vergangenheit gibt, mit der Jugend zu schwärmen, die einst gelebt, und die wahrhaftige Sprache dessen zu hören, der an die Schönheit sein Herz verlor.

Properz aber gab uns mehr als das. Er hat uns geholfen, ein römisches Frauenbild aus der Halbwelt zu zeichnen, das gewiß nicht ideal, aber so klar lebendig ist wie wenige der Bilder, die ich hier sonst gegeben. Für zarte Sinne mag diese Cynthia brutal und schlechthin abstoßend sein, dem Ehrbaren mag sie verächtlich scheinen. Man kann nicht schön färben, was die Vorwelt Unschönes gibt. Die echte italische Rasse aber ist an ihr nicht zu verkennen: eine Natur, nicht kleinlich witzelnd wie die griechischen Weiber ihrer Gattung und niemals gemein im Sprachton wie jene, vielmehr geradlinig schlicht, bald streng, bald klagend wo sie redet, wuchtig, gewaltsam und herrisch, wo sie handelt, trotz allem und allem ein rechtes Prachtgewächs Latiums und des wonnigen Anio-Tals, wo die mächtigen Wasserfälle rauschen. So war sie; so könnte sie dort heut noch umgehen. Was ich hier gab, ist nicht genug. Ich habe mehr von ihr und ihrem Dichter in meinem Buch „Die Cynthia des Properz" geredet.[7]

Und hiermit mögen sie ausruhen, die Frauen der Antike. Ihre Schatten sind über uns hingezogen wie Wolken, die sich ins Abendrot verlieren und funkelnd Farbe, Wesen und Gestalt gewinnen, bis dasselbe Licht sie rasch verzehrt. Sie sind vergangen. Ewig ist nur das Vergänglichste, die Gegenwart. Auch sie aber gibt uns Frauen, ja, wertzuschätzende Frauen in allen Spielarten, und man wird es dem, der das Obige geschrieben, nicht verdenken, wenn er sich freut, zu ihnen zurückzukehren. Es soll ihm wohltun, im lachenden Leben noch auf einige Zeit in geziemender Auswahl mit den Lebendigen froh zu sein.

ANMERKUNGEN

Zu Kap. I (Einleitung)

[1] E. Kretschmer, „Körperbildung und Charakter" (Berlin 1931) bringt hierfür viel Lehrreiches.

[2] s. Athenäus p. 582 E, 587 A.

[3] So hat es z. B. der Kaiser Septimius Severus getan.

[4] Vgl. die Priesterin in Plautus' Rudens v. 406.

[5] Physiognomonika ed. Förster.

[6] a. a. O. II S. 9 ff.

[7] Ebda. I S. 46 f.

[8] Vgl. Demosthenes in Neaeram 122; Athenäus p. 573 B.

[9] Anthol. Pal. IX 46.

[10] Ein Beispiel für solchen Zwang unter Verwandten bringt das Terenz „Phormio".

Zu Kap. II (Idealbilder)

[1] Vgl. „Von Homer bis Sokrates" S. 451 Anm. 51 und „Kulturleben der Griechen und Römer" S. 430 Anm. 64.

[2] Die Grabstelen der Männer zeigen dagegen auch Greise oder doch Hochbetagte.

Zu Kap. III (Die Hausfrau)

[1] Stobäus Eklog. ed. Hense 6, 42.

[2] Solon bei Stob. Florileg. 28, 18. Ebenso dann Xenophon Oekon. 3, 15.

[3] Xenoph. Oek. 7, 30.

[4] Ebda. 3, 15.

[5] Plaut. Men. 662 und 668.

[6] Plutarch, Solon 21: sie sollen nur im Wagen auf die Straße, und Licht muß den Wagen begleiten. Es gab im Staat sogar Frauenaufseher, γυναικονόμοι, über die Aristoteles Polit. p. 1300 und 1323.

[7] Plaut. Stich. 114.

[8] Hyperides frg. 205 ed. Blass.

[9] Alexis frg. 146 Kock.

[10] Plaut. Trin. 51.

[11] Antiphones frg. 221 Kock.

[12] Plaut. Men. 1160.

[13] s. Terenz Heautont. 1042; Demosth. Mid. 79.

[14] Anthol. Pal. VII 224.

[15] Für kunstvolle Stickereien gab es freilich Sticker von Beruf, die Phrygiones.

[16] Anthol. Pal. VII 424.

[17] Plaut. Trin. 800 f.

[18] Dies führt Ovid aus, Medic. formae 29 f.

[19] Alexis bei Athenäus p. 568 C.

[20] Die Ehefrau hat Klugheit wie die Männer, ἀνδρική διάνοια, Xenoph. Oek. 10, 1.

[21] Physignomika II S. 16.

[22] Letzteres erwähnt Plaut. Asin. 78.

[23] s. Stob. Florileg. 52, 43.

[24] Anthol. Pal. VII 230.

[25] Ebda. VII 335.

[26] Ebda. VII 331.

[27] Hyperides, frg. 46 u. Apsines bei Walz, Rhet. gr. VII p. 591.

[28] Plaut. Trucul. 551.

[29] Aristoph. Pax. 120

[30] Plaut. Stich. 90 ff.

[31] Dies erwähnt Xenoph. Oek. 8, 20.

[32] Dies ist z. B. das Thema des Lustspiels „Trinummus".

[33] Es ist die Geschichte vom Hieron bei Plutarch, De cap. ex inimicis util. 7.

[34] Dies ist der Fall, wenn Jüngling und Jungfrau durch abenteuerlichen Zufall sich schon vorher kennengelernt haben, wie einige Lustspiele, z. B. Terenz' Andria und Phormio uns dies zeigen.

[35] Plaut. Trin. 264 f.

[36] So endet das Symposion Xenophons.

[37] S. Aristoph. Pax. 114 ff.

[38] Oder „den weißen Stein", Anthol. Pal. VII 596.

[39] Anthol. Pal. VII 557.

[40] Vgl. den bei F. Blass „Die attische Beredtsamkeit" II²
S. 533 besprochenen Fall.

[41] s. Teles bei Stob. Florileg. 34, 72.

[42] Xenoph. Sympos. 2, 10. Auch Xenoph. Mem. 2, 2 scheint
dasselbe angedeutet, wenn schon dort Xanthippes Name fehlt.

[43] S. Platos „Protagoras".

[44] Athenäus p. 643 F.

[45] Cicero, Tusc. III 31.

[46] Über das Maß der Glaubwürdigkeit solcher Dicta habe
ich in meinem Aufsatz „Das Dictum in der Geschichtsschreibung des Altertums" (in „Studien und Skizzen der
Johanniter", Hamburg 1929, S. 183 ff.) gehandelt.

[47] S. Diog. Laert. II 35 f. Dieser Vergleich mit dem Reit-
pferd stammt gewiß von Sokrates selbst; denn er kehrt in
seinem Mund bei Xenoph. Sympos. 2, 10 wieder, auch noch
in Xenoph. Oekon. 3, 11.

[48] s. Plato, Phaedon p. 116 B.

[49] s. Diog. Laert. a. a. O.; Athenäus p. 611 E.

[50] Das bekannteste Beispiel ist dafür Platos Theätet.

[51] s. Rhein. Mus. 79 S. 1 ff.

[52] Auf diese weist Seneca Dial. II 18, 5. Auffällig scheint,
daß Aristophanes in seiner Sokrateskomödie, den „Wolken",
die Xanthippe noch nicht vorbringt. Vielleicht war damals,
im Jahr 423 v. Chr., die Heirat noch nicht vollzogen. Aber
dieser Dichter vermeidet m. W. überhaupt, Frauen, die noch
am Leben sind, mit Namennennung zu verspotten, es sei
denn, daß sie in die Politik eingegriffen haben wie Aspasia.
In den „Wolken" v. 685 bringt er gewisse Frauennamen
nur aus sprachwissenschaftlichem Interesse.

[53] Seneca a. a. O. Noch toller Hieronymus adv. Jovini-
anum I p. 170.

[54] Seneca Epist. 104, 27.

Zu Kap. IV (Die Frau des Euphiletos)

[1] Vgl. Demosthenes contra Aristocr. p. 637.

[2] Das Folgende stammt aus des Lysias erster Rede. Nur
wo es zum rechten Verständnis nötig schien, habe ich hie
und da Worte eingefügt oder auch verändert.

[3] Das Haus war ein Einfamilienhaus; daher „klein".

⁴ So glaube ich die viel erörterte Beschreibung des Hausinnern bei Lysias § 9 zu verstehen. Die Frauenwohnung hatte eine eigene Haustür, die Männerwohnung ebenso; s. Aeschyl. Choeph. 865. Vgl. übrigens Beckers „Charikles" II² S. 84 f. und 92.

⁵ Dies ist anzusetzen, da im § 26 von mehreren Kindern die Rede ist.

⁶ „Weiß geschminkt", ψιμυθίῳ. Vgl. Alexis bei Athenäus p. 568 C.

⁷ Dagegen wird in der Rede der Name des Sostratos genannt; denn dieser war nicht kompromittiert. Auf einer Linie mit der Frau des Euphiletos steht wiederum jene andere Frau, der Eratosthenes gleichfalls nachstellte, und daher fehlt auch ihr Name.

Zu Kap. V (Politische Frauen)

¹ Theophrast bei Stob. Floril. 28, 7; vgl. auch ebda. 28, 21.

² Plutarch De gen. Socr. 33.

³ Vgl. B. Niese, Gesch. der griech. u. makedonischen Staaten II S. 58.

⁴ Vgl. Herodot 9, 5 und 5, 87.

⁵ Pausanias II 20, 8; Plutarch De virt. mul. 5. Zur Telesilla vgl. K. Münsches „Festschrift zu Franz Polands 75. Geburtstag" S. 99.

⁶ Vgl. Aristophanes' Ekklesiazusen.

⁷ Anthol. Pal. VI 206; Humanist. Gymnasium 1927 S. 139ff.

⁸ Es ist der ἐφεδρισμός. Vgl. E. Petersen, Röm. Mitteil. 1891 S. 270; Mariani, Bull. d. commiss. arch. commun. di Roma 1907 S. 34 f. und Tfl. VI; M. B. Huish, Greek Terracotta-statuettes, Lond. 1900 S. 112 und Tfl. 27; Sieveking, Die Teracotten der Sammlung Loeb, Tfl. 35. Ähnliche Exemplare sollen sich im British Museum und in der Sabouroffschen Sammlung in Berlin befinden. Ein weiteres des 5. Jahrhunderts ist in meinem Besitz; es stammt aus Eretria. Etwas anders gestaltete sich der ἐφεδρισμός der Knaben, über den Pollux On. 9, 119 und 122.

⁹ Anthol. Pal. VII 489 und 166.

¹⁰ Plutarch Perikl. 28.

[11] Bei E. Ziebarth „Griechisches Vereinswesen" und R. E. VIII 2 S. 1373 finde ich nichts hierüber.

[12] Athen. Mitteilungen XVIII (1898) S. 16 f.

[13] Hiernach berichtigt sich einiges von dem, was ich in meinem Buch „Schaubauten der Griechen und die attische Tragödie" S. 230 f. vorgetragen.

[14] Vgl. auch des Sophokles Trachinierinnen.

[15] So Diodor II 4.

[16] s. Plutarch, Pompeji. c. 35. Dies letztere ist R. E. I S. 1767 f. unerwähnt geblieben.

[17] Ich weiß wohl, daß es vereinzelte Ausnahmen gibt.

[18] Plinius n. h. 34, 53 f.

[19] Über Artemisia, die Erbauerin des Mausoleums in Karien, s. unten.

[20] Strabo p. 660 beschreibt diese karischen Waffen genauer.

[21] s. Aristoph. Lysistr. 695.

[22] Dies sagt Herodot 8, 93.

[23] Herodot 8, 87 f. Das zitierte Wort klingt an das an, was wir bei Athenäus p. 515 von den Lydiern lesen, daß da die Männer verweichlichten und bei ihnen der βίος γυναῖκα τύραννον εὕρετο αὐτοῖς.

[24] Herodot teilt 8, 108 nur das geringste von den Gründen, die sie im Sinne hatte, mit. Er drängt in seiner Darstellung auf Kürze und setzt die Beurteilung der Sachlage, wie ich sie gegeben, als für jeden Leser selbstverständlich voraus.

[25] „Alexander der Große"[3] S. 108.

[26] Die Küstenstadt Kalydna mit Umland.

[27] So das Orakel bei Herodot 4, 158.

[28] Vgl. „Aus dem Leben der Antike" S. 96.

[29] Plutarch Kimon 4; vgl. Corn. Nepos 1, 2.

[30] Plutarch Kimon 14 und Perikl. 10.

[31] Plutarch Perikl. 28. Perikles zitiert als Antwort darauf nur den Vers des Archilochos des Sinnes: „ein altes Weib soll sich nicht parfümieren".

[32] Es ist Stesimbrotos. Sobald es sich um solche Memoiren handelt, fühlt man sich versucht oder gar verpflichtet, die Zuverlässigkeit solcher Mitteilungen zu bezweifeln, und Stesimbrotos gilt als unbrauchbarer Schwätzer. Daß man

die Zuverlässigkeit solcher Dicta, wie ich sie angeführt, unterschätzt, ist schon oben zu Kapitel III Anm. 46 bemerkt, und gerade die hier erwähnten sind viel zu fein und treffend und der Situation entsprechend und können nicht so ins Blaue hinein erfunden sein.

[33] W. Judeich sträubte sich, dies anzuerkennen (R. E. II S. 1717). Aber die Überlieferung redet zu deutlich und bestimmt; wer dem Athenäus p. 533 D. und Suidas nicht glauben will, muß auf Eupolis, den Zeitgenossen der Aspasia, hören, der sie πόρνη nannte (Frg. 98 K.); πόρνη war bekanntlich nur ein böswillig gesteigerter Ausdruck für „Hetäre"; ganz ebenso nannte König Lysimachus jene Lamia, die vielbesprochene Hetäre des Demestrius Poliorketes (s. Plutarch, Demetr. 25). Man fragt überdies: woher Aspasias literarische Bildung? Als Nicht-Hetäre und eingeschlossen gehaltene Haustochter konnte sie sich solche in jenen Zeiten schwerlich aneignen. Und wie konnte eine Frau, die nicht Hetäre, so isoliert von Stadt zu Stadt übersiedeln, wie Aspasia es getan? Die Galatea, die am Hof in Syrakus ihr Glück machte, war ebenso freizügig. Auch die Heirat, die Aspasia einging, ohne Brauteltern und Ehevertrag, ist m. W. ganz ungewöhnlich und beruhte auf exzeptionellen Verhältnissen.

[34] Ganz denkbar ist, daß Hippodamos, der Milesier, der in des Perikles Diensten stand, sie aus Milet herbeirief.

[35] Ein Beispiel der Art habe ich „Von Homer bis Sokr." S. 449 Anm. 30 angeführt; vgl. dazu R. E. VIII S. 1335. Lehrreich hierfür ist auch der Neäraprozeß in der 59. demosthenischen Rede.

[36] Ein Beipiel hierfür aus jener Zeit ist uns die Hetäre Thargelia, die in den griechischen Städten Kleinasiens politisierend mit den vornehmsten Männern verkehrte, und ihr Einfluß im Interesse des Perserkönigs war dort groß.

[37] s. „Von Homer bis Sokr."[3] S. 453 Anm. 14.

[38] Er nahm sie nach Samos mit, wo er ein Aphroditebildnis weihte (Athenäus p. 572 F). Auch der schon erwähnte Stesimbrotos wußte von solchen Freiheiten (ebda. p. 589 D f.). Übrigens gab auch Kimon sich mit der Hetäre Mestra ab (Plut. Kim. 4).

[39a] Vielleicht hat Aspasia auch auf die Außenpolitik einmal Einfluß gehabt, auf den samischen Krieg; denn Samos lag in Kampf mit Milet. Perikles gebot, vielleicht durch sie veranlaßt, den Samiern, vom Krieg abzulassen, und der Konflikt war da.

[39b] Alle Erzeugnisse der attischen Redner, die wir besitzen, auch Herodot, sind jünger als der Beginn ihrer Tätigkeit (450 v. Chr.).

[40] λόγοι πολιτικοί, nach Plato Menex. p. 249 E.

[41] Die Rede, heißt es, muß κόσμος, d. i. Schmuck und Ordnung haben; ebda. p. 236 D.

[42] s. oben Anm. 37 über Thargelia.

[43] So lernte die Hetäre Leontion von Epikur und trat dann selbst schriftstellerisch für seine Lehre ein. Arete lernte bei ihrem Vater Aristipp und verbreitete danach selbst als Schulhaupt seine Lehre.

[44] s. Plat. Menex. p. 235 E.

[45] s. „Von Homer bis Sokr." S. 456.

[46] Daß Sokrates sich um das Jahr 430 schon πρεσβύτης nannte, im „Menex." p. 236 C, ist nicht ernst zu nehmen; denn diese Schrift ist gespickt mit Anachronismen.

[47] Was uns der „Menex." gibt, ist davon nur übermütige Parodie.

[48] Aristoph. Pax 124 ff.

[49] Xenoph. Oekon. 3, 15. Auch des jungen Xenoph. und dessen Frau hat Aspasia sich so angenommen, wenn wir dem Aeschines glauben (Cicero De inv. I 51 f. und Quintilian V 11, 28).

[50] Athen. p. 219 C: Ἀσπασία ἡ σοφή. Gedichtet hat Aspasia sicher nicht; aber Verse wurden ihr dreist untergelegt, in denen sie dem Sokrates Rat gibt, wie er durch Redekunst sich die Liebe des jungen Alkibiades gewinnen soll (Herodikos bei Athen. ebda.). Sie verstand sich also hiernach angeblich nicht nur auf Grabreden, sondern auch auf den λόγος ἐρωτικός. Ein Dichter wie Hermesianax aber fabelte dann, Sokrates sei in Aspasia verliebt gewesen (Athen. p. 599 A).

[51] So behauptete der Ankläger Hermippos.

[52] Aristoph. Acharn. 527: πόρνα δύο Ἀσπασίας.

⁵³ Aus diesen wenigen Worten des Aristoph. machte man später folgendes zurecht: „Die sokratische Aspasia trieb Handel mit schönen Weibern, so daß ganz Hellas davon voll wurde" (Athen. p. 569 F und 570 A; vgl. Plut. Perikl. 24, 3), eine Tätigkeit, wie sie z. B. die Nikarete ausübte, über die Demosth. in Neaeram 18 ff. berichtet.

⁵⁴ Wäre es anders, so hätte der Komiker ausführlicher erzählen müssen: „Aspasia hielt nämlich, wie ich euch versichere, Dirnen, die sie zur Verfügung stellte" usf.

⁵⁵ So lautet der Bericht bei Plut. c. 31; die Überlieferung schwankt.

⁵⁶ Plut. c. 24, 4.

⁵⁷ Aristoph. nennt a. a. O. ihren Namen. Er nennt aber m. W. nur Eigennamen von nicht mehr lebenden Frauen; vgl. „Das Kulturleben der Griechen und Römer" S. 85; oben zu Kapitel III Anm. 52. Danach wäre Aspasia vor 425 gestorben.

Zu Kap. VI (Sappho)

¹ s. Diog. Laert. VI 7; vgl. Anthol. Pal. VII 413.

² Vgl. Anthol. Pal. IX 39.

³ So denkt auch Sappho, wenn sie sagt, die λήθη ist den Musen verhaßt.

⁴ Ich hebe nur dies als das für uns Bedeutsame an Sapphos Leistungen hervor. Nebenher hat auch sie Sagenstoffe in lyrischer Form behandelt.

⁵ Vgl. Strabo S. 808; Athenäus p. 111 F; Anthol. Pal. VII 501; Vergil Georg. II 90 u. a.

⁶ Vgl. „Des Kulturleben der Griechen und Römer" S. 20 f.

⁷ Auf Sappho passen die Worte γλυκοσηχής und θυλύγλωσσα, die wir Anthol. Pal. IX 26, 7 lesen.

⁸ s. Nr. 54 der Ausgabe von C. R. Haines „Sappho, The poems and fragments", London o. J., nach welcher Ausgabe ich auch weiterhin zitiere.

⁹ s. ebda. Nr. 26.

¹⁰ Das Wort ἰόπλοχος stammt von diesen äolichen Dichtern. Es „dunkellockig" zu übersetzen geht nicht an; denn πλέκειν ist „flechten". Also waren entweder Veilchen ins Haar geflochten, oder es ist „veilchenbekränzt" zu verstehen, da

ja der Kranz selbst auch Flechtwerk ist. So trägt auch Atthis in Nr. 7 einen Kranz von Veilchen und Rosen, Alkibiades in Platos „Symposion" p. 212 E einen von Epheu und Veilchen, ähnlich Dionys, Anthol. Pal. IX 524, 10. Auf dem bekannten Vasenbild in München, das Sappho mit Alkäus zeigt (bei Haines S. 48) scheint Sappho wirklich einen Kranz zu tragen.

[11] s. Nr. 27.

[12] Nr. 28. Das Wort „uns" scheint anzudeuten, daß sie auch mit an ihre Tochter denkt; vielleicht aber dachte sie auch an die Hetärie, der sie vorstand. Ich habe das Wort „uns" in den Zitaten öfter durch Sperrdruck hervorgehoben. Von ihrem γῆρας redet Sappho auch in Nr. 31.

[13] Mit diesen Zahlen im Text ist auf dieselbe Ausgabe verwiesen.

[14] Eine undeutliche Beziehung zur Familie des Pittakus findet sich in Nr. 38.

[15] Zeus wird nur in der Bezeichnung der Aphrodite als παῖς Διός erwähnt, Nr. 3.

[16] Dies zeigt uns Diskorides Anthol. Pol. VII 407.

[17] Vgl. „Kritik und Hermeneutik" S. 278.

[18] Vgl. ebda.

[19] So heißt es denn: Sappho war für die Lyrik, was Homer für die Epik war, Anthol. Pal. VII 14 ff.

[20] Ob hier der zufällige Umstand von Einfluß gewesen ist, daß eine Lieblingsschülerin der Sappho Atthis hieß? Stammte diese aus Athen? Vielleicht wurde hierdurch die Wertschätzung der Athener auf Sappho gelenkt oder gesteigert.

[21] Claudian, Epithal. de nuptiis Honorii 233; vgl. d. Index meiner Ausgabe S. 445.

[22] Daß es eine größere Anzahl von Epithalamien war, beweist Dioskorides, der Anthol. Pal. VII 407 die Epithalamien als besondere Gruppe ihres Nachlasses verzeichnet. Unter den Fragmenten der Sappho verweise ich auf Nr. 124 und 125.

[23] Dies zeigt Dioskorides a. a. O.

[24] Vgl. Athen. p. 644 D; Beckers „Charikles" III[2] S. 240.

[25] Die Braut fürchtet die erste Nacht: Anthol. Pal. VII 240.

[26] Die Begründung meiner Auffassung dieses Gedichtes,

die in manchen und wesentlichen Punkten von der üblichen abweicht, habe ich im Rhein. Mus. 59 S. 407 ff. ausführlich gegeben und freue mich, davon hier die Nutzanwendung machen zu können, indem ich für alles Einzelne auf jenen Aufsatz zurückverweise. Schon gleich die ersten Worte lauten bei Catull *vesper adest*. Hier pflegt man *vesper* für den Abendstern zu nehmen. Diesen aber nennt Catull hernach *Hesperus*; er unterscheidet also beides deutlich, und es ist mehr als sonderbar, daß man den gemachten Unterschied verwischt. Welches Wort hätte der Dichter denn sonst setzen sollen, wenn er den Abend meinte? Ausführlich habe ich a. a. O. über den Gebrauch von *vesper* gehandelt. Doch kann ich im Verfolg hier jedes einzelne dort Vorgetragene nicht wiederholen.

²⁷ Dabei vertreten die beiden himmelstützenden Berge hier zugleich den Himmel selbst; s. a. a. O. S. 410 f.

²⁸ Im v. 7 ist *imber* der Tau; ebda. S. 412, wo auch das *visere* im v. 9 erklärt ist.

²⁹ Hier sind von mir zwei Strophen, die lückenhaft überliefert und daher schwer verständlich sind, ausgelassen. Ich habe sie folgendermaßen ergänzt und zu berichtigen versucht (a. a. O. S. 417), v. 32 ff.:

Puellae: Hesperus e nobis, aequales, abstulit unam.

32ª [Nocte latent fures; furtum tegit Hesperus ille

32ᵇ Quo rapit invitam sponsus fulgente puellam.

32ᶜ Invitae rapimur; nolentibus insidiantur.

32ᵈ Hesperium vitate, optate ardescere Eoum.]

Juvenes: 34 Nocte latent fures, quos idem saepe revertens,

35 Hespere, mutato comprendis nomine Eous.

33 Namque tuo adventu vigilat custodia semper.

36 At libet innuptis ficto te carpere questu,

37 Questu si carpunt, tacito quem mente requirunt.

Dabei habe ich v. 33 hinter v. 35 gestellt, im y. 37 *Questu* für *Quid tum* gesetzt. Der Vers 32ᵈ ist von mir aus Ciris 352 entnommen. Die Ciris wimmelt ja von Catulliana. Der Ausfall der Verse aber erklärt sich daraus, daß der Schreiber vom *Nocte* im v. 32ª zum *Nocte* im v. 34 abirrte. Die Dissertation von E. Mangelsdorf „Das lyrische Hochzeitslied bei den Griechen und Römern" (Hamburg 1913, S. 30 ff.) ignoriert, was ich a. a. O. ausgeführt habe.

[30] Dieser Vers ist nicht überliefert; ich habe ihn um der Responsion willen eingeschaltet.

[31] Statt des „und sich selber dahingibt" steht drastischer im Text: „mit geschändetem Leibe".

[32] Zu diesem Vers 53 und der überlieferten Lesung *accoluere* s. a. a. O. S. 419 f. Dies betrifft auch den Vers 55.

[33] s. hierzu und zur Erwähnung des Schattens die vorige Anmerkung.

[34] Ich lese hier *I nunc nec pugna* statt des überlieferten *Et nunc nec pugna*. Das *nec* ist beizubehalten; s. a. a. O. S. 421.

[35] Daher denkt Diotima in Platos „Symposion" p. 211 D nicht daran, das Wirken des Eros mit der ehelichen Liebe zu erläutern, sondern redet nur von der Knabenliebe, da sie die Hetären nicht erwähnen mag.

[36] Vgl. Rhein. Mus. 59 S. 413 und 415.

[37] So muß das Gleichnis fortgesetzt worden sein.

[38] Zur Echtheitsfrage sei noch mancherlei hinzugefügt. In den Pflanzungen, wo man Weinbau für den Handel betrieb und steigerte, wurde die Rebe bei den Griechen, wie noch heute, niedrig gehalten, der Hochwuchs verhindert. Daher redet weder Xenoph. Oekon. 19, 12 noch Theophrast De causis plant. III 11 ff. vom hochgewachsenen Wein. Die Reben, die ἐπιδενδράδες hießen, waren Wildwuchs, aber auch sie trugen natürlich Trauben, und unter ihnen konnten also das Vieh und der Landmann, wie es im Epithalam heißt, Schatten finden. So werden sie Anthol. Pal. VII 193 vorausgesetzt. Im Ölbaum ranken sie (ib. IX 130 und 668 v. 9), in den Platanen (ib. 220; 231; 247), in Myrten, Lorbeer und Zypressen (ib. 437). Der Gott Pan hütet sie und ihre roten Trauben (ib. 249). Man wandelt unter ihnen (Athen. p. 685 A). Nach den Trauben wird mit Steinen geworfen (Anthol. Pal. IX 74). Ein Vogel sitzt im Weinlaub (ib. 87). So wird auch im Psalm 79 v. 11 das Judenvolk mit den ἀναδενδράδες verglichen, die auf den Zedern ranken. Vielleicht hat Catull den Ulmbaum seinerseits eingesetzt, wo Sappho vielleicht die Platane nannte, wobei es ihm gleichgültig war,

daß in dieser Ehe die Ulme so weiblich wie die Rebe ist. Bei den Griechen wird die Ulme in Verbindung mit der Rebe m. W. nur im Scholion zu Theokrit 7, 65 erwähnt, wo zu οἶνος Πτελεάτικος unter anderem angemerkt wird: ἢ τὸν ἐξ ἀναδενδράδων (sc. οἶνον), παρόσον ταῖς παρακειμέναις πτελέαις ἀναπλέκονται. Übrigens sollte es, wie es da heißt, auf Kos eine Stadt Πτελέα gegeben haben, was zu beanstanden mir nicht nötig scheint; denn das Adjektiv Πτελεατικός, das Theokrit gibt, ist korrekt gebildet. Wie von ᾽Ασία und ᾽Ασιάτης ᾽Ασιατικός, ergab Πτελέα ein Πτελεάτης und Πτελεατικός.

Keine Berechtigung hat sodann die Behauptung, der Vergleich der besprochenen Umrankung mit der Ehe sei erst alexandrinisch, wofür man geltend macht, daß gewisse Bäume in der alexandrinischen Dichtkunst als Liebende erscheinen (Rothstein zu Properz I 18, 19 und danach Kroll). Dies beruht auf Begriffsverwirrung; denn das Epithalam redet eben nicht von Liebe, sondern nur von Ehe. Daß diese im Epithalam mit Verliebtheit nichts zu tun hat und nur durch Kontrakt und äußeren Einfluß zustande kommt, zeigte ich schon. Sie ist nur ein ζεῦγος, Zusammenjochung. Warum soll Sappho die Verbindung der Bäume nicht als ein συ-ζεύγνυμα, das sich von selbst ergibt, betrachtet haben? Ein solches besteht zwischen Gatten und Gattin wie bei den ἀναδενδράδες. Um das zu sehen, braucht man kein Alexandriner zu sein.

Daß ferner der Anruf *Hymen o Hymenaee* wirklich der Sappho gehörte, zeigt Anthol. Pal. VII 407.

Man hat aber auch gemeint, die Form des Wettgesangs, den das Gedicht durchführt, sei von den Bukolikern, also etwa von Theokrit beeinflußt. Da ist doch aber auf einen wesentlichen Unterschied hinzuweisen. Denn bei Theokrit und Vergil folgt auf das Wettsingen immer am Schluß wie geschäftsmäßig die Entscheidung über den Sieg oder die Preisverteilung. Davon weiß unser Sapphogedicht noch nichts; nach der Erwähnung der Palme im v. 12 kann man dies geradezu vermissen. Aber auf die Hauptsache dringend ist Sappho und mit ihr Catull genial darüber hinweggegangen. Es verrät sich darin ein früheres naiveres Verfahren.

Sodann haben die starken Wortwiederholungen bei Catull,

die wie Stichworte wirken, Bedenken erregt. Auch darin glaubt man den Einfluß der Bukoliker zu spüren. Wer aber will beweisen, daß dies Sappho nicht ebenso zu bringen verstand? Jedenfalls ist, wie oben S. 91 f. nachgewiesen, echt sapphisch in dieser Dichtung der Aufbau der Gleichnisse mit den breit eingebauten Paranthesen, wie Catull sie v. 39 ff. und v. 49 ff. gibt. Die Reste der sonstigen Epithalamien der Dichterin aber sind zu verschwindend dürftig, um auch das, worum es sich jetzt hier handelt, als sapphisch zu erweisen. Eine Epanophora finden wir dort in den Worten an den Hypnos (Nr. 229): φέρεις ὄιν, φέρεις αἶγα, φέρεις δ' ἄπυ μάτερι παῖδα. Ganz wohl aber läßt sich in Nr. 133 die pointierte Wiederholung des ἄκρον und des λανθάνειν zum Vergleich heranziehen: ἐρεύθεται ἄκρῳ ἐπ' ὔσδῳ, ἄκρον ἐπ' ἀκροτάτῳ· λελάθοντο δὲ μαλοδρόπηες· οὐ μὰν ἐκλελάθοντο. Der Stil der Bukoliker war, wie schon dies verrät, ohne Frage älter als sie selber. Schreibt doch sogar Xenoph., Oekon. 10, 3, als ließe er einen Hirten sprechen: βουσὶ δὲ βοῦς ἥδιστον, προβάτοις δὲ πρόβατον· οὕτω καὶ ἄνθρωποι κτλ., welche Worte sogar daktylisch einsetzen.

Beweisend aber scheint mir endlich noch das Metrische. Catull folgt sonst im Bau der Versschlüsse des Hexameters den Alexandrinern, besonders wo diese Dichter deutlich sein Vorbild sind wie in Nr. 64, 66 und 68 B. Gemeint ist der häufige Spondeus im 5. Fuß. Im Epithalam dagegen fehlen solche Verse bei ihm auffallenderweise ganz. Dies Gedicht zeigt hierin eine wesenlich andere, eine voralexandrinische Behandlung des Verses. Das kann bei einem solchen Dichter und bewußten Versbildner nicht Zufall sein und läßt sich nur aus der abweichenden Beschaffenheit seiner Vorlage erklären, die somit selbst voralexandrinisch war.

[39] s. Nr. 61. Die Grabinschriften, Nr. 164 und 165, die unter Sapphos Namen gehen, sind also auffällig und wohl zu beanstanden.

[40] Kameradinnen, d. i. „Hetären", Nr. 34. Das Zusammenleben mit ihnen war also eine Hetärie (vgl. oben S. 47). Übrigens wurden die jungen Mädchen auch in dem Epithalam, das Catull uns gab, v. 6, anscheinend ebenso bezeichnet;

denn was da der Codex Thuaneus bietet, scheint die Lesung vorauszusetzen: *cernitis innuptae iuvenes; consurgite hetaerae* (s. Rhein. Mus. 59, S. 413).

⁴¹ Daher fragt Sappho in Nr. 36 die Schülerin: „liebst du unter den Menschen (nicht Frauen) einen mehr als mich?"

⁴² Diese Mode der jungen Frauen, Kränze und Bänder um Arme und Brust zu tragen, sieht man auch auf Bildwerken; vgl. R. E. VIII S. 1348.

⁴³ Sie erscheint ihr im Traum; vgl. Nr. 94.

⁴⁴ Vgl. auch Nr. 7: „auch ich habe einst Aphrodite verachtet und gescholten".

⁴⁵ Hier steht ῥοδοδάκτυλος. Schon diese Stelle zeigt, was ich im „Kulturleben der Griechen und Römer" S. 442 Anm. 31 ausgeführt habe, daß dies homerische Wort nicht „rosenfingerig" bedeutet. Denn der Mond ist nicht rosig.

⁴⁶ Es genügt auf Physiognomonika II S. 114 zu verweisen, wo mit Beziehung auf Aristoteles allgemein gelehrt wird *mulieres coïre cum mulieribus, quarum species est muliebris, masculis autem magis deditas, quae magis ad virilem speciem respondent quae* ἀρρενικαί *dicuntur.*

⁴⁷ In Nr. 48 gehört das Wort περιπτύξωμα dem Julian und nicht der Sappho.

⁴⁸ Kinderliebe bei Sappho, s. Nr. 157. Im übrigen sei auf „Aus dem Leben der Antike" 4. Aufl. S. 139 f. verwiesen.

⁴⁹ Die Worte richteten sich gewiß nicht an eine Schülerin; denn diese blieben nicht für immer. Ist also ein Freund oder etwa ihr Bruder gemeint? Noch sei Nr. 41 zitiert, wo Z. 11 ein Freund angeredet ist; dabei redet dieses Gedicht von der Musik, die alle Sorgen beschwichtigt.

⁵⁰ Am Schluß der Strophe ist etwa γᾶν καὶ Ὄλυμπον zu ergänzen.

⁵¹ Über Pïerien s. oben S. 88.

⁵² Um ein deutsches Gedicht herzustellen, habe ich den sehr prägnanten, vierzeiligen Text der Sappho etwas erweitern müssen.

⁵³ Zu dieser Nr. 71 vgl. „Von Homer bis Sokr." S. 107. Sie ist zwar nicht unter Sapphos Namen überliefert; aber man hat ihr die vielbewunderten Verse mit großer Wahrscheinlichkeit zugeschrieben. Daß Sappho sich darin aber

selbst sprechend einführt, ist nach allem, was wir über sie festgestellt, undenkbar. Vielleicht ist dies nur ein Fragment, und die Person war irgendwie einleitend eingeführt, die redend gedacht ist.

[54] Anthol. Pal. VII 407.

[55] Nr. 8. Ich habe dies Stück erheblich verkürzt wiedergegeben.

[56] Nr. 52. Man vgl. dazu Plautus Trin. 651: „ich liebe dich noch mehr, als ich meine Mutter liebe".

[57] Eros wird als Schlange gedacht; daher steht hier bei Sappho frg. 46 ὄρπετον, d. h. Reptil. So heißt Amor im Epigramm bei Apulejus, Met. 4, 33 v. 4 das *vipereum malum*. Dies ist von R. Reitzenstein in seiner Schrift „Das Märchen von Amor und Psyche" vollständig mißdeutet worden; vgl. „Kritik und Hermeneutik" S. 205 f. und „Alexander der Große"[3] S. 492 Anm. 64.

[58] Vgl. „Von Homer bis Sokr." S. 106. Einer lyrischen Erzählung der Sappho gehört es an, was wir Nr. 100 lesen: „Eros, der Gott selbst, kam in purpurner Chlamys".

[59] Catull c. 51.

[60] Plutarch Demetr. 38. Übrigens findet man dieselben Symptome auch noch bei Properz I 5, 14 f. und bei Horaz carm. I 13, 5 f., und sie betreffen auch da verliebte Männer.

[61] ἀλλὰ πᾶν τόλματον.

[62] Mit diesem Gedicht ist auch Nr. 40 zu vergleichen.

[63] Das *mascula Sappho* steht bei Horaz Epistl. I 19, 28. So überträgt Horaz denn auch, was Sappho in Nr. 42 gibt, auf seine männlichen Gefühle, Ode I 26, 1.

[64] s. oben S. 86 f.

[65] Nr. 57—60.

Zu Kap. VII (Die Kameradinnen)

[1] Platos Hetärenepigramme sind zweifelhaften Ursprungs. Sie reden freilich auch von Arkadien, der Heimat Diotimas.

[2] Vielleicht aber hat Plato die Seherin nur um des Silberspiels willen als Mantineerin bezeichnet. Diotima war μάντις, war μαντική.

[3] Vgl. Sympos. p. 212 A: wer die Ideen des Schönen oder Edlen in ihrer Göttlichkeit schaut und so die reine,

wahrhaftige Tugend in sich gebiert und nährt, ist gottgeliebt und hat die Unsterblichkeit.

4 Über ihn s. „Alexander der Große" S. 286 ff.

5 s. Aristoteles' Politik p. 1260 B und 1269 B.

6 Vgl. Plinius n. h. 35, 147.

7 s. „Das Humanistische Gymnasium" 1927 S. 142 f.

8 s. oben S. 71 u. 72.

9 Daher das wegwerfende Wort *pergraecari*.

10 So betont Anaxilas bei Athen. p. 572 B den Unterschied der πόρνη von der ἑταίρα.

11 Die Schicksale und das Auftreten einer Hetäre habe ich in meinem „Menedem der Ungläubige" sowie in der Novelle „Am Hof des Thyrannen" (in „Von Haß und Liebe") eingehend geschildert.

12 Plaut. Most 183.

13 Anthol. Pal. VII 218 und so auch Propez II 3, 32 f.

14 Athen. p. 571 E.

15 Lucian, Hetärengespräche 8.

16 Plaut, Most. 273.

17 Vgl. „Horaz' Lieder", Heft 2, S. 22. Über das Parfümieren mit Myrrhen ebenda Heft 1, S. 48.

18 Plaut. Most. 160.

19 Athen. p. 577 A über die Peitho, die Gattin des Hieronymus.

20 Vgl. R. E. VIII 2 S. 1345.

21 Die μεγαλόμισθοι Athen. p. 567 ff.

22 Gellius I 8, 5.

23 Vgl. K. Schneider, R. E. VIII S. 1346, dessen reiche Ausführungen ich gern benutzt habe.

24 Athen. p. 568 A.

25 Ebda. p. 569 C.

26 Plaut. Asin. 177 f.

27 Sophokl. Elektra v. 2.

28 Athen. p. 584 B.

29 Ebda. p. 573 D.

30 Terenz' Eunuch.

31 Athen. p. 593 C; dazu R. E. I S. 2457.

32 Über die gestickten Luxuskleider der Hetären s. Diodor 12, 21; Athen. p. 521 B; Plaut. Poen. 283.

33 Athen. p. 157 A.

34 So wird auch bei Aristophanes der tanzende Chor im Theater mit einem Kuchenbrei verglichen; s. „Schaubauten der Griechen" (Berlin 1931) S. 89.

35 Dies folgt daraus, daß Gnathaina es vor Diphilos verbarg, wenn ein Verehrer sie geringschätzig behandelt hatte; sie wollte nicht, daß er dies als Motiv verwendete; s. Athen. p. 580 E.

36 Athen. p. 578 F.

37 Die Schrift hieß νόμος συσσιτικός.

38 Auch andere Hetären haben sich literarisch betätigt; aber es ist besser, davon abzusehen. Ich denke vor allem an die Elephantis, die ein Werk über den Beischlaf hinterließ; es war mit Bildern illustriert; s. „Die Buchrolle in der Kunst" S. 284. Eine Ehrenrettung der Hetäre Philainis περὶ ἀφροδισίων steht bei Athen. p. 335 C.

39 Über die Kallipygos Athen. p. 554 E.

40 Es war nur eine Entblößung der Brüste; s. Hyperides frg. 178 ed. Blass.

41 Vgl. „Das Kulturleben der Griechen und Römer" S. 189 f.

42 Vgl. Plinius n. h. 34, 70.

43 Athen. p. 576 F.

44 Anthol. Pal. VI 1

45 Plaut. Men. 442.

46 Athen. p. 570 C.

47 Ebda. p. 589 D.

Zu Kap. VIII (Mazedonische Fürstinnen)

1 Vgl. „Alexander der Große"[3] S. 251.

2 Ihren wirklichen Eigennamen erfahren wir nicht.

3 Im Jahre 314 v. Chr.

4 Vgl. Plutarch Demetr. 9.

5 Dies geschah noch vor dem Jahr 319.

6 Diese Stadt hieß damals Kassandreia nach jenem Kassander.

7 Über des Demetrius Ende s. „Alexander der Große"[3] S. 256 f.

8 Ich kann nicht umhin, hier zu wiederholen, was ich schon einmal anderen Ortes vorgetragen habe.

[9] Das betreffende griechische Wort bei Plutarch läßt sich als „Königtum", läßt sich auch als „Königin" deuten. Diese Zweideutigkeit scheint Absicht; es paßt beides.

[10] Die Schwester dieses Antiochus hieß Phila ebenso wie Stratonikes Mutter und wurde dem Bruder der letzteren, dem Sohn der Phila, Antigonus in die Ehe gegeben; s. R. E. I S. 2453.

Zu Kap. IX (Kleopatra und Rom)

[1] Im J. 274; s. Valerius Maxim. IV 3, 9; Livius Epit. 14.

[2] Plutarch, Tib. Gracchus 1.

[3] Vgl. Cicero De leg. agrar. II 16, 41.

[4] Vgl. S. Sharpe, „Geschichte Egyptens", revidiert und berichtigt von A. v. Gutschmid, II S. 8. Übrigens hatte schon Euergetes II. dasselbe geplant; s. W. Schubart „Ein Testament Euergetes' II" (Philol. WS. 1932 S. 694).

[5] s. Sharpe II S. 35.

[6] Im J. 55. Bei Cicero lesen wir hierüber, in Pisonem 48: Gabinius verkaufte sich, das Heer und das Ansehen des Senats an den Auletes.

[7] Athen. p. 206 D.

[8] Unsere Historiker schieben hier schon gleich eine Liebschaft unter; Plutarch spricht (Ant. 25) nur von Verträgen, συμβόλαια, der Kleopatra sowohl mit Cäsar wie mit Gn. Pompejus, die ihre ὥρα erreicht habe. Das ist dann doch vorsichtiger ausgedrückt.

[9] Es waren 3200 Mann Fußvolk und 800 Reiter.

[10] So Plutarch; es ist wohl aramäisch gemeint.

[11] Vgl. „Alexander der Große" S. 477 Anm. 50.

[12] Daß Cäsar im Palast wohnte, scheint außer Zweifel, wenn schon im Bell. Civ. III 111 auch sein eigenes Haus, *domus eius*, erwähnt wird. Daß sie Tag und Nacht auf demselben Wohnschiff fuhren, sagt Sueton, Div. Jul. 52.

[13] s. Sueton a. a. O. Auch dem alexandrinischen Dionysoskultus muß sich Cäsar da ergeben haben, und damit hängt zusammen, daß er den bisher verpönten Bacchuskultus in Rom in Aufnahme gebracht hat (*primus Romam transtulit sacra Liberi patris*, Serv. zu Ecl. 5, 29; vgl. „Horaz' Lieder" Heft 2 S. 134).

14 Dies versicherte Cäsars Anhänger und treuester Mitkämpfer Mark Anton. Griechen fanden den Knaben in Gang und Gestalt dem Cäsar ähnlich. Andere Anhänger Cäsars bestritten, daß es Cäsars Sohn war (Sueton a. a. O.). Aber Cäsar hätte die Namengebung Caesarion, wäre letzteres wahr, nicht geduldet, auch Mark Anton den Knaben nicht als König Ägyptens feierlich anerkannt.

15 Die Isis wurde mit der Aphrodite gleichgesetzt; daher heißt bei Herondas I 26 Ägypten das Haus Aphroditens (vgl. ebda. I 62 f.). So versteht auch Horaz c. III 26 unter der Venus von Memphis die Isis (vgl. Reitzenstein in Neue Jahrbb. 21 S. 93; „Horaz' Lieder" Heft 2 S. 63 und 95). Der Isis Sohn war Horos; dieser wird auf der Münze als Eros wiedergegeben. Darüber, daß man junge Kinder gern mit Flügeln darstellte, wird bald hernach zu reden sein. So ist es hier dem Caesarion geschehen.

16 Über das Haus, das Cäsar dort für sie erbaute und dessen Dekorationen uns vielleicht erhalten sind, vgl. W. Helbig, „Führer" 3. Aufl. II S. 117 f. Einer der Dekorateure nannte sich Seleukos.

17 Cicero ad Att. XV 15, 2 : *reginam odi; me iure facere scis.*

18 Cicero a. a. O.; es waren φιλόλογα und anderes.

19 Cic. ad Att. XIV 8.

20 Appian b. c. IV 82; V 8.

21 Es handelte sich um die vier Legionen, die Alexandrien verlassend des Cassius Heer verstärkt hatten.

22 Vgl. „Röm. Charakterköpfe" Beiblatt zu S. 80.

23 s. V. Gardthausen „Augustus und seine Zeit" II S. 227 und 234; übrigens daselbst I S. 431 ff. Mit wenig Sicherheit hat man den Porträtkopf einer Königin (Jahresber. d. österr. Instituts 1911 Abb. 119; vgl. Helbig „Führer"3 Nr. 1037) auf Kleopatra gedeutet. Zum Tempel von Denderah vgl. Sharpe a. a. O. II S. 22.

24 s. Fronto p. 154 ed. Naber.

25 Die uns überlieferten Auszüge aus dieser Schrift metrologischen Inhalts scheinen zu beweisen, daß die Schrift Kleopatras Namen mit Unrecht trug.

26 Es war der Fluß Kythnos.

27 Natürlich erschien Kleopatra ohne jede Entblößung.

Die nackte Aphrodite gehörte nur der Kunst; sie wurde von den Künstlern als badende Venus vorgestellt. Kleopatra erschien in Tarsus etwa so gekleidet, wie sich die Venus auf dem pompejanischen Bild vom Tod des Adonis zeigt. Plutarch selbst braucht daher (Ant. c. 26) von ihrer Erscheinung das Wort γραφικῶς.

[28] s. „Alexander der Große" S. 472 Anm. 16.

[29] Vgl. „Röm. Charakterköpfe"[9] S. 122.

[30] s. Athen. p. 196—203.

[31] Für die Zeit ihres Vaters hat man diese Einnahme immerhin noch auf 45 Millionen RM. berechnet; s. Sharpe a. a. O. II S. 28.

[32] Ausführliches hierüber „Aus dem Leben der Antike"[4] S. 134 ff. und „De Amorum in arte antiqua simulacris et de pueris minutis in deliciis habitis", Marburg 1882.

[33] s. Appian b. c. V 1.

[34] s. Sokrates v. Rhodos bei Athen. p. 147 E.

[35] Josephus, Ant. jud. 15, 89.

[36] Vgl. W. Riepl, „Das Nachrichtenwesen des Altertums", Leipzig 1913, S. 284; s. auch „Aus dem Leben der Antike" S. 80 f.

[37] Nichts deutet in den detaillierten Berichten hierauf hin. Die Kinder Alexander und Selene wurden also erst i. J. 36 geboren.

[38] Athen. p. 549 D.

[39] Daß dies ein Männerklub war, geht aus dem Wortlaut bei Plut. Ant. 28 unzweifelhaft hervor und wird bestätigt durch das, was wir ebda. c. 71 lesen. Auf diesen Klub wird auch auf einer Inschrift angespielt bei Dittenberger Or.[2] 195.

[40] Unglaublich dagegen, was Plutarch in der Synkrisis Demetrii et Antonii c. 3 erzählt, daß Antonius mit Kleopatra in dem berüchtigten Kanobus sich gehen ließ, tändelte und tanzte (ἀλύειν καὶ παίζειν μετ' αὐτῆς). In dem historischen Bericht der Antoniusvita, die sehr ausführlich sein Zusammenleben mit ihr schildert, steht nichts davon; die Vita bezeugt uns sogar das Gegenteil: denn Kleopatra redet dort im c. 29 den Antonius als den Mann an, der zu den Königen, die sich in Kanobus zu tun machten, den Κανωβίταις βασιλεῦσιν, in Gegensatz steht und über sie erhaben

ist. Dazu kommt, daß sie ihrerseits sich bei solchem Treiben in ihrer Hauptstadt als Königin unmöglich gemacht hätte; denn ihre Stellung war, wie wir wiederholt bemerken, der ständigen Kritik des erregbaren Stadtvolkes ausgesetzt. Somit ist klar, daß Plutarch in der Synkrisis, die er, ohne neue Quellen heranzuziehen, geschrieben hat, um die Parallele zwischen Demetrius und Antonius durchzuführen, da, wo er von den Leichtfertigkeiten des Ersteren redet, etwas Entsprechendes auf Rechnung des Antonius brauchte und unbedenklich improvisiert hat, was er nicht überliefert fand.

[41] Vgl. Gardthausen I S. 439. Cicero besprach sich über φιλόλογα mit ihr (s. oben). Erwähnt sei auch das Gedicht Anthol. Pal. IX 752, wo der mit der Μέθη skulpierte Becher der Kleopatra besungen wird.

[42] Nur Plinius erzählt n. h. IX 119 ff. diese Anekdote, wo er über die Kraft des Essigs handelt. Kleopatra pariert, einen großen Geldwert in einem Augenblick verschlucken zu können. Antonius will es nicht glauben. Der erste Gang der Mahlzeit ist abgetragen; die *altera mensa* für die Gäste kommt; sie verzichtet auf die Speisen, läßt sich statt dessen Essig kommen, wirft die Perle, die sie aus dem Ohr nimmt, hinein; die löst sich sogleich auf und wird von ihr getrunken. Daß Perlen sich unschwer in Essig auflösen, wird mir von chemisch fachmännischer Seite für durchaus möglich erklärt (Zweifel hiergegen habe ich früher bei Besprechung des Hergangs erwähnt). Übrigens stand Kleopatra damals mit diesem Trick keineswegs allein; Plinius fügt eine zweite Geschichte hinzu, die eben zu Kleopatras Lebzeiten in Rom spielt; ein Römer, der noch üppiger als sie, trinkt nicht nur selbst, sondern läßt auch seine Gäste solche Perlen in Essig trinken. Eine dritte Anekdote über die Metella bringt Horaz Sat II, 3, 239. Daß Kleopatra Ohrringe trug, wird durch ihr Porträt nicht bestätigt. Sie müßte aber, was sonderbar, nachdem sie die eine Perle vertilgt, hinfort mit nur einer Perle, sei es im rechten oder im linken Ohr, einhergegangen sein (ganz ebenso auch die Metella des Horaz); denn der Bericht sagt ausdrücklich, daß sie die zweite bis an ihr Lebensende trug. Diese soll ihr, als Kle-

opatra Gefangene des Oktavian war, aus dem Ohr genommen und an einem der Ohren der Venusstatue im Pantheon Roms befestigt worden sein. Dies scheint nicht viel glaubwürdiger, als andere ähnliche Geschichten, wie wenn es vom Gemälde der Schlacht bei Issos heißt, das es 300 Jahre später in Vespasians Tempel der Pax gelangte (vgl. J. Overbeck, „Pompeji" II² S. 228).

[43] s. vorige Anmerkung.

[44] s. Appian b. c. V 68.

[45] Ebda. V 136 heißt Antonius ἀεὶ τὸ φρόνημα ἁπλοῦς καὶ μέγας καὶ ἄκακος.

[46] Ich folge in diesem Ansatz Mommsen und Klebe; weshalb ich einem früheren Ansatz der Geburt (s. R. E. XI 1 S. 760) nicht beistimmen kann, ist oben S. 163 u. 165 gesagt; vgl. auch S. 241.

[47] Vgl. „Röm. Charakterköpfe"9 S. 182.

[48] Bei Appian b. c. V 134 ist es Sextus Pompejus selbst, von dem auf seiner Flucht dieser Zuruf an Antonius erging.

[49] Die hämischen Feinde Kleopatras sagten natürlich, sie habe diese Zustände simuliert, eine Unterschätzung des Mark Anton: er soll bei einer so wichtigen Entscheidung, die er zu treffen hatte, keinen Verdacht geschöpft haben, als wäre er der stockdumme Miles gloriosus des Plautus. Welch guter Menschenbeobachter und derber Realist er war, zeigen die manchen schnöden Witzworte, die uns aus seinem Munde erhalten sind. Mutmaßlich hat ihm Kleopatras vertrauter Leibarzt Olympos Auskunft geben können, der auch ihren Tod mit erlebte und über ihr Ende geschrieben hat (Plut. Ant. 82).

[50] s. Sharpe II S. 62.

[51] Daß Antonius kein Diadem nahm, sagt Florus II 21, 3. Er war eben *dictator,* und so redet ihn Kleopatra als αὐτοκράτωρ an (Plut. Ant. 29).

[52] Durch Münzen bezeugt ist nur, daß Kleopatra *regina regum*, die Söhne *reges* hießen (s. Kahrstedt in „Klio" X S. 276; XI S. 764).

[53] Appian b. c. V 75.

[54] Vgl. R. E. a. a. O. S. 763.

[55] Ptolemäus I. hatte die Juden nach Alexandrien gezogen.

Sie lebten abgesondert in der östlichen Vorstadt. Ein neuer Zustrom geschah unter Euergetes II. Über die Konflikte, die sie den Königen bereiteten, genügt es hier auf Sharpe I S. 267 und 271, II S. 3 f., 32 und 50 zu verweisen.

⁵⁶ Josephus c. Ap. II 60 gibt dafür den Ausdruck: „nur dann wäre Rettung, wenn ich alle Juden ausrotten könnte". Man weiß, wie wenig zuverlässig Josephus ist. Derselbe Autor erzählt (Ant. Jud. XV 96—103), daß Kleopatra um die Liebe des Herodes geworben. Tatsächlich sympathisierte sie mit Alexandra, der Gattin des Herodes, die ihren Mann haßte.

⁵⁷ Plinius n. h. 33, 50.

⁵⁸ Es heißt *feruntur* bei Seneca Suas. I 7.

⁵⁹ Des Augustus Ehegesetzgebung kommt hier nicht in Betracht.

⁶⁰ Auch Horaz erwähnt sie in seiner Kleopatra-Ode (s. Anm. 78); Seneca redet Epist. 87, 16 geradezu von den *molles* der Kleopatra, wo es heißt: *Chelidon, unus ex Cleopatrae mollibus, patrimonium grande possedit.* Chelidon war also *pathicus* oder Cinäde, aber dabei durch Erbschaft ein reicher Mann. Sie muß solche Leute an ihrem Hof geduldet haben. Wie weit sie mit deren Laster bekannt war, mag jeder sich denken, wie er will. Der Umgang der Frauen mit *pathici* wird uns anschaulich gemacht im Bodlejanischen Juvenal-fragment, das man in Juvenals 6. Satire hinter v. 365 eingeschoben liest. Da ist auch in Erinnerung an Kleopatra im v. 5 die *barbata Chelidon* erwähnt. Chelidon war eigentlich ein Frauenname (s. Ciceros Verrinen) und wird auf den *pathicus* übertragen. Vgl. E. Dralle, De fragmento Winstedtiano quod Juvenali adscribitur (Marburg 1922, Maschinenschrift) S. 20.

⁶¹ Diese Beschimpfung des ägyptischen Hofpersonals begegnet schon in der Zeit des Spartanerkönigs Kleomenes (Plut. Kleom. 35); sie ercheint da nur als Witz, der aber übel vermerkt wird.

⁶² s. Cassius Dio 50, 5, 4; vgl. Properz III 11, 31: *pretium poposcit moenia Romae.*

⁶³ So ritt auch die Gattin des Königs Ptolemäus Philopator beim Beginn der Schlacht ihm zur Seite durch die

Linien und ermunterte die Truppen vor der Schlacht bei Raphia.

[64] Auch dies betrifft den oben erwähnten Dellius; s. Plut. c. 59.

[65] Gegen die Nabatäer, wobei Kleopatra den letzteren Hilfe bot.

[66] Von Bühnenspielen ist nicht die Rede; s. „Die Schaubauten der Griechen" S. 21. Eine chargierte Schilderung der Vorführungen ist bei Plutarch c. 56 erhalten, in der sich der Neid der Römer offenbart. Gewiß ist nicht Lässigkeit und Sorglosigkeit, die der Kleopatra fern lag, der Grund zu den Festen auf Samos gewesen.

[67] Vgl. Properz IV 6, 49.

[68] Hierher gehört die Anekdote vom vergifteten Blumenkranz, die Plinius n. h. 9, 12 erzählt. Sie nimmt sich so sonderbar aus, daß man an schlechte Dichtung glauben möchte.

[69] Cass. Dio 51, 54.

[70] Ebda. 51, 7, 1. Auch Ptolemäus Philometor wurde vormals 14 jährig mündig gesprochen.

[71] Ebda. 51, 6.

[72] Josephus c. Ap. II 5; Sharpe II S. 67 f.

[73] Aelian a. hist. IX 61.

[74] Prop. III 11, 53 *spectavi*; sie war zu sehen *admorsa colubris*.

[75] Die Horazode folgt unten. Properz ergeht sich schon in der Elegie III 11 in hohen Tönen, wo Kleopatra als die Isis erscheint, v. 31 ff. (besonders seit dem Jahre 36 pflegte sie sich als Νέα Ἶσις zu zeigen) und wo man das *mulier patienda fuit* liest; „der Anubis kämpfte gegen Jupiter, das Sistrum gegen die Drommete". Übertreibend heißt es dann, daß die besiegte Kleopatra Fesseln an den Händen trug (v. 52), eine Steigerung dessen, was Horaz c. I 31, 20 gesagt. Des Properz Elegie IV 6, die erst im Jahre 16 v. Chr. gedichtet scheint, wird dann zum feierlichen Triumphgesang.

[76] s. Cass. Dio 53, 1, 4; R. E. I S. 1215.

[77] Horaz c. I 37.

[78] Zur richtigen Auffassung dieses meist mißverstandenen Gedichts vgl. „Horaz' Lieder" Heft 1 S. 60 f.; Heft 2 S. 42 ff. Die dort erwähnten *turpes morbo viri* im v. 9 hielt Heinze

irrig für *spadones*, die doch aber keine *viri* sind und denen die Männlichkeit stets abgesprochen wird. Kastraten haben aber auch mit *morbus* nichts zu tun; vgl. Digest. XXI 1, 6: *spadonem morbosum non esse neque vitiosum verum esse mihi videtur*. Mit Unrecht habe ich a. a. O. S. 45 das *virorum* im v. 10 der Ode zu tilgen versucht. Es ist vielmehr evident, daß Horaz hier von Cinäden, von den *pathici* oder *molles* der Kleopatra redet, über die oben Anm. 60 gehandelt ist; denn diese konnten immerhin *viri* heißen, und an ihnen haftete der *morbus*; vgl. Priapea 46, 2; dazu Catull 57, 6, wo die *morbosi gemelli* die Hoden bedeuten (vgl. Rhein. Mus. 51 S. 468, Philolog. 63 S. 461).

⁷⁹ Es handelt sich um das sog. *lectisternium;* den Göttern wurde ein festliches Mahl vorgesetzt, vor den Götterbildern Polstersitze hergestellt.

Zu Kap. X (Römische Kaiserinnen)

¹ s. Sueton Aug. 62; es war ein Knabe, der als infans, d. h. als er noch nicht sprechen konnte, starb.

² Erst im Jahre 22 n. Chr. erkrankte Livia schwer.

³ An Livia's Intrigen gegen alle Personen, die der Thronfolge des Tiberius im Wege standen, ist nicht zu zweifeln; vgl. jetzt auch R. Zimmermann im Rhein. Mus. 81 S. 272. Gift im Wein war damals immer bereit; uns werden fünf Todesarten aufgezählt, die ein Römer zu fürchten hatte: im Krieg, auf der Seefahrt, beim Volksaufstand, beim Hausbrand und wenn jemand Gift in den Wein schüttete (Properz II 27). Diese bedeutsame Zusammenstellung darf man nicht vergessen; sie dient auch zum Verständnis des Verdachtes, der sich an den Tod des Germanicus knüpft. Wer weiß, wie oft Hausbrände in Rom vorkamen, kann sich demnach auch von der Häufigkeit der Giftmorde eine Vorstellung machen. An den Leichen den Nachweis zu führen, war damals in den meisten Fällen ausgeschlossen.

⁴ Tacitus Ann. 12, 37.

⁵ Cass. Dio 60, 33, 7.

⁶ Vgl. v. Premerstein im Hermes 67 S. 190 f.

⁷ Über Plotina, Trajans Gattin, „Röm. Charakterköpfe", S. 271.

⁸ Voll Verehrung freilich war er für eine ältere Frau, die erwähnte Plotina.

⁹ Von diesem „Kindernest" redet Fronto p. 94 ed. Naber; auch nach Plautus Truc. 908 werden Säuglinge wie die Vögel großgezogen.

¹⁰ Vgl. oben S. 8.

¹¹ Die kurze Regierungszeit des Commodus kommt hier nicht in Betracht.

¹² Da Julia Domna die Widmung des Werkes über Apollonius von Tyana annahm, übernahm sie damit auch das Patronat oder die Verpflichtung, für möglichste Verbreitung desselben zu sorgen. Daß dies die Bedeutung von Bücherwidmungen an hochgestellte Personen war, habe ich wiederholt ausgeführt.

¹³ Genauer auf Grund der Eroberungen ihres Vaters Odänatos; s. „Charakterbilder Spätroms" S. 117.

Zu Kap. XI (Die Römerin)

¹ Die angebliche Statue der Cloelia war, wenn sie existiert hat (keiner der literarischen Zeugen hat sie selbst gesehen), gewiß irgendein archaisches Gebilde etruskischer Kunst, das früh abhanden kam und etwas ganz anderes bedeutet hatte.

² In den uns erhaltenen „Physiognomonika" werden Griechen und Römer gar nicht unterschieden, während diese Schriften den Typus der Germanen oder anderer Barbaren gelegentlich als abweichend hervorheben.

³ In den Persiusscholien steht *lala lala, i. e. aut dormi aut lacta*. Dies wird, wie ich sehe, noch immer dahin mißverstanden, als gehörte der Zusatz auch noch mit zum Liede. Alsdann aber müßte es *vel dormi vel lacta* heißen. Die Sache ist von W. Kohlmann „De vel imperativo" (Marburg 1898) S. 92 längst aufgeklärt; vgl. „Horaz' Lieder", 2. Heft, S. 29.

⁴ Schon Naevius hat aber, wo er dichtet, die Musen als Camenen angerufen. Auch die Egeria, die in der Sage als göttliche Ratgeberin erscheint, war Wassergottheit. Die Nachricht, die Cicero gibt, daß in alter Zeit von Söhnen in den Familien Heldenlieder gesungen worden seien, beruht auf

293

Mißverstand; nach Varro waren dies vielmehr Sklaven; *pueri modesti* gibt da die Überlieferung sinnlos; *pueri domestici* ist zu lesen. Vgl. „Horaz' Lieder", Heft 1, S. 32 Anm.

[5] s. Plinius n. h. 21, 52.

[6] Bei Properz IV 3, 55 ist der Ehemann der Besitzer der Hündin; ebenso in der Grabschrift der Hündin Margerita carm. epigr. 1175; aber auch die Frau nimmt sie auf den Schoß. Eine wirkliche Ausnahme hierzu finde ich nur bei dem späten Lucian „De mercede conductis" 32 u. 36. Vgl. übrigens „Aus dem Leben der Antike"[4], S. 236.

[7] Das Eheweib ist die *rabiosa canis* bei Plautus Men. 936; mehr bei Otto „Die Sprichwörter der Römer", S. 69.

[8] Ich sehe hierbei von Gottesdiensten ab, bei denen der Chorreigen nach griechischer Art üblich. Die tanzenden Mädchen in der „Tarentilla" des Naevius waren Griechinnen.

[9] Vgl. „Horaz' Lieder", Heft 2, S. 42 f.

[10] So tanzte Sulpicia nach Sallust, Catil. 25.

[11] So die Cynthia des Properz II 3, 17. Sie wohnte, wie es scheint, im Eigenhaus (Prop. III 6 und 10); viel Raum wird da nicht gewesen sein. So begnügt sich das Volk in Italien auch heute noch oft, auf enger Hausdiele die Tarantella zu tanzen, und auch die Dienerin im Gedicht „Copa" (in der Vergilappendix) tanzt in der ländlichen Gaststube offenbar auf engem Raum; denn sie tut es *ad cubitum* (v. 4), was F. Leo mißverstand. Es kann dies nur „beim Lager" heißen, auf dem sich nämlich der Gast befand, den die Copa in allem Nachfolgenden anredet; denn bei v. 5 beginnt ihre Rede, und zwar so unvermittelt, wie es mit der Rede der *ianua* in Catulls c. 67 der Fall ist. Das *ad cubitum* aber wird durch das *decubuisse* in v. 6 offensichtlich erklärt, und *cubitus* ist das Lager, nach Plin n. h. 24, 59, die *cubantes* die gelagerten Gäste nach Plin. epist, 5, 6. 36.

[12] s. carm. epigr. 55; die Eucharis tanzte auf der Bühne auch im Chor; s. v. 10 der Inschrift.

[13] Die Fragmente des Lucilius kennen nicht einmal das Wort *puella*.

[14] s. Afranius v. 182; Ribbeck's Lesung *togula* ist an dieser Stelle freilich unsicher.

[15] Vgl. „Die Schaubauten der Griechen", S. 64.

[16] *meretrices* bei Afranius v. 133 u. 136.

[17] Titinius 43; vgl. 175.

[18] So in des Titinius „Barbatus" und in des Afranius „Omen".

[19] Titin. 25.

[20] Atta v. 8.

[21] Titin. 86.

[22] Titin. 15.

[23] Afran. 220.

[24] Titin. 67.

[25] Afran. 285.

[26] Titin. 70 f.

[27] Afran. 310.

[28] Vgl. A. Otto „Die Sprichwörter der Römer", S. 361.

[29] Laberius v. 28.

[30] Vgl. die beißende Cynthia bei Properz IV 8, 65; auch diese Cynthia, aus Tibur gebürtig, war Italienerin; s. unten.

[31] Afran. 245 f.

[32] Ich meine die „Virgo" des Afranius.

[33] Die „Materterae" desselben Dichters. Auch vom Atta gab es ein Stück gleichen Titels.

[34] Titin. 170; ebenso in den Atellanen des Pomponius v. 57.

[35] Horaz carm. I 9 fin.

[36] Fest steht dies für die Kaiserzeit; vgl. übrigens „Aus dem Leben der Antike"[4], S. 52.

[37] Entwickelter war das Verständnis für Dinge der Politik bei den Frauen in späteren Zeiten, worüber später. Erwähnt sei, daß in der Kaiserzeit zum kaiserlichen Consilium, das aus 20 Senatoren bestand, gelegentlich auch Matronen hinzugezogen wurden, wie uns die auf Papyrus erhaltenen Isidorus-Akten verraten; vgl. v. Premerstein, Hermes 67 S. 189.

Zu Kap. XII (Cornelia und Fulvia)

[1] Die Echtheit der besprochenen Briefe bezweifelt wohl heute kein Vernünftiger mehr. Grundlegend waren hierfür die Ausführungen Nippendeys. Schon der archaische Sprach-

charakter ist ein sicheres Merkmal. Hierzu sei noch darauf hingewiesen, daß Cornelia als Copula für „und" nur *que* und *atque* verwendet; das *et* vermeidet sie durchweg mit Ausnahme des *etquando* für *ecquando* (worüber Fr. Grünler „De ecquis sive etquis pronomine", Marburg 1911, S. 49). Nur der Schlußsatz des Hauptbriefes wird auffallenderweise trotzdem mit *et* eröffnet (*et si perseveras*), wo aber ein „und" dem Sinn gar nicht entspricht; es wird statt dessen entweder ein *at* oder auch ein *nam* erfordert, weshalb ich empfehlen möchte, ein *etenim si perseveras* herzustellen. Wilh. Merten handelt „De particularum copulativarum . . . usu" (Marburg 1893) über diese Partikeln im Altlatein, S. 15 über *et* vor Kondizionalsätzen; er hat die Cornelia-briefe nicht mit in Betracht gezogen.

² Darauf, ob etwa unter den Millionen Papyri, die man in Ägypten ausgegraben hat, sich Frauenbriefe befinden, habe ich nicht acht gegeben. Ihr Vorhandensein würde obigen Satz wenig beeinträchtigen.

³ Im Text des Hauptbriefes ist Z. 11 ed. Halm *optimum meorum* statt *omnium meorum* zu lesen.

⁴ Hier steht das Fremdwort *pausa* ganz so wie bei Plautus und Ennius.

⁵ So habe ich das *deum parentem* zu verdeutlichen versucht.

⁶ Das Bruchstück des zweiten Briefes der Cornelia lautet: „Du wirst sagen, es sei schön, sich an persönlichen Feinden zu rächen. Das scheint niemandem mehr als mir groß und schön zu sein, aber nur, wenn man es tut, ohne daß der Staat dabei leidet. Aber solange das für geraume Zeit und in verschiedener Hinsicht nicht geschehen kann, so werden unsere Gegner (*inimici nostri*) nicht zugrunde gehen und vielmehr, wie sie jetzt sind, bestehen bleiben, was besser ist, als daß der Staat niedergeschlagen wird und zugrunde geht." Das *multis partibus* im Text ist nach Analogie des *omnibus partibus* = „durchgängig" gesagt (s. C. F. W. Müller zu Cic. Lael. 47, p. 326).

⁷ Vgl. das *inimici nostri* (vorige Anmerkung).

⁸ Das *sibi placere* braucht auch Plautus Trin. 322 f.; ebenso Cicero und andere. Es bedeutet die Seelenruhe schaf-

fende Selbstzufriedenheit, die schon Demokrit empfahl;
s. P. Natorp, „Die Ethika des Demokritos" (Marburg 1893)
S. 95.

⁹ Dies betraf den M. Octavius, der der Gegner des
Tiberius Gracchus gewesen; s. Diodor 34, 25, 2.

¹⁰ Sueton, Div. Julius c. 29, nennt diesen Curio den
violentissimum tribunorum.

¹¹ s. Sueton De grammat. c. 29.

¹² Appian b. c. 4, 136 f.

Zu Kap. XIII (Die Römerin und die Ehe)

¹ Seneca De remed. fort. (ed. Haase), Schlußsatz.

² Valerius Maximus II 3, 10.

³ Ebenda VI 3, 9; dazu Plinius n. h. 14, 89.

⁴ s. Nepos praef.; dazu carm. epigr. 2054.

⁵ *custodia matris;* ist die Mutter Witwe, so heißt dies
tutela matris; vgl. Livius I 3, 1; dazu Rhein. Museum 70
S. 269; „Aus dem Leben der Antike" S. 235.

⁶ So erzog die Großmutter den Ausonius, die übrigens
dunkelrassig wie eine Marokkanerin aussah (Auson. Paren-
talia 4). Bei Persius II 31 ist sie es, die von den Göttern
für die Enkel alles Gute erbittet.

⁷ Cicero ad famil. XIV 20.

⁸ Horaz Epod. 17, 75.

⁹ Vgl. Lucians Hetärengespräche, 1 fin.

¹⁰ Martial I 19.

¹¹ Horaz Epod. 8. Daran, daß diese oder irgendeine
Matrone des Hochadels sich mit Horaz in der hier voraus-
gesetzten Weise einließ, ist schwer zu glauben. Der Dichter
läßt hier sich irgendeine unbekannte Stimme genau so erheben, wie dies oft bei Martial der Fall ist (vgl. L. Friedländer's Ausgabe S. 14).

¹² Livius X 23; ebenso Seneca De matrimonio 78 (ed.
Haase); auch Catull 61, 224 f.; am ausführlichsten Valerius
Maximus VI 1 praef.

¹³ So geht bei Livius III 44, 6 Virginia zur Schule, die
am Forum liegt. Auch Horaz gibt ein Beispiel der Koedukation in seinen Römeroden; s. „Horaz' Lieder", Heft 1,
S. 126.

[14] Vgl. auch H. Blümner, „Röm. Privataltertümer" S. 312 f.

[15] Carm. epigr. 945.

[16] Ebenda c. 44; die lateinischen Verse sind hier und da fehlerhaft; das ließ in der Übersetzung sich nicht verdeutlichen.

[17] Vgl. Seneca De matrimonio 83—85.

[18] Martial X 43.

[19] Seneca ebenda § 72, 75, 77.

[20] Properz IV 3. Ich gebe hier den Inhalt des Gedichtes verkürzt wieder.

[21] Derselbe IV 11, von mir schon „Aus dem Leben der Antike" S. 19 mitgeteilt.

[22] Cicero pro Caelio 40.

[23] Aber noch nicht bei Catull 68, 68.

[24] So z. B. bei Martial XII 97, 6.

[25] Seneca a. a. O. 84.

[26] s. oben S. 225.

[27] Gellius I 23.

[28] Übrigens war die Scheidungsformel *tuas res habeto* oder *tuas res agito* gebräuchlich; daher das *res suas procuret* bei Titinius v. 53. Nach Martial XI 104 hieß es auch wohl *vade foras*.

[29] Quintilian VI 3, 75.

[30] Erst den Sallust, dann den Messalla Corvinus; s. Seneca De matrimonio 61.

[31] Seneca De remed. fort. 16, 4 (ed. Haase): *nihil enim tam mobile quam feminarum voluntas.*

[32] s. A. Otto, „Die Sprichwörter der Römer", S. 231.

[33] Vgl. „Aus dem Leben der Antike" S. 5 nach Caelius bei Cicero ad famil. 8, 7, 2.

[34] s. Plinius n. h. 35, 148.

[35] Horaz carm. III 6; vgl. auch Horaz Sat. II 3, 238 u. 5, 75.

[36] Beispiele hierfür stellte Valerius Maximus VI 1, 13 zusammen. Diese gewaltsamen Racheakte waren vor der Ehegesetzgebung des Augustus zulässig; daher sind sie zwar noch bei Horaz Sat. I 2, 40 u. II 7, 67 als möglich vorausgesetzt, späterhin ausgeschlossen.

[37] cella vinaria.

[38] carm. epigr. 2054.

[39] Martial VI 31.

[40] Macrobius Sat. II 2, 9.

[41] s. Friedländer zu Martial III 92; Röm. Charakterköpfe S. 343, Anm. 11.

[42] Martial III 26; ich gebe das Gedicht verkürzt wieder.

[43] Martial IV 24.

Zu Kap. XIV (Cynthia)

[1] Eine Analyse der großen 6. Satire des Juvenal habe ich im Rhein. Museum 70 S. 527 ff. gegeben.

[2] Daß auch Senatorentöchter als Hetären auftraten, ist Digest. XXIII 2, 47 bezeugt.

[3] Die Elegie IV 7, der die obige Erzählung entnommen, ist offenbar nur eine Illustration und szenische Ausführung zu dem Gedicht III 8; ein Merkmal dafür, daß beide Gedichte mit dem Hinweis auf „gestern" beginnen.

[4] Vgl. Properz IV 7, 16.

[5] Vgl. Properz III 15, 7.

[6] Properz II 27 fin.

[7] Grundlegend für die gegebene Darstellung von der Entwicklung der Dichtkunst des Properz und seinem Verkehr mit Cynthia war mein Properzaufsatz im Rhein. Museum 70 S. 253 ff.

Bisher im SEVERUS Verlag erschienen:

Achelis, Th. Die Entwicklung der Ehe * Die Religionen der Naturvölker im Umriß, Reihe ReligioSus Band V * **Andreas-Salomé, Lou** Rainer Maria Rilke * **Arenz, Karl** Die Entdeckungsreisen in Nord- und Mittelafrika von Richardson, Overweg, Barth und Vogel * **Aretz, Gertrude (Hrsg)** Napoleon I - Briefe an Frauen * **Ashburn, P.M** The ranks of death. A Medical History of the Conquest of America * **Avenarius, Richard** Kritik der reinen Erfahrung * Kritik der reinen Erfahrung, Zweiter Teil * **Beneke, Otto** Von unehrlichen Leuten: Kulturhistorische Studien und Geschichten aus vergangenen Tagen deutscher Gewerbe und Dienste * **Berneker, Erich** Graf Leo Tolstoi * **Bernstorff, Graf Johann Heinrich** Erinnerungen und Briefe * **Bie, Oscar** Franz Schubert - Sein Leben und sein Werk * **Binder, Julius** Grundlegung zur Rechtsphilosophie. Mit einem Extratext zur Rechtsphilosophie Hegels * **Bliedner, Arno** Schiller. Eine pädagogische Studie * **Blümner, Hugo** Fahrendes Volk im Altertum * **Brahm, Otto** Das deutsche Ritterdrama des achtzehnten Jahrhunderts: Studien über Joseph August von Törring, seine Vorgänger und Nachfolger * **Braun, Lily** Lebenssucher * **Braun, Ferdinand** Drahtlose Telegraphie durch Wasser und Luft * **Brunnemann, Karl** Maximilian Robespierre - Ein Lebensbild nach zum Teil noch unbenutzten Quellen * **Büdinger, Max** Don Carlos Haft und Tod insbesondere nach den Auffassungen seiner Familie * **Burkamp, Wilhelm** Wirklichkeit und Sinn. Die objektive Gewordenheit des Sinns in der sinnfreien Wirklichkeit * **Caemmerer, Rudolf Karl Fritz Die** Entwicklung der strategischen Wissenschaft im 19. Jahrhundert * **Casper, Johann Ludwig** Handbuch der gerichtlich-medizinischen Leichen-Diagnostik: Thanatologischer Teil, Bd. 1 * **Cronau, Rudolf** Drei Jahrhunderte deutschen Lebens in Amerika. Eine Geschichte der Deutschen in den Vereinigten Staaten * **Cushing, Harvey** The life of Sir William Osler, Volume 1 * The life of Sir William Osler, Volume 2 * **Dahlke, Paul** Buddhismus als Religion und Moral, Reihe ReligioSus Band IV * **Eckstein, Friedrich** Alte, unnennbare Tage. Erinnerungen aus siebzig Lehr- und Wanderjahren * Erinnerungen an Anton Bruckner * **Eiselsberg, Anton Freiherr von** Lebensweg eines Chirurgen * **Eloesser, Arthur** Thomas Mann - sein Leben und Werk * **Elsenhans, Theodor** Fries und Kant. Ein Beitrag zur Geschichte und zur systematischen Grundlegung der Erkenntnistheorie. * **Engel, Eduard** Shakespeare * Lord Byron. Eine Autobiographie nach Tagebüchern und Briefen. * **Ewald, Oscar** Nietzsches Lehre in ihren Grundbegriffen * Die französische Aufklärungsphilosophie * **Ferenczi, Sandor** Hysterie und Pathoneurosen * **Fichte, Immanuel Hermann** Die Idee der Persönlichkeit und der individuellen Fortdauer * **Fourier, Jean Baptiste Joseph Baron** Die Auflösung der bestimmten Gleichungen * **Frimmel, Theodor von** Beethoven Studien I. Beethovens äußere Erscheinung * Beethoven Studien II. Bausteine zu einer Lebensgeschichte des Meisters * **Fülleborn, Friedrich** Über eine medizinische Studienreise nach Panama, Westindien und den Vereinigten Staaten * **Goette, Alexander** Holbeins Totentanz und seine Vorbilder * **Goldstein, Eugen** Canalstrahlen * **Graebner, Fritz** Das Weltbild der Primitiven: Eine Untersuchung der Urformen weltanschaulichen Denkens bei Naturvölkern * **Griesinger, Wilhelm** Handbuch der speciellen Pathologie und Therapie: Infectionskrankheiten * **Griesser, Luitpold** Nietzsche und Wagner - neue Beiträge zur Geschichte und Psychologie ihrer Freundschaft * **Hartmann, Franz** Die Medizin des Theophrastus Paracelsus von Hohenheim * **Heller, August** Geschichte der Physik von Aristoteles bis auf die neueste Zeit. Bd. 1: Von Aristoteles bis Galilei * **Helmholtz, Hermann von** Reden und Vorträge, Bd. 1 * Reden und Vorträge, Bd. 2 * **Henker, Otto** Einführung in die Brillenlehre * **Kalkoff, Paul** Ulrich von Hutten und die Reformation. Eine kritische Geschichte seiner wichtigsten Kampfjahre und der Entscheidungsjahre der Reformation (1517 - 1523), Reihe ReligioSus Band I * **Kautsky, Karl** Terrorismus und Kommunismus: Ein Beitrag zur Naturgeschichte der Revolution * **Kerschensteiner, Georg** Theorie der Bildung * **Klein, Wilhelm** Geschichte der Griechischen Kunst - Erster Band: Die Griechische Kunst bis Myron * **Krömeke, Franz** Friedrich Wilhelm Sertürner - Entdecker des Morphiums * **Külz, Ludwig** Tropenarzt im afrikanischen Busch * **Leimbach, Karl Alexander** Untersuchungen über die verschiedenen Moralsysteme * **Liliencron, Rochus von / Müllenhoff, Karl** Zur

Runenlehre. Zwei Abhandlungen * **Mach, Ernst** Die Principien der Wärmelehre * **Mausbach, Joseph** Die Ethik des heiligen Augustinus. Erster Band: Die sittliche Ordnung und ihre Grundlagen * **Mauthner, Fritz** Die drei Bilder der Welt - ein sprachkritischer Versuch * **Meissner, Franz Hermann** Arnold Böcklin * **Müller, Conrad** Alexander von Humboldt und das Preußische Königshaus. Briefe aus den Jahren 1835-1857 * **Oettingen, Arthur von** Die Schule der Physik * **Ostwald, Wilhelm** Erfinder und Entdecker * **Peters, Carl** Die deutsche Emin-Pascha-Expedition * **Poetter, Friedrich Christoph** Logik * **Popken, Minna** Im Kampf um die Welt des Lichts. Lebenserinnerungen und Bekenntnisse einer Ärztin * **Prutz, Hans** Neue Studien zur Geschichte der Jungfrau von Orléans * **Rank, Otto** Psychoanalytische Beiträge zur Mythenforschung. Gesammelte Studien aus den Jahren 1912 bis 1914. * **Ree, Paul Johannes** Peter Candid * **Rohr, Moritz von** Joseph Fraunhofers Leben, Leistungen und Wirksamkeit * **Rubinstein, Susanna** Ein individualistischer Pessimist: Beitrag zur Würdigung Philipp Mainländers * Eine Trias von Willensmetaphysikern: Populär-philosophische Essays * **Sachs, Eva** Die fünf platonischen Körper: Zur Geschichte der Mathematik und der Elementenlehre Platons und der Pythagoreer * **Scheidemann, Philipp** Memoiren eines Sozialdemokraten, Erster Band * Memoiren eines Sozialdemokraten, Zweiter Band * **Schlösser, Rudolf** Rameaus Neffe - Studien und Untersuchungen zur Einführung in Goethes Übersetzung des Diderotschen Dialogs * **Schweitzer, Christoph** Reise nach Java und Ceylon (1675-1682). Reisebeschreibungen von deutschen Beamten und Kriegsleuten im Dienst der niederländischen West- und Ostindischen Kompagnien 1602 - 1797. * **Sommerlad, Theo** Die soziale Wirksamkeit der Hohenzollern * **Stein, Heinrich von** Giordano Bruno. Gedanken über seine Lehre und sein Leben * **Strache, Hans** Der Eklektizismus des Antiochus von Askalon * **Thiersch, Hermann** Ludwig I von Bayern und die Georgia Augusta * Pro Samothrake * **Tyndall, John** Die Wärme betrachtet als eine Art der Bewegung, Bd. 1 * Die Wärme betrachtet als eine Art der Bewegung, Bd. 2 * **Virchow, Rudolf** Vier Reden über Leben und Kranksein * **Vollmann, Franz** Über das Verhältnis der späteren Stoa zur Sklaverei im römischen Reiche * **Wachsmuth, Curt** Das alte Griechenland im neuen * **Weber, Paul** Beiträge zu Dürers Weltanschauung * **Wecklein, Nikolaus** Textkritische Studien zu den griechischen Tragikern * **Weinhold, Karl** Die heidnische Totenbestattung in Deutschland * **Wellmann, Max** Die pneumatische Schule bis auf Archigenes - in ihrer Entwickelung dargestellt * **Wernher, Adolf** Die Bestattung der Toten in Bezug auf Hygiene, geschichtliche Entwicklung und gesetzliche Bestimmungen * **Weygandt, Wilhelm** Abnorme Charaktere in der dramatischen Literatur. Shakespeare - Goethe - Ibsen - Gerhart Hauptmann * **Wlassak, Moriz** Zum römischen Provinzialprozeß * **Wulffen, Erich** Kriminalpädagogik: Ein Erziehungsbuch * **Wundt, Wilhelm** Reden und Aufsätze * **Zallinger, Otto** Die Ringgaben bei der Heirat und das Zusammengeben im mittelalterlich-deutschem Recht * **Zoozmann, Richard** Hans Sachs und die Reformation - In Gedichten und Prosastücken, Reihe ReligioSus Band III